吉林省旅游管理类专业教学指导委员会推荐教材
21世纪经济管理新形态教材·旅游管理系列

旅游财务管理

主　编◎李秀娟　宋　鑫
副主编◎王艺霖　衣逸斐
　　　　邓红梅　鞠骐丞

清华大学出版社
北京

内 容 简 介

本书面向应用型人才的培养，故在内容安排及编写上，更偏重实用性及实践性。本书以旅游企业财务活动为主线，将财务管理按内容划分为旅游企业财务管理概论、旅游企业财务管理价值基础、旅游企业预算管理、旅游企业筹资管理、资本成本和资本结构决策、旅游企业项目投资管理、旅游企业营运资金管理、旅游企业成本管理、旅游企业收益分配管理、旅游企业财务报表分析，共 10 章。本书本着务实、开拓和借鉴的精神，运用相对成熟的财务管理理论成果，竭力做到理论与实践相结合。

本书可作为高等院校旅游管理专业的教学用书，也可作为旅游企业的岗位培训和自学用书。

图书在版编目（CIP）数据

旅游财务管理 / 李秀娟，宋鑫主编 . -- 北京：清华大学出版社，2025. 1.
（21 世纪经济管理新形态教材）. -- ISBN 978-7-302-67449-8

Ⅰ. F590.66

中国国家版本馆 CIP 数据核字第 2024Q0Y815 号

责任编辑：徐永杰
封面设计：汉风唐韵
责任校对：王荣静
责任印制：沈　露

出版发行：清华大学出版社
　　　　　网　　址：https://www.tup.com.cn, https://www.wqxuetang.com
　　　　　地　　址：北京清华大学学研大厦 A 座　　邮　编：100084
　　　　　社 总 机：010-83470000　　　　　　　邮　购：010-62786544
　　　　　投稿与读者服务：010-62776969, c-service@tup.tsinghua.edu.cn
　　　　　质量反馈：010-62772015, zhiliang@tup.tsinghua.edu.cn
印 装 者：河北盛世彩捷印刷有限公司
经　　销：全国新华书店
开　　本：185mm×260mm　　印　张：19　　字　数：314 千字
版　　次：2025 年 1 月第 1 版　　印　次：2025 年 1 月第 1 次印刷
定　　价：66.00 元

产品编号：100435-01

序

我们所呈现的这套教材，是伴随新时代旅游教育的需求应运而生的，具体来说，是植根于党的二十大报告中的两个"首次"！

第一个"首次"，是党的二十大报告首次写入"旅游"的内容。党的二十大报告中，两次提到了"旅游"——在第八部分"推进文化自信自强，铸就社会主义文化新辉煌"中，提出"建好用好国家文化公园。坚持以文塑旅、以旅彰文，推进文化和旅游深度融合发展"；在第十三部分"坚持和完善'一国两制'，推进祖国统一"中，提出"巩固提升香港、澳门在国际金融、贸易、航运航空、创新科技、文化旅游等领域的地位"。这是旅游业内容首次被列入党的二十大报告中，充分体现了党和国家对旅游业的高度重视。

第二个"首次"，是党的二十大报告首次提出"加强教材建设和管理"，彰显了教材工作在党和国家教育事业发展全局中的重要地位，体现了以习近平同志为核心的党中央对教材工作的高度重视和对"尺寸课本，国之大者"的殷切期望。

响应党中央的号召，遵从时代的高要求，建设高质量旅游系列教材，是高等教育工作者责无旁贷的天职，也是我们编写该系列教材的初心！

自1979年上海旅游高等专科学校成立至今，我国的旅游高等教育已经走过了40多年的历程。经过前辈们的不懈努力，旅游高等教育取得了丰硕成果，编写出一大批高质量的旅游专业教材，为旅游专业高等教育事业发展作出巨大的贡献。然而，与新时代对旅游教育的要求相比，特别是对照应用型旅游人才培养目标，旅游教材建设仍然存在一定的差距。

一方面，旅游发展已经进入一个崭新的时代，新技术、新文化、新休闲、新媒体、新游客等旅游发展新常态赋予旅游教育新的时代要求；另一方面，自2015年提出地方本科高校向应用型转变策略至今，全国500余所开设旅游相关专业的地方本科高校积极行动实现了向应用型教育的转型。与这一形势变化相比，现有部分旅游管理类专业教材则略显陈旧，没有跟上时代的步伐，表现为应用型本科教材数量少、精品少、应用性不足等问题，特别是集课程思政、实战应用以及数字化于一体的教材更是一个空白，教材编写和建设的压力仍然存在。

正是在这样的背景下，清华大学出版社委托吉林省旅游管理类专业教学指导委员会组织省内 14 所高校 76 名教师围绕旅游管理专业的教材体系构成、教材内容设计、课程思政等问题进行多次研讨，形成了全新的教材编写理念——为新时代应用型旅游高等教育教学提供既有实际应用价值，又充分融入数字化技术并具有较强思政性的教材。该系列教材前期主要包括《旅游接待业》《旅游消费者行为》《旅游目的地管理》《旅游经济学》《旅游规划与开发》《旅游法规》《旅游财务管理》《旅游市场营销》《导游业务》《中国传统茶文化》《酒店管理概论》《旅游专业英语》等。该系列教材编写宗旨是培养具备高尚的职业道德、较强的数字化思维能力以及专业素养的应用型、复合型旅游管理类人才，以促进旅游业可持续发展和国家软实力的提升。

该系列教材凸显以下三个特点。

1. 思政性

旅游管理不仅是一门应用科学，也是一门服务和领导的艺术，更涉及伦理、社会责任等众多道德和思想层面的问题。该系列教材以习近平新时代中国特色社会主义思想和党的二十大精神为指导，涵盖新质生产力、伦理决策、文化尊重以及可持续旅游等议题，致力于培养道德水准高、社会责任感强的旅游管理人才。

2. 应用性

满足应用型旅游专业高等教育需求，是我们编写该系列教材的另一重要目的。旅游管理是一个实践性极强的领域，只有灵活应用所学知识，解决实际问题，才能满足行业需求。因此，该系列教材重点突出实际案例、业界最佳实践以及实际操作指南等内容，以帮助学生在毕业后能够顺利适应和成功应对旅游企业各种挑战，在职业发展中脱颖而出。

3. 数字化

数字化技术是当前旅游管理类专业学生必备的技能之一，也是该系列教材不可或缺的部分。从在线预订到数据分析，从社交媒体营销到智能化旅游体验，数字化正在全面改变旅游产业，旅游高等教育必须适应这一变化。该系列教材积极引导学生了解和掌握数字化工具与技术，胜任不断变化的职业发展要求，更好地适应并推动行业发展。

在该系列教材中，我们致力于将思政性、应用性和数字化相结合，以帮助学生在旅游管理领域取得成功。学生将在教材中学到有关旅游行业的基本知识，了解行业最新趋势，并获得实际操作经验。每本教材的每个章节都包含案例研究、练习和讨论问题，以促进学生的学习和思考，培养他们解决问题的能力，为他们提供实际工作所需的技能和知识，帮助他们取得成功，并积极承担社会责任。

我们希望该系列教材能被广大学生和教师使用，能为旅游从业者提供借鉴，帮助他们更好地理解相关知识，从容应对旅游行业发展中的挑战，促进行业的可持续发展。愿该系列教材能成为学生的良师益友，引领学生踏上成功之路！

最后，我们要感谢所有为该系列教材付出努力的人，特别是我们的编辑团队、同行评审专家和众多行业专家，他们的专业知识和热情参与使该系列教材得以顺利出版。

愿我们共同努力，一起开创旅游管理类专业领域的美好未来！

吉林省旅游管理类专业教学指导委员会

2024 年 4 月 20 日

前　言

党的十九大报告中明确提出，我国经济已由高速增长阶段转向高质量发展阶段，这是党中央对我国经济社会发展阶段的新判断，也是习近平新时代中国特色社会主义经济思想的重要组成部分。旅游业作为经济社会发展的重要组成部分，促进旅游业高质量发展是新时代背景下旅游业发展的新课题。为了使旅游企业在激烈的市场竞争中创造出独特的竞争优势，必须加强企业内部管理、降低总成本、提高经济效益，这对旅游企业管理人才也提出更高的要求。管理人员不仅要懂得企业经营，还要学会从财务管理的角度去解决和处理问题。因此，财务管理知识已经成为现代旅游企业管理人员必须了解和掌握的专业知识。

旅游企业财务管理是旅游企业组织各种财务活动，并处理好相应的财务关系的一系列经济管理活动，是企业管理的重要组成部分。本书汲取了已有旅游企业财务管理教材的优点，总结编者多年的一线教学经验，在每章初始都有学习目标、能力目标、思政目标和思维导图，并由专门的案例引入，在章节结束时配有本章小结、即测即练和思考题，使读者学前有目标、学后有思考总结。同时，本书全面、系统地介绍了财务管理的相关理论知识，结合典型案例对旅游企业的财务活动进行计算与分析，增强了教材的实用性和实践性，使读者对旅游企业财务管理有一个整体的把握。

本书分为10章，第1章和第2章主要介绍了旅游企业财务管理概念、旅游企业经营特点、财务管理的基本内容、财务管理的目标和环境以及货币的时间价值；第3~5章主要讲解了旅游企业的财务预测、资金筹集的渠道和方式、资金的资本成本、杠杆原理；第6章和第7章主要介绍了旅游企业项目投资概述、现金流量分析、项目投资决策、货币资金管理、应收账款管理、存货管理；第8章和第9章主要介绍旅游企业成本性态分析、本量利分析、利润分配、股利政策；第10章主要介绍财务报表分析方式及综合应用。

　　本书由李秀娟、宋鑫任主编，王艺霖、衣逸斐、邓红梅任副主编。其具体分工为：李秀娟负责教材整体结构框架、统稿、修改以及最后定稿，并编写第 1 章、第 3 章、第 9 章；宋鑫负责编写第 2 章、第 4 章；王艺霖负责编写第 5 章、第 10 章；衣逸斐负责编写第 6 章、第 7 章、第 8 章；邓红梅负责部分即测即练以及拓展知识的编写，鞠骐丞负责教材的校对等工作。在本书编写过程中编者参阅了大量的相关文献、教材和著作，在此向作者们致以最高的敬意。

　　最后，竭诚希望广大读者对本书提出宝贵意见，以促使我们不断改进。由于时间和编者水平有限，书中的疏漏和不足之处在所难免，敬请广大读者批评指正。

编者

2024 年 3 月

目　录

第1章 旅游企业财务管理概论

学习目标

（1）了解旅游企业的组织形式。

（2）熟悉旅游企业财务管理的目标。

（3）掌握旅游财务管理的内容。

（4）掌握旅游企业财务管理的环境。

能力目标

（1）识别旅游企业的财务活动。

（2）正确判断旅游企业外部环境变化对企业财务管理的影响。

（3）依据旅游企业自身的需要，合理选择企业的财务管理目标。

思政目标

（1）作为管理学学科的学生，要拥有兼济天下、经世济民的家国情怀。

（2）培养现代化财务管理意识和观念，敢于追梦，勇于创造，肩负起国家和民族的希望。

（3）要勇担社会重任，把握时代脉搏，在担当中历练，在尽责中成长。

🔍 思维导图

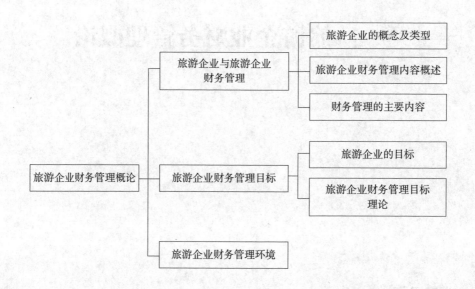

🔍 导入案例

安徽九华山旅游发展股份有限公司 2021 年度公告中指出：为强化对高级管理人员的考评激励作用，有效调动高级管理人员的积极性和创造力，根据《黄山旅游高级管理人员年度绩效考核办法》，公司通过标准绩效指标、致胜利润指标和基准指标对公司高管进行考核。公司董事会下设薪酬与考核委员会，建立了相应的实施细则，负责公司高级管理人员考评的具体实施工作。董事会薪酬与考核委员会依据年度考核办法和考核指标，对公司高级管理人员的考核指标完成情况进行考核，相关考核结果及应用由董事会薪酬与考核委员会审议后提交董事会审议批准后实施。今后公司将根据实际情况不断完善考评和激励机制，使高级管理人员与股东利益取向逐步趋于一致，最终实现股东价值最大化。

资料来源：九华旅游：九华旅游 2021 年年度报告 [EB/OL]. (2022-03-29). https://vip.stock.finance.sina.com.cn/corp/view/vCB_AllBulletinDetail.php?stockid= 603199&id=7924951.

思考：

企业财务管理目标有哪几种？安徽九华山旅游发展股份有限公司采用的是哪一种？

1.1　旅游企业与旅游企业财务管理

1.1.1　旅游企业的概念及类型

1. 旅游企业的概念

企业是依法设立的，以营利为目的，实行自主经营、自负盈亏、独立核算的法人或其他社会经济组织。旅游企业是指能够以旅游资源为依托，以有形的空间设备、资源和无形的服务效用为手段，在旅游消费服务领域中进行独立经营核算的经济单位。旅游企业主要包括旅行社、饭店（宾馆、酒店、旅店）、度假村、游乐场、餐馆等。

2. 旅游企业的类型

1）业主制旅游企业

业主制旅游企业是最简单的旅游企业组织形式。业主制旅游企业只有一个产权所有者，企业是业主的个人财产，企业由业主直接经营。业主享有该企业的全部经营所得，同时对它的债务负有完全责任。如果经营失败，出现资不抵债的情况，业主要用自己的家庭财产来抵偿。

业主制旅游企业一般规模很小、结构简单，几乎没有任何专门的内部管理机构。例如，有些小旅行社可能一个月也只有几单生意。

2）合伙制旅游企业

合伙制旅游企业是在两个或两个以上业主的个人财产的基础上经营的企业。合伙人分享企业所得，共同对企业债务承担责任。合伙制旅游企业往往需要综合不同人（如不同专业的会计师、厨师、经理人等）的才智。

与业主制旅游企业相比，合伙制旅游企业的优点表现为：由于可以由众多的合伙人共同筹集资金，因而资本规模较大；由于合伙人共负偿债责任，减少了其贷款的风险，它的筹资能力大大提高；合伙人共同对企业盈亏负有完全责任，意味着他们以自己的全部财产来为企业担保，因而有助于增强经营者的责任心、提升企业的信誉。

合伙制旅游企业也有一定的缺陷，主要表现在：①合伙制企业是依据合伙人之间的协议建立的，建立合伙制企业和接纳新的合伙者的谈判程序与法律程序都很复杂，筹集资金的能力比较薄弱，决策延误和出错率高。②所有合伙人对于合伙制旅游企业的债务负有无限责任，而不以他投入的那部分资本为限。这样，不能对企业的经营活动单独行使完全控制权的合伙人会面临相当大的风险。

3）公司制旅游企业

公司制旅游企业是一个法人组织体，它以法人的名义行使民事权利，承担民事责任，有权举债、签订合同，能在法院起诉和应诉，公司的产权分属于股东，股东有权分享公司的盈利，与合伙制旅游企业不同，公司入股人（股东）并不对企业债务负无限责任，而只在他投入份额范围内对债务负责。同时，公司股东不能退股，而只能转让他的股权。

与合伙制旅游企业相比较，公司制旅游企业最突出的优点是股东只对企业债务负有限责任，风险要比合伙人小得多，这就使股份公司成为筹集大量资本的良好企业组织形式。另外，在业务决策上，只需多数同意而不需要一致通过。公司股东不能直接作出经营决策和代表其他股东与人签约，而是由股东大会按一股一票的原则投票选聘董事组成董事会托管公司法人财产，董事会则聘任总经理和其他高级经理人员进行日常经营活动。

公司制这种组织形式的缺点表现为：公司设立程序复杂，公司法人地位的确定需要政府的认可，歇业也要通过一定的法定程序，公司的组建不像其他两种企业形式那样方便、灵活。另外，由于经营者往往不是拥有股权的股东，他们同企业的利益关系也不像业主制及合伙人那样亲密，由此便产生了委托人（出资者）和代理人（经理人员）之间复杂的授权与控制的关系。

4）旅游企业集团

旅游企业集团是指多个旅游企业通过资产或契约关系进行联结。由一个集团公司对其下属多层次的成员企业实施投资、控制和协调等职能活动的经济联合体。旅游企业集团以母子公司体制为主、以资产为主要纽带，因而集团内部具有较强的自主性，各成员企业都具有独立的法人资格；尽管在资本、人事和业务等方面存在交叉关系，但一般都根据经济、合理的原则自主决策，不存在支配与被支配的关系。

旅游企业间的战略联盟发展迅速，也比较广泛，较高程度的战略联盟存在于航空公司、旅行社和酒店之间。随着信息技术的发展合作加强，旅游业与不同行业进行着非竞争联盟，如旅游业与葡萄酒业联盟等。

3. 旅游企业的特征

旅游企业具有一般企业的特征，具体表现为：①旅游企业作为一种社会组织，有自己的组织机构和工作程序。②旅游企业作为一种经济组织，主要从事旅游经济活动，有与之相配套的经营资产和财产。③旅游企业从事的经营活动一定要以营利为目的，以社会公益为主要目的的组织不是旅游企业。④旅游企业是实行独立核算的社会经济组织。

1.1.2　旅游企业财务管理内容概述

1. 旅游企业财务管理的含义

财务管理是旅游企业管理的重要组成部分。旅游企业为了向旅游者提供食、住、行、游、购、娱等服务，必须采用各种方式，通过不同渠道，筹集一定资金用于必要的投资。由于企业创立的初衷就是获取相应的利润，为了实现这一目的，就必须组织生产等经济活动，这必然涉及购入物资、支付职工工资、支付各种费用，还要将生产的产品及服务销售出去，取得收入以补偿企业的各项支出后获取利润，并将实现的利润在国家、企业、投资者之间进行分配。以上这些经济活动都是与"钱财"有关的事务，这就是"财务"。可以将企业财务理解为企业在生产经营过程中客观存在的资金活动以及由此产生的各种经济利益关系，客观存在的资金活动称为财务活动，由此产生的各种经济利益关系就是财务关系。可以通俗地将财务管理理解为管理财务。由此可知，旅游企业财务管理是指企业按照财务管理的原则，利用一定的技术和方法，组织企业财务活动，协调和处理企业与各方面财务关系的综合管理工作。

2. 旅游企业财务活动

旅游企业财务活动是旅游企业现金收支活动的总称，是旅游企业为了生产经营需要而进行的筹集资金、投资资金、运用资金和分配资金等一系列的资金运动。

（1）筹资活动。筹资活动是指企业根据其一定时期内资金投放和资金使用的需要，运用各种筹资方式，从金融市场和其他来源渠道筹措所需资金的活动。企业通过筹资可以形成两种不同性质的资金来源：权益性质的资金和负债性质的资金。

（2）投资活动。投资可分为广义的投资和狭义的投资。广义的投资是指企业将筹集的资金投入使用的过程，包括企业将资金投入企业内部使用的过程（如购置流动资产、固定资产、无形资产等）和对外投放资金的过程（如投资购买其他企业的股票、债券或与其他企业联营）；而狭义的投资仅指对外投资。

（3）资金营运活动。企业在正常的生产经营过程中，会发生一系列的资金收付。首先，企业要采购材料或商品，以便从事生产和销售活动，同时要为保证正常的生产经营而支付工资和其他营业费用；其次，当企业把商品售出后，便可取得收入，收回资金；最后，如果现有资金不能满足企业经营的需要，企业还要采用短期借款、商业信用等形式筹集所需资金。上述各方面都会产生资金的流入流出，这就是因企业经营而产生的财务活动，又称资金营运活动。

（4）收益分配活动。企业通过投资活动和资金营运活动取得一定的收入，并相应地实现资金的增值。广义的收益分配包括对收入和利润的分配；狭义的收益分配仅指净利润的分配过程，其是指净利润在国家（税收）、企业（留存收益）和投资者（股利）三者之间的划分。

上述企业财务活动的各个方面不是孤立的，而是相互联系、相互依存的。正是上述互相联系又独立运作的各个方面，构成了完整的企业财务活动。

3. 旅游企业财务关系

旅游企业财务关系是指旅游企业在进行各项财务活动的过程中与各种相关利益主体所发生的经济利益关系，主要包括以下五个方面。

（1）旅游企业与投资者、被投资者之间的财务关系。旅游企业接受各种投资者投入的资金，进行生产经营活动，实现利润以后，应按各投资者的出资比例进行分配。旅游企业还可将自身的法人财产对外进行投资，被投资者获取利润后，也应按旅游企业在被投资者中所占的比例分配投资收益。旅游企业与投资者、被投资者之间的关系在性质上属于所有权关系。在处理这种财务关系时必须明确产权关系，维护各方的合法权益，明确旅游企业与投资者、被投资者各自之间的权利和义务。

（2）旅游企业与债权人、债务人之间的财务关系。当旅游企业资金不足时，可以采用向银行借款、发行债券、利用商业信用等方式筹集资金，企业为此要向债权人支付用资费用和筹资费用；而债权人可以获取比较稳定的利息收入并规避投资风险。当旅游企业资金闲置或出于投资等考虑，旅游企业还会购买其他企业的债券，以获得比较稳定的投资回报。另外，旅游企业在购买原材料、销售产品或提供劳务服务时，由于赊购、赊销等，也会发生应收、应付账款。企业与债权人、债务人之间的关系在性质上属于债权、债务的关系。在处理这种关系时必须按协议、合同的有关条款，认真履行旅游企业债权人、债务人的义务和责任，并保障各方的权益。

（3）旅游企业与税务机关之间的财务关系。国家作为社会经济和公共事务的管理者，担负着维护社会正常秩序，保卫国家安全，组织和管理社会活动，协调国民经济平衡发展的重要职责。它必须通过税收等形式参与企业收入的分配。旅游企业作为一个营利性的经济组织，应按国家税法的有关规定，缴纳各种税款，包括计入费用的流转税、所得税等。在处理这种财务关系时，旅游企业必须依法向税务机关按时、足额地缴纳各种税金，认真履行企业对国家应尽的义务。

（4）旅游企业内部各单位之间的财务关系。在旅游企业内部实行经济核算制的条件下，企业内部各部门之间，在相互提供产品、原材料或劳务时，要进行内部计价结算，以明确各自的责任。另外，旅游企业内部各部门与财务部门之间也要发生领款、报销、代收、代付的收支结算关系。在处理这种财务关系时，要制定合理的内部核算制度和经济责任制度，同时有效地发挥激励机制和约束机制，严格分清各部门的经济责任，调动各单位的积极性，保证企业经营目标的实现。

（5）旅游企业与职工之间的财务关系。旅游企业按照按劳分配的原则，根据社会劳动保险制度和国家的相关政策，向职工支付工资、津贴、奖金以及职工共同享受的福利基金等。在处理这种财务关系时，要将职工的经济利益与其岗位责任严格地挂起钩来，建立合理的分配制度，维护职工的合法权益。

1.1.3　财务管理的主要内容

财务管理最主要的内容是组织财务活动，即对筹资活动、投资活动、营运活动和分配活动进行管理，也就是筹资管理、投资管理、营运资金管理和利润分配管理。

1. 筹资管理

筹资管理是指企业根据其生产经营、对外投资和调整资本结构的需要，通过筹资渠道和资本（金）市场，运用筹资方式，经济、有效地筹集企业所需资金的财务行为。筹资的方式主要有筹措股权资金和筹措债务资金两种。筹资管理的目的是满足企业资金需求、降低资金成本、增加企业的利益、减少相关风险。

筹资管理的内容包括以下几个方面。

（1）预测资金需要量。企业应根据生产经营情况，正确预测资金需要量，使筹资规模与资金需要量匹配。

（2）合理安排筹资时间，适时取得资金。企业应根据资金需求的具体情况，合理安排资金的筹集时间、适时获取所需资金，使筹资与用资在时间上衔接。

（3）选择合适的筹资类型、渠道和方式。企业应当在考虑筹资难易程度的基础上，针对不同来源资金的成本进行分析，尽可能选择经济、可行的筹资渠道与方式，力求降低筹资成本。例如，选择权益性筹资还是负债性筹资，选择直接筹资还是间接筹资，选择吸收直接投资还是发行股票，选择向银行借款还是发行债券，选择长期资金还是短期资金。

（4）确定资本结构。企业应综合考虑权益资本与债务资本的关系、长期资金与短期资金的关系、内部筹资与外部筹资的关系，合理安排资本结构。以低成本、低风险的方式及时获得资本结构合理的资金是企业筹资管理的目标。但是，成本低的筹资方式，往往意味着高风险。因此，企业开展筹资管理时要综合权衡。

2. 投资管理

投资管理的内容包括以下几个方面。

（1）确定投资领域和投资对象。这需要在把握良好投资机会的情况下，根据企业的长远发展战略、中长期投资计划和投资环境的变化来确定。

（2）评价投资方案的可行性。在评价投资项目的环境、市场、技术和生产可行性的基础上，对财务可行性作出总体评价。

（3）比较与选择投资方案。

（4）执行投资方案。

（5）再评价投资方案。在投资方案的执行过程中，应注意原来作出的投资决策是否合理、正确。一旦出现新的情况，就要根据变化作出新的评价和调整。

投资管理的核心是投资决策。投资决策主要考虑以下因素：可利用资本的成本和规模、项目的营利性、企业承担风险的意愿和能力。其中，需解决的关键问题是要在收益和风险之间进行权衡。收益与风险是共存的，一般而言，收益越大，风险也越大。企业在进行投资时，必须在考虑收益的同时认真考虑风险，只有在收益和风险达到均衡时，才有可能不断增加投资效益，实现财务管理的目标。

3. 营运资金管理

营运资金管理是对企业流动资产及流动负债的管理。营运资金管理的内容包括以下两个方面。

（1）企业应该投入多少资金在流动资产上，即资金运用的管理。资金运用管理主要包括现金管理、应收账款管理和存货管理。

（2）企业应该怎样进行流动资产的融资，即资金筹措的管理。资金筹措管理包括银行短期借款的管理和商业信用的管理。

4. 利润分配管理

企业利润分配管理的主要内容是确定给投资者分红与企业留用利润的比例。分红过多，会使较多的资金流出企业，从而影响企业再投资的能力；而分红过少，又有可能引起投资者的不满，对于上市企业而言，这种情况可能导致股价下跌，从而使企业价值下降。因此，财务人员要根据企业自身的具体情况确定最佳的利润分配政策。

1.2　旅游企业财务管理目标

旅游企业财务管理目标是指旅游企业财务管理工作所要达到的最终目的。明确财务管理目标，是有效组织财务管理工作的前提，同时，也是合理评价财务管理工作质量的客观依据。旅游企业财务管理是旅游企业管理的一部分，因此旅游企业财务管理的目标取决于旅游企业的总目标。

1.2.1　旅游企业的目标

旅游企业的目标取决于旅游企业自身的性质和其所处的特定的社会经济体制。在当前社会主义市场经济体制中，旅游企业是在国家宏观指导下，按照市场需求，提供旅游产品、旅游服务，自主经营、自负盈亏的经济组织，其最终目标是盈利。但在当前激烈的市场竞争中，企业的盈利是以生存和发展为前提的。因为旅游企业一开始营业就会面临竞争，并在经营过程中始终处于生存或倒闭、发展或衰落的激烈抗争中。而旅游企业必须生存下去，才有获利的可能，只有不断发展，才能更好地生存。因此，旅游企业的管理目标可以概括为生存、发展和盈利。

1. 生存

旅游企业要想生存，就必须寻求生路，也就是要提供满足社会需求的适销对路的旅游产品和服务，不断扩大收入，降低成本费用，实现盈利；否则，企业收不抵支、长期亏损，就会面临破产和倒闭。另外，企业如果有大量的债务到期不能偿还，也会面临破产的风险。所以，旅游企业要想盈利，就要首先获得生存权，也就是要具备以收抵支和到期偿还债务的能力，努力规避破产的风险，这是旅游企业盈利的起点。

2. 发展

在当前激烈的市场竞争中，旅游企业如果只是单纯地具备生存能力，而不能发展、壮大，最终也会被市场无情地抛弃。旅游企业要发展，就要根据市场不断推陈出新，推出更多、更好的旅游产品和服务，增加企业的收入，使企业在竞争中立于不败之地。这就需要筹集到足够的资金，以改善和更新旅游企业的硬件设施，加强员工培训，提高旅游企业的服务质量，同时加大宣传力度，做好企业的销售，增加企业的收入，促进企业的发展。

3. 盈利

任何一个旅游企业都是以盈利为目的的，不盈利，企业就没有生存、发展的必要和可能。所以企业要使资金得到合理、有效的利用，从中获取回报。这就要求企业，加强营运资金的管理，加速货币资金的回笼；加强固定资产的管理，提高固定资产的利用率；加强成本费用的管理，降低企业的成本费用；加强企业收益的管理，扩大企业的收入，使企业获利并实现企业的最终目标。

1.2.2　旅游企业财务管理目标理论

1. 利润最大化

旅游企业财务管理以实现利润最大化为目标利润，利润代表了企业新创造的价值，利润增加代表着企业财富的增加，利润越多，代表企业新创造的财富越多。

利润最大化目标的主要优点是：企业追求利润最大化，就必须讲求经济核算，加强管理，改进技术、提高劳动生产率、降低产品成本。这些措施都有利于企业资源的合理配置，有利于企业整体经济效益的提高。

但是，以利润最大化作为财务管理目标存在以下缺点：①没有考虑利润的实现时间和资金的时间价值。例如，今年100万元的利润和10年以后同等数量的利润其实际价值是不一样的，其间会有资金时间价值的增加。②没有考虑风险问题。不同行业具有不同的风险，同等利润值在不同行业中的意义也不相同。例如，无法简单对风险比较高的高科技企业和风险相对较小的制造业企业进行比较。③没有反映创造的利润与投入的资本之间的关系。④可能导致企业短期的财务决策倾向，影响企业的长远发展。由于利润指标通常按年计算，因此，企业决策也往往会着眼于年度指标的完成或实现。

利润最大化的另一种表现方式是每股收益（EPS）最大化。每股收益最大化的观点认为，应当将利润和股东投入的资本联系起来考察，用每股收益来反映企业的财务目标。

2. 股东财富最大化

企业财务管理以实现股东财富最大化为目标。在上市公司，股东财富是由其所拥有的股票数量和股票市场价格两方面决定的，在股票数量一定时，股票价格越高，企业财富也就达到最大化。

与利润最大化相比，股东财富最大化的主要优点有：①考虑了风险因素，因为通常股价会对风险作出较敏感的反应。②在一定程度上能避免企业的短期行为，因为不仅目前的利润会影响股票价格，而且将来的利润同样会对股价产生重要影响。③对上市公司而言，股东财富最大化目标比较容易量化，便于考核和奖惩。

以股东财富最大化作为财务管理目标存在以下缺点：①通常只适用于上市公司，非上市公司难以应用，因为非上市公司无法像上市公司一样准确地获得公司股价。②股价受众多因素的影响，特别是企业外部的因素，有些还可能是非正常因素。股价不能准确地反映企业财务管理状况，如有的上市公司处于破产的边缘，但由于可能存在某些机会，股票市价可能还在走高。③它强调得更多的是股东利益，而对其他相关者的利益重视不够。

3. 企业价值最大化

企业价值就是企业的市场价值，是指企业所能创造的预计未来现金流量的现值。企业价值最大化要求企业通过采用最优的财务政策，充分考虑资金的时间价值和与报酬的关系，在保证企业长期稳定发展的基础上使企业总价值达到最大。

以企业价值最大化作为财务管理目标具有以下优点：①考虑了取得报酬的时间，并用时间价值的原理进行了计量。②考虑了风险与报酬的关系。③将企业长期、稳定的发展和持续的获利能力放在首位，能克服企业在追求利润上的行为。④有利于社会资源的合理配置。社会资源通常流向最有价值的企业，从而有利于社会价值大化。

以企业价值最大化作为财务管理目标存在以下问题：①企业的价值不易计量。尽管对于上市公司，股票价格的变动在一定程度上揭示了企业价值的变化，但是，股价是多种因素共同作用的结果，特别是在资本市场效率低下的情况下，股票价格很难反映企业的价值。②对于非上市公司，只有对企业进行专门的评估才能确定其价值，而在评估企业的资产时由于受评估标准和评估方式的影响，很难做到客观和准确。

4. 相关者利益最大化

在现代企业是多边契约关系的总和的前提下，要确立科学的财务管理目标，需要考虑哪些利益关系会对企业的发展产生影响。在市场经济中，企业的理财主体更细化和多元化。股东作为企业的所有者，在企业中拥有最大的权力，并承担着最大的义务和风险，但是债权人、员工、企业经营者、客户、供应商和政府也为企业承担着风险。因此，企业的利益相关者不仅包括股东，还包括债权人、企业经营者、客户、供应商、员工、政府等。在确定企业财务管理目标时，不能忽视这些相关利益群体的利益。相关者利益最大化目标的具体内容包括：①强调风险与报酬的均衡，将风险限制在企业可以承受的范围内。②强调股东的首要地位，并强调企业与股东之间的协调关系。③强调对代理人即企业经营者的监督和控制，建立有效的激励机制，以便企业战略目标的顺利实施。④关心本企业一般职工的利益，创造优美和谐的工作环境和提供合理恰当的福利待遇，激励职工长期努力地为企业工作。⑤不断加强与债权人的关系，培养可靠的资金供应者。⑥关心客户的长期利益，以便保持销售收入的长期稳定增长。⑦加强与供应商的合作，共同面对市场竞争，并注重企业形象的宣传，遵守承诺，讲究信誉。⑧保持与政府部门的良好关系。

以相关者利益最大化作为财务管理目标，具有以下优点：①有利于企业长期稳定发展。②体现了合作共赢的价值理念，有利于实现企业经济效益和社会效益的统一。③这一目标本身是一个多元化、多层次的目标体系，较好地兼顾了各利益主体的利益。④体现了前瞻性和现实性的统一。

1.3　旅游企业财务管理环境

财务管理环境又称理财环境，是对企业财务活动和财务管理产生影响作用的企业内外部条件的统称。企业财务管理的外部环境是指公司外部的条件、因素和状况，主要包括以下方面。

1. 经济环境

在影响财务管理的各种外部环境中，经济环境是极为重要的。经济环境的内容十分广泛，包括以下几个方面。

（1）经济体制。在计划经济体制下，国家统筹企业资本、统一投资、统负盈亏，企业利润统一上缴，亏损全部由国家补贴，企业虽然是一个独立的核算单位，但无独立的理财权力。财务管理活动的内容比较单一，财务管理方法比较简单。在市场经济体制下，企业成为"自主经营、自负盈亏"的经济实体，有独立的经营权，同时也有独立的理财权。企业可以从其自身需要出发，合理确定资本需要量，然后到市场上筹集资本，再把筹集到的资本投放到高效益的项目上获取更大的收益，最后将收益根据需要和可能进行分配，保证企业自始至终根据自身条件和外部环境作出各种财务管理决策并组织实施。因此，市场经济体制下财务管理活动的内容比较丰富，方法也复杂多样。

（2）经济周期。市场经济条件下，经济的发展与运行带有一定的波动性，大体上要经历复苏、繁荣、衰退和萧条几个阶段的循环，这种循环称为经济周期。在不同的阶段，企业应采取不同的财务管理策略，如表 1-1 所示。

表 1-1　不同经济周期的财务管理策略

财务管理策略	复苏	繁荣	衰退	萧条
设备投资	增加厂房设备 实行长期租赁	扩充厂房设备	停止扩张 出售多余设备	建立投资标准 放弃次要利益
存货储备	建立存货	继续建立存货	削减存货 停止长期采购	削减存货
人力资源	增加劳动力	增加劳动力	停止扩招雇员	裁减雇员
产品策略	开发新产品	提高产品价格 开展营销规划	停产不利产品	保持市场份额 压缩管理费用

（3）经济发展水平。财务管理的发展水平是和经济发展水平密切相关的。财务管理水平的提高，将推动企业降低成本、改进效率、提高效益，从而促进经济发展水平的提高；而经济发展水平的提高，将改变企业的财务战略、财务理念、财务管理模式和财务管理的方法，从而促进企业财务管理水平的提高。财务管理应当以经济发展水平为基础、以宏观经济发展目标为导向，从业务工作的角度保证企业经营目标和经营战略的实现。

（4）宏观经济政策。我国经济体制改革的目标是建立社会主义市场经济体制，以进一步解放和发展生产力。在这个目标的指导下，我国已经并正在进行财税体制、金融体制、外汇体制、外贸体制、计划体制、价格体制、投资体制、社会保障制度等各项改革。这些改革措施深刻地影响着我国的经济生活，也深刻地影响着我国企业的发展和财务活动的运行。例如，金融政策中的货币发行量、信贷规模会影响企业投资的资金来源和投资的预期收益；财税政策会影响企业的资金结构和投资项目的选择等；价格政策会影响资金的投向和投资的回收期及预期收益；会计制度的改革会影响会计要素的确认和计量，进而对企业财务活动的事前预测、决策及事后的评价产生影响等。

（5）通货膨胀水平。通货膨胀对企业财务活动的影响是多方面的，主要表现在：①引起资金占用的大量增加，从而增加企业的资金需求。②引起企业利润虚增，造成企业资金由于利润分配而流失。③引起利润上升，加大企业的权益资金成本。④引起有价证券价格下降，增加企业的筹资难度。⑤引起资金供应紧张，增加企业的筹资难度。

为了减小通货膨胀对企业造成的不利影响，企业应当采取措施予以防范。在面临通货膨胀和货币贬值的风险时，企业进行投资可以规避风险，实现资本保值，与供应商订购购货合同，以减少物价上涨造成的损失；取得长期负债，保持资本成本的稳定。在通货膨胀的持续期、企业可以采用比较严格的信用条件，减少企业债权；调整财务政策，防止和减少企业的资本流失等。

2. 法律环境

市场经济是法治经济，企业的一些经济活动总是在一定法律规范内进行的。法律既为企业各种合法经济活动提供法律保护，同时也约束企业的非法经济行为。

国家相关法律法规按照对财务管理内容的影响情况可以分为以下几类。

（1）影响企业筹资的法规主要有《中华人民共和国公司法》（以下简称《公司法》）、《中华人民共和国证券法》（以下简称《证券法》）、《中华人民共和国民法典》（以下简称《民法典》）等。这些法规可以从不同的方面规范或制约企业的筹资活动。

（2）影响企业投资的法规主要有《公司法》《企业财务通则》等。这些法规从不同的角度规范企业的投资活动。

（3）影响企业收益分配的法规主要有《公司法》《企业财务通则》等。这些法规从不同的方面对企业收益分配进行了规范。

法律环境对企业的影响力是多方面的，影响范围包括企业组织形式、公司治理结构、投融资活动、日常经营、收益分配等。例如,《公司法》规定,企业可以采用独资、合伙、公司制等企业组织形式。企业组织形式不同,业主(股东)权利责任、企业投融资、收益分配、纳税、信息披露等就不同,公司治理结构也不同。上述不同种类的法律,分别从不同方面约束着企业的经济行为,对企业财务管理产生着影响。

3.金融环境

财务管理的金融环境,主要包括金融机构、金融工具、金融市场和利率四个方面。

(1)金融机构。社会资金从资金供应者手中转移到资金需求者手中,大多要通过金融机构。金融机构包括银行业金融机构和其他金融机构。银行是指经营存款、放款、汇兑、储蓄等金融业务,承担信用中介的金融机构,包括各种商业银行和政策性银行,如中国工商银行、中国建设银行、国家开发银行等。非银行金融机构主要包括保险公司、信托投资公司、证券公司、财务公司、金融资产管理公司、金融租赁公司等机构。

(2)金融工具。金融工具是能够证明债权债务关系或所有权关系并据以进行货币资金交易的合法凭证,它对于交易双方所应承担的义务与享有的权利均具有法律效力。金融工具一般具有期限性、流动性、风险性和收益性四个基本特征。

(3)金融市场。金融市场是指资金供应者和资金需求者双方通过金融工具进行交易的场所。金融市场按组织方式的不同可划分为:①有组织的、集中的场内交易市场即证券交易所,它是证券市场的主体和核心。②非组织化的、分散的场外交易市场,它是证券交易所的必要补充。

(4)利率。利率也称利息率,是利息额占本金的百分比指标。从资金的借贷关系看,利率是一定时期内运用资金资源的交易价格。

利率主要由资金的供给与需求决定。但除这两个因素之外,经济周期、通货膨胀、国家货币政策和财政政策、国际政治经济关系、国家对利率的管制程度等,对利率的变动均有不同程度的影响。因此,资金的利率通常由三个部分组成:①纯粹利率。纯粹利率指无通货膨胀、无风险情况下的社会平均资金利润率,即资金时间价值。②通货膨胀附加率。投资收益要在将来获得,而通货膨胀会导致将来获得的资金购买力降低,为弥补这个损失而要求获取的投资收益为通货膨胀附加率。③风险报酬率。投资是有风险的,风险越大,投资者要求获得的收益就越多。根据风险的大小、性质的不同，投资风险附加水平就会不一样。利率可以用下式表示。

利率 = 纯粹利率 + 通货膨胀附加率 + 风险报酬率

上式中，风险报酬率包括违约风险报酬率、流动性风险报酬率和期限风险报酬率。其中，违约风险报酬率是指为了弥补因债务人无法按时还本付息而带来的风险，债权人要求提高的利率；流动性风险报酬率是指为了弥补因债务人资产流动性不好而带来的风险，债权人要求提高的利率；期限风险报酬率是指为了弥补因偿债期长而带来的风险，债权人要求提高的利率。

本章小结

旅游企业财务管理是各类旅游企业按照财务管理的原则，利用一定的技术和方法，组织企业财务活动，协调和处理企业与各方面财务关系的综合管理工作。旅游企业开展财务管理必然产生相应的财务活动，旅游企业财务活动是旅游企业为了生产经营需要而进行的筹集资金、投资资金、运用资金和分配资金等一系列的活动。这些财务活动构成了旅游企业财务管理的内容。旅游企业的管理目标主要是生存、发展和盈利，而旅游企业财务管理的目标取决于旅游企业的总目标。旅游企业财务管理受企业外部环境的影响。

即测即练

思考题

1. 旅游企业的组织形式包括哪些？
2. 简述旅游企业财务管理目标理论。
3. 简述旅游企业财务管理主要内容。
4. 简述旅游企业财务管理环境内容。
5. 旅游企业财务活动有哪些？

第2章 旅游企业财务管理价值基础

学习目标

（1）了解货币时间价值的含义。

（2）熟悉货币时间价值对旅游财务管理的意义。

（3）掌握单利、复利及各种年金的现值和终值概念与计算。

（4）理解风险的概念和种类以及风险和收益的关系。

（5）掌握资本资产定价模型。

能力目标

（1）了解货币时间价值的概念。

（2）熟悉和掌握单利、复利以及年金的现值和终值计算。

（3）掌握风险和收益的衡量以及资本资产定价模型的应用。

思政目标

（1）了解"立德树人"的财务管理价值思维。

（2）熟悉客观公正、诚实守信、承担社会责任的财务价值观。

（3）掌握务实求真的市场均衡模型以及解决实际问题的能力。

思维导图

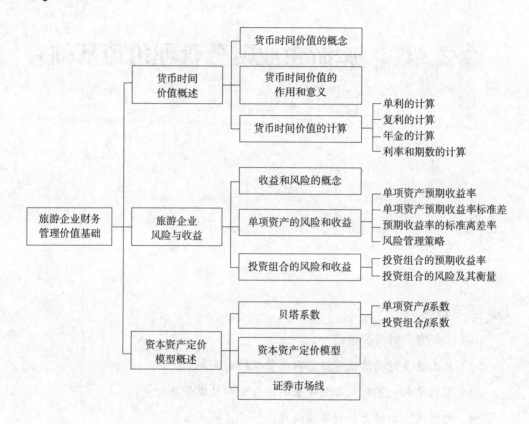

导入案例

当你 18 岁时，你和你的朋友分别从祖父母和亲戚那里得到 1 万元现金压岁钱，你们选择了不同的存储方式。你立即到银行办理银行卡，并把这 1 万元全部存储进去，直到 46 年后。如果存入银行每年获得 10% 的收益，46 年后，1 万元变成 80 多万元。你的朋友则选择将这 1 万元现金放在家里的储蓄罐中，15 年后才把储蓄罐里的 1 万元进行投资。而你的朋友用他的 1 万元进行投资的收益也是每年 10%，投资了 31 年，他最终只会得到大约 19.2 万元。显然，同等的现金在周转的不同时间点上存在差异，另外，在 46 年后你比你的朋友多出了 60 多万元，时间越长，货币积累就越多，这就是货币的时间价值力量。

思考：

什么是货币的时间价值？影响货币时间价值的因素有哪些？

如果你朋友决定 15 年后每年都存储 1 万元，最后是否超过 80 万元？

2.1　货币时间价值概述

货币时间价值（time value of money）是现代市场经济最基本的概念之一，也是现代财务管理的基础原则。企业在经营过程中进行资金筹集、投资运营、利润分配等财务管理活动，都需要考虑货币的时间价值。在财务活动中，货币在周转过程中，形成价值累积，不同时间点良好地运用货币时间价值理论，是企业赚取利润的重要来源，也是企业财务决策的基本依据。

2.1.1　货币时间价值的概念

货币时间价值是指货币经过一段时间的周转和使用，形成的价值增值。在现实经济中，10 年前的 100 元和现在的 100 元经济价值不相同，10 年前的 100 元更具有经济效用，原因在于货币在不同的时间点具有不同的价值，在使用和周转的过程中，货币经过时间的推移产生了价值的增加，因此不同时间点等额货币的实际价值不同。例如，将 100 元钱存入银行，年存款利率为 10%，这 100 元经过 1 年的积累，变成 110 元，增加的 10 元即为 100 元经过 1 年时间的货币时间价值。很显然，货币时间价值与时间长短、周转资金的多少、货币资金的周转速度以及投资风险有关系，它可以用绝对数来表示，如 10 元，也可以用相对数来表示，如 10% 的存款利率或利息率，通常相对数是常用的做法，即选择增加的价值占投入资金百分比来表示。另外，货币时间价值也与风险有关，选择不同风险的投资方式，获得的货币时间价值不同，风险越高，投资回报越大，货币时间价值就越大；相反，风险越低，投资回报越小，货币时间价值就越小。

在旅游企业财务管理中，货币时间价值应用于企业筹资、投资、财务预算及收益分配等诸多环节，是企业财务管理的重要手段。企业通过不同时间点货币的周转和使用，获得时间价值的累积，从而得到利润。

2.1.2　货币时间价值的作用和意义

1. 货币时间价值的作用

（1）货币时间价值反映了对货币所有权让渡的补偿。当投资者进行投资或存入银行进行储蓄的过程中，发生了货币的所有权与使用权的分离。作为使用的回报，向货币所有者支付一定的补偿，也是其使用投资人货币所付出的代价。

（2）货币时间价值反映了货币的机会成本。货币是一种稀缺资源，这种稀缺资源选择一种用途而放弃其他用途所带来的最大价值，即为使用或不使用货币的机会成本。面对诸多投资方案，权衡利弊，作出一项投资，放弃其他投资机会，就产生了机会成本，而货币的时间价值就说明了机会成本的大小。

（3）货币时间价值反映了消费者现在消费向将来消费转移的回报。消费者放弃现在消费，推迟到未来进行消费，是一种购买力的转移。在转移过程中，货币时间价值作为回报或补偿，使得其在转移前后价值不发生改变。

2. 货币时间价值的意义

掌握货币时间价值能够树立正确的财务价值理念，货币随着时间的推移发生变化，其揭示了不同时间点的价值换算关系，是现代经济发展以及商业借贷的重要工具。货币运动具有时间因素，属于商品生产与交换的经济范畴。货币时间价值能够促进企业合理使用资金，使资金得到有效的流通及周转，使得资金的使用效益最大化。合理利用货币时间价值，能够科学、有效形成投资回报，增强资金投放的可控性，对资金投放的规模、时间、方式进行最优化选择。

2.1.3 货币时间价值的计算

旅游企业经营过程中，货币时间价值的计算非常重要，如：某旅游企业投资100 000 元，每年固定的收益率为本金 100 000 的 10%，则 3 年后本利和为多少？很显然，每年固定收益为：100 000 × 10%=10 000 元，3 年获得额外的时间价值为 30 000元，则 3 年后本利和为 130 000 元。因此，在货币时间价值产生的过程中，出现了"现值"（present value）、"终值"（future value）、"时间轴"以及"折算率"的概念。

现值是指未来某一时间点的一定量资金按照利率折合到现在的价值，通常指本金，用 PV 来表示。在上述案例中，投资额 100 000 元即为现值。终值是指现在一定量的资金经过一段时间在未来某一时点期末的价值，用 FV 来表示，上述案例中 130 000 为终值。现值到终值之间的时间构成货币时间价值的时间轴，另外现值转变到终值要经过折算率的折算，这个折算率可以是收益率、银行存储利率、投资回报率或必要收益率等。

货币时间价值计算中的计息方式有两种：单利及复利。上述案例中是按照固定本金计息方式计算货币的时间价值，即为单利方式。如果按照上一年积累本利和为可变本金的计息方式，则为复利。

1. 单利的计算

单利是指只对初始本金计算利息，每期利息不计入本金计算下期利息。因此，每期利息固定，为本金（现值）乘以折算率。

1）单利终值

单利终值是已知现值，每期固定利息，一定时间以后求解其终值。若现值为 PV、终值为 FV、期数为 n、利息为 I、利率为 i，则按时间轴计算终值如图 2-1 所示。

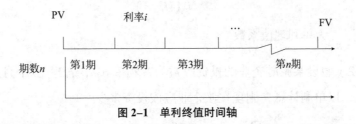

图 2-1　单利终值时间轴

单利终值的计算公式如下：

$$FV=PV+I$$
$$=PV+PV \cdot i \cdot n$$
$$=PV \cdot (1+i \cdot n)$$

式中，$I=PV \cdot i \cdot n$ 为 n 期的利息和；$(1+i \cdot n)$ 为单利终值系数。

【例 2-1】某旅游企业将 1 000 万元存入银行，年利率为 4%，以单利计算利息，则 3 年后的终值为多少？ 10 年后呢？

$$FV=PV \cdot (1+i \cdot n)$$
$$=1 000 \times (1+4\% \times 3)$$
$$=1 120（万元）$$

1 000 万元按 4% 单利计息，则 3 年后终值为 1 120 万元，其中 1 000 万元为现值（本金），120 万元为 3 年的利息和。

$$FV=1 000 \times (1+4\% \times 10)=1 400（万元）$$

10 年后的终值为 1 400 万元，其中 400 万元为 10 年的利息和。

2）单利现值

单利现值是已知一段时间后的终值，求解此终值折算到以前某一时点的现值。即已知终值为 FV、期数为 n、利率为 i，求现值为 PV，则按时间轴计算现值如图 2-2 所示。

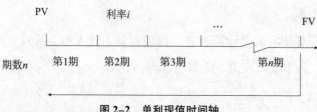

图 2-2　单利现值时间轴

单利现值的计算公式如下：

$$PV=\frac{FV}{(1+i \cdot n)}$$

式中，$\dfrac{1}{(1+i \cdot n)}$ 为单利现值系数。

【例 2-2】假设某旅游企业的投资收益为月利率 6%，若想 10 个月后得到本利和 150 万元，以单利计息，则现在该企业应该投资多少？

$$PV=\frac{FV}{(1+i \cdot n)}=\frac{150}{(1+6\% \times 10)}=93.75（万元）$$

则企业投资 93.75 万元，10 个月后得到 150 万元。

单利终值和单利现值的计算互为逆运算，因此单利终值系数和单利现值系数是互为倒数关系。

2. 复利的计算

复利是指每期利息计入下一期本金计算利息，俗称"利滚利"。在现实中，人们将一定现金存入银行，每期计息的方式是将前一期本金和利息之和作为下一期计息本金，计息时间可以按日、月、季或年，复利计息方式是现实财务管理价值分析的主要方式。

1）复利终值

复利终值是指一定量本金在复利计息方式下若干期以后的本利和。因此复利终值是在单利的基础上加上利息的利息。若某企业存入银行现金现值为 PV，终值为 FV_n，每年复利一次，期数为 n，利率为 i，则按照时间轴计算复利终值如图 2-3 所示。

图 2-3　复利终值时间轴

如果按复利计息，第 1 年、第 2 年、第 3 年、……、第 n 年年末本利和各为多少？

第 1 年：$FV_1=PV+PV \cdot i=PV（1+i）$

第 2 年：$FV_2=FV_1+FV_1 \cdot i=FV_1（1+i）=PV（1+i）\cdot（1+i）=PV（1+i）^2$

第 3 年：$FV_3=FV_2+FV_2 \cdot i=FV_2（1+i）=PV（1+i）\cdot（1+i）\cdot（1+i）=PV（1+i）^3$

……

第 n 年：$FV_n=PV（1+i）^n$

由此推导复利终值的计算公式如下：

$$FV=PV（1+i）^n=PV（F/P，i，n）$$

式中，$（1+i）^n$ 被称作复利终值系数，常用 $（F/P，i，n）$ 或 $FVIF_{i，n}$ 来表示。复利终值系数的计算可以通过计算机求得，也可以通过 Excel 函数计算求得，还可以通过查询复利终值系数表直接获得，复利终值系数表横向表示利率，纵向表示期数，如查询 10% 利率，5 年期，则找到复利终值系数为 1.610 5，则表示为

$$（F/P，10\%，5）=1.610 5$$

即 1 元钱按复利计息，10% 存 5 年为 1.610 5 元。

【例 2-3】若某旅游企业将流动资金 100 000 元存入银行，银行的存款利率为 4%，若以复利计息，则 5 年后该企业的本利和为多少元？

$FV=100 000 \times（1+4\%）^5=100 000 \times（F/P，4\%，5）=100 000 \times 1.216 7=121 670（元）$

计算得到 100 000 元存入银行 5 年，按 4% 复利计算得到 121 670 元。

【例 2-4】某旅游企业将 100 万元投资一个项目，期限为 10 年，年报酬率为 10%，则 10 年后的复利终值为多少？

$FV=100 \times（1+10\%）^{10}=100 \times（F/P，10\%，10）=100 \times 2.593 7=259.37（万元）$

2）复利现值

复利现值是指未来某一时点的资金按照复利折算到现在的价值。复利现值是终值的折现，即为复利终值的逆运算过程。按照时间轴复利现值如图 2-4 所示。

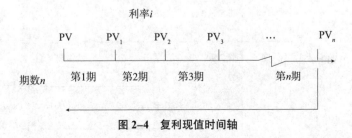

图 2-4　复利现值时间轴

复利现值计算公式为

$$PV=\frac{FV}{(1+i)^{n}}=FV(P/F,\ i,\ n)$$

式中，$\frac{1}{(1+i)^{n}}$为复利现值系数，常记作（P/F，i，n）或 $PVIF_{i,\ n}$

由于复利现值是复利终值的逆运算过程，则复利现值系数与复利终值系数互为倒数，可以通过计算机或 Excel 表格函数求得，还可以直接查询复利现值系数表。一般而言，折后的现值小于终值，因此复利现值系数小于 1，且随时间和折现率的增加，折现的现值越小。

【例 2-5】若某旅游企业欲在 5 年后取得 1 000 万元进行投资，若银行存款利率为 5%，每年复利一次，则公司现在应该存入银行多少钱才能保证 5 年后的投资？

$$PV=\frac{1\ 000}{(1+5\%)^{5}}=1\ 000\times(P/F,\ 5\%,\ 5)=1\ 000\times0.783\ 5=783.5（万元）$$

则旅游企业现在存入银行 783.5 万元 5 年后得到 1 000 万元。

3. 年金的计算

在现实财务管理中，会出现间隔时间相同、多次重复进行投资的情况，每次投资金额相等，形成系列间隔相同等额收入或支付的款项，这就是年金。因此年金是指间隔时间相等，等额支付或收到的款项。例如：贷款的偿还、工资的支付、固定费用的支出等。年金按照收付时间的不同分为普通年金、预付年金、递延年金和永续年金。

1）普通年金的终值和现值

（1）普通年金终值。普通年金又称为后付年金，是在间隔时间相等的每期期末收到或支付的款项。普通年金终值是间隔时间相等每期期末发生等额款项在未来某一时点的本利和。若普通年金用 A 表示，年金终值用 FVA 表示，则按照时间轴表示普通年金终值如图 2-5 所示。

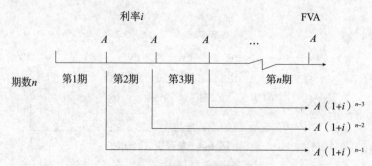

图 2-5　普通年金终值的现金流

若第 n 年年末存入年金 A，利率 i，经历期数 0 期，因此期末即 A，第（$n-1$）期末年金 A，则经历 1 期，n 期期末为 $A(1+i)$，依次类推第 1 期期末年金 A，经历（$n-1$）期，n 期期末为 $A(1+i)^{n-1}$，详见如下：

第 1 期期末 A，终值 $FVA_1 = A(1+i)^{n-1}$；

第 2 期期末 A，终值 $FVA_2 = A(1+i)^{n-2}$；

第 3 期期末 A，终值 $FVA_3 = A(1+i)^{n-3}$；

……

第（$n-1$）期期末 A，终值 $FVA_{n-1} = A(1+i)$；

第 n 期期末 A，终值 $FVA_n = A$

因此，

$$FVA = FVA_1 + FVA_2 + FVA_3 + \cdots + FVA_n$$
$$= A + A(1+i) + A(1+i)^2 + \cdots + A(1+i)^{n-1}$$

利用等比数列求和公式求得：

$$FVA = A \cdot \frac{(1+i)^n - 1}{i} = A(F/A, i, n)$$

式中，$\dfrac{(1+i)^n - 1}{i}$ 为普通年金终值系数，通常表示为（$F/A, i, n$）或 $FVIFA_{i,n}$。普通年金终值系数可以通过 Excel 函数求得，也可直接查询年金终值系数表得到。

【例 2-6】某旅游企业每年年末计划投资等额资金 50 万元，持续 5 年，投资回报率为 8%，则 5 年后企业得到多少资金？

$$FVA = 50 \times \frac{(1+8\%)^5 - 1}{8\%} = 50 \times (F/A, i, n) = 50 \times 5.8666 = 293.33（万元）$$

因此，企业 5 年后得到 293.33 万元。

偿债基金是普通年金终值的逆运算。若已知未来计划得到终值 FVA，从现在起在间隔相等的时间每年存入多少年金 A，计算公式如下：

$$A = \frac{FVA}{(F/A, i, n)} = FVA \cdot (A/F, i, n)$$

式中，$\dfrac{1}{(F/A, i, n)}$ 为偿债基金系数，它是普通年金终值系数的倒数，也可记作（$A/F, i, n$）。

【例 2-7】某旅游企业打算 6 年后清偿一笔贷款 1 200 万元，每年清偿等额款项，年利率为7%，则每年年末应偿还多少资金？

$$A=\frac{1\,200}{(F/A,\ 7\%,\ 6)}=\frac{1\,200}{7.153}=167.76（万元）$$

（2）普通年金现值。普通年金现值是指间隔时间相等每期期末支付或收到的款项折现到现在的现值。若年金现值用 PVA_n 来表示，则已知年金 A，利率 i，期数 n，求现值 PVA_n。具体时间轴如图2-6所示。

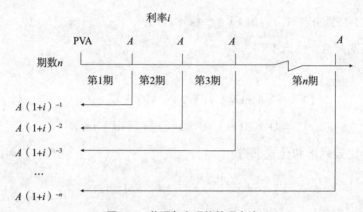

图2-6　普通年金现值的现金流

若第 n 年年末存入年金 A，利率 i，经历期数 n 期，因此折现到 n 期的现值为 $A(1+i)^{-n}$，第（$n-1$）期期末年金 A，则经历（$n-1$）期，折现到期初为 $A(1+i)^{-(n-1)}$，依次类推第1期期末年金 A，经历1期，折现到期初为 $A(1+i)^{-1}$ 详见如下：

第1期期末 A，现值 $PVA_1=A(1+i)^{-1}$；

第2期期末 A，现值 $PVA_2=A(1+i)^{-2}$；

第3期期末 A，现值 $PVA_3=A(1+i)^{-3}$；

……

第 n 期期末 A，现值 $PVA_n=A(1+i)^{-n}$

因此，

$$PVA=PVA_1+PVA_2+PVA_3+\cdots+PVA_n$$

$$=A(1+i)^{-1}+A(1+i)^{-2}+A(1+i)^{-3}+\cdots+A(1+i)^{-n}$$

利用等比数列求和公式求得：

$$PVA=A\cdot\frac{1-(1+i)^{-n}}{i}=A(P/A,\ i,\ n)$$

式中，$\dfrac{1-(1+i)^{-n}}{i}$ 为普通年金现值系数，通常表示为 $(P/A,\ i,\ n)$ 或 $\text{PVIFA}_{i,\ n}$。普通年金现值系数可以通过 Excel 函数求得，也可直接查询年金现值系数表得到。

【例 2-8】某旅游企业计划投资一个固定资产项目，期限为 10 年，每年年末得到投资收益 200 万元，投资收益率为 9%，则这些投资收益折合到现在为多少？

$$\text{PVA}=200 \times \dfrac{1-(1+9\%)^{-10}}{9\%}=200 \times (P/A,\ 9\%,\ 10)=200 \times 6.418=1\ 283.6（万元）$$

【例 2-9】假设现有一个购买保险计划，现在一次性支付 50 万元，在以后的 10 年中每年年末收到保险公司支付的等额保险金 6 万元，利率为 4%，请问购买该保险是否合适？

$$\begin{aligned}
\text{PVA}&=6 \times \dfrac{1-(1+4\%)^{-10}}{4\%}\\
&=6 \times (P/A,\ 4\%,\ 10)\\
&=6 \times 8.110\ 9\\
&=48.67（万元）
\end{aligned}$$

每年收到保险金 6 万元，折合现在的现值为 48.67 万元，小于一次性支付的保险金，因此该保险不合适。

资本回收是指已投入一定资金，在间隔相等的时间里每期期末收回资金为多少，即已知现值 PVA，求年金 A。

$$A=\dfrac{\text{PVA}}{(P/A,\ i,\ n)}=\text{PVA} \cdot (A/P,\ i,\ n)$$

式中，$\dfrac{1}{(P/A,\ i,\ n)}$ 为资本回收系数，它是普通年金现值系数的倒数，也可记作 $(A/P,\ i,\ n)$。

【例 2-10】某旅游企业投资一个房地产项目 2 000 万元，计划每年等额回收资金持续 7 年，投资收益率为 10%，则该企业每年回收多少资金？

$$A=\dfrac{2\ 000}{(P/A,\ 10\%,\ 7)}=\dfrac{2\ 000}{4.868\ 4}=410.8（万元）$$

2）预付年金的终值与现值

预付年金是指在间隔时间相等的每期期初等额支付或收到的款项，又称为即付年金。预付年金与普通年金的差别在于收付款项的时间一个在期初、一个在期末，每期预付年金要比普通年金多一期的利息。

（1）预付年金终值。预付年金终值是指在间隔相等的时间里，每期期初发生等额收付的款项在未来某一时点的价值。具体时间轴如图 2-7 所示。

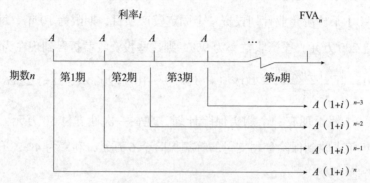

图 2-7　预付年金终值现金流

第 1 期期初发生年金 A，在经过 n 期之后终值变为 $A(1+i)^n$，第 2 期期初发生 A，经过 $(n-1)$ 期变为终值 $A(1+i)^{n-1}$，以此类推，得到如下过程：

第 1 期期初 A，终值 $\mathrm{FVA}_1=A(1+i)^n$；

第 2 期期初 A，终值 $\mathrm{FVA}_2=A(1+i)^{n-1}$；

第 3 期期初 A，终值 $\mathrm{FVA}_3=A(1+i)^{n-2}$；

……

第 $(n-1)$ 期期初 A，终值 $\mathrm{FVA}_{n-1}=A(1+i)^2$；

第 n 期期初 A，终值 $\mathrm{FVA}_n=A(1+i)$

因此，

$$\mathrm{FVA}=\mathrm{FVA}_1+\mathrm{FVA}_2+\mathrm{FVA}_3+\cdots+\mathrm{FVA}_n$$
$$=A(1+i)^n+A(1+i)^{n-1}+A(1+i)^{n-2}+\cdots+A(1+i)$$

利用等比数列求和公式求得：

$$\mathrm{FVA}=A(1+i)\cdot\frac{[(1+i)^n-1]}{i}$$

对比预付年金终值和普通年金终值，计算最后的时间点不同，普通年金是在最后一笔现金流发生的时刻同时产生终值，而预付年金是在最后一笔发生年金之后多 1 期才计算终值。因此，预付年金比普通年金多计算 1 期，预付年金在 n 期基础上再复利 1 期，变成 $(n+1)$ 期利息。预付年金在计算普通年金的 $(n+1)$ 期基础上扣除第 $(n+1)$ 期的年金 A，因为预付年金在 $(n+1)$ 期不再发生年金，故预付年金终值计算可以写成

$$FVA=A \cdot (F/A,\ i,\ n+1)-A=A \cdot [(F/A,\ i,\ n+1)-1]$$

式中，$(F/A,\ i,\ n+1)$ 为 $(n+1)$ 普通年金终值系数，$[(F/A,\ i,\ n+1)-1]$ 为预付年金终值系数，即为普通年金终值系数期数加 1、系数减 1 的结果，可以通过查询年金终值系数表之后调整得到。

【例 2-11】某同学计划为上大学存储大学基金，计划在未来 6 年中每年年初存入银行 10 000 元，银行存储利率为 5%，则 6 年后该同学得到的大学基金为多少?

$$FVA=10\ 000 \times [(F/A,\ 5\%,\ 6+1)-1]=10\ 000 \times 7.142=71\ 420（元）$$

每年年初存储 10 000 元，6 年后得到终值为 71 420 元。

（2）预付年金现值。预付年金现值是指在间隔相等的时间里，每期期初发生等额款项折现到最初的现值。具体时间轴表示如图 2-8 所示。

图 2-8　预付年金现值现金流

第 1 期期初发生年金 A，与现值折现时间点相同，因此其现值就为 A，第 2 期期初年金 A，折现到第 1 期期初经历 1 期，因此用复利现值计算其产生现值为 $A(1+i)^{-1}$，以此类推得到如下推导过程：

第 1 期期初 A，现值 $PVA_1=A$；

第 2 期期初 A，现值 $PVA_2=A(1+i)^{-1}$；

第 3 期期初 A，现值 $PVA_3=A(1+i)^{-2}$；

……

第 n 期期初 A，现值 $PVA_n=A(1+i)^{-(n-1)}$

因此

$$PVA=PVA_1+PVA_2+PVA_3+\cdots+PVA_n$$
$$=A+A(1+i)^{-1}+A(1+i)^{-2}+A(1+i)^{-3}+\cdots+A(1+i)^{-(n-1)}$$

利用等比数列求和公式求得：

$$PVA=A\left(1+i\right)\cdot\frac{1-\left(1+i\right)^{-n}}{i}$$

对比预付年金现值与普通年金现值，预付年金现值等于（$n-1$）期的普通年金现值再加上 A，可以使用普通年金现值系数来计算预付年金现值，因此预付年金现值计算如下：

$$PVA=A\cdot\left(P/A,\ i,\ n-1\right)+A=A\cdot\left[\left(P/A,\ i,\ n-1\right)+1\right]$$

式中，（$P/A,\ i,\ n-1$）为普通年金现值（$n-1$）期系数，[（$P/A,\ i,\ n-1$）+1] 为预付年金现值系数，可以查询普通年金现值系数调整得到。

【例 2-12】某旅游企业计划投资一项房地产，在未来 10 年里每年年初投资回报额为 120 万元，投资收益率 8%，则未来现金流折现到现在为多少钱？

$$PVA=120\times\left[\left(P/A,\ 8\%,\ 10-1\right)+1\right]=120\times7.246\ 9=869.63（万元）$$

3）递延年金的终值与现值

递延年金是指等额款项发生在若干期以后的每期期末的年金。递延年金存在延期期数（m）以及发生期数（n）之分，是在普通年金基础上递延 m 期的结果。因为递延年金终值只计算普通年金发生 n 期之后的终值，与递延期数 m 无关，所以递延年金终值与普通年金终值相同。递延年金现值要考虑经过 m 递延之后的年金折现到（$m+n$）之前的现值，具体现金流过程如图 2-9 所示。

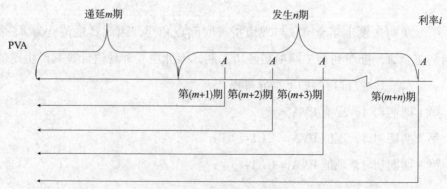

图 2-9　递延年金现值现金流

递延年金现值的计算采用两种方法：一是计算（$m+n$）期年金现值再扣除递延的 m 期年金现值；二是把 n 期年金计算现值，再折现到 m 期期初的现值。因此递延年金现值计算公式为

$$PVA=A[(P/A,\ i,\ m+n)-(P/A,\ i,\ m)]$$

或

$$PVA=A(P/A,\ i,\ n)(P/F,\ i,\ m)$$

【例 2-13】某旅游企业计划投资一个固定资产项目，预计 5 年后开始有投资回报，第 6 年开始连续 10 年每年年末投资回报额为 200 万元，投资收益率为 10%，则未来投资回报额折现到现在的现值为多少？

由于 5 年后才有投资回报，且投资回报额每期期末等额发生，此为递延年金，递延期限为 5 年，发生年限为 10 年，求现值，则代入公式得

$$PVA=200\times(P/A,\ 10\%,\ 10)(P/F,\ 10\%,\ 5)=200\times6.144\ 6\times0.620\ 9$$
$$=763.04（万元）$$

或

$$PVA=200\times[(P/A,\ 10\%,\ 15)-(P/A,\ 10\%,\ 5)]$$
$$=200\times(7.606\ 1-3.790\ 8)$$
$$=763.04（万元）$$

【例 2-14】张某和刘某打算签订借贷协议，张某连续 5 年每年年末借给刘某 10 000 元，刘某从第 6 年开始连续 6 年每年年末偿还 15 000 元，年利率为 9%，请问张某是否划算？

张某从现在开始 5 年，则计算 5 年年金的现值，刘某从第 6 年开始偿还，则递延 5 年，因此是递延年金求现值，则计算如下：

张某借出资金现值：

$$PVA=10\ 000\times(P/A,\ 9\%,\ 5)=10\ 000\times3.889\ 7=38\ 897（元）$$

刘某偿还金额现值：

$$PVA=15\ 000\times(P/A,\ 9\%,\ 6)(P/F,\ 9\%,\ 5)$$
$$=15\ 000\times4.485\ 9\times0.649\ 9$$
$$=43\ 730.8（元）$$

计算求得张某借出资金现值小于刘某偿还金额现值，因此张某划算。

4）永续年金

永续年金是指无限期的年金，如银行的存本取息、养老金等。由于永续年金没有到期日，因此不存在永续年金终值。永续年金的现值即将无限期的年金折现到现在的现值，可以通过普通年金现值如下推导得到：

$$PVA = \frac{A}{(1+i)} + \frac{A}{(1+i)^2} + \cdots + \frac{A}{(1+i)^n}$$

根据等比数列求和得到：

$$PVA = A \cdot \frac{1-(1+i)^{-n}}{i}$$

当 $n \to \infty$ 时：

$$PVA = \frac{A}{i}$$

【例 2-15】若某人打算每年缴纳养老保险 5 000 元，年利率为 4%，养老保险可以无限存续，则所有养老金折现的现值为多少？

$$PVA = \frac{5\ 000}{4\%} = 125\ 000 （元）$$

4. 利率和期数的计算

利率和期数的计算，即已知现值 PV 和终值 FV、现值 PV 和年金 A 或终值 FV 和年金 A，计算求得利率 i 或期数 n。一种方法是通过复利终值、复利现值计算公式计算复利利率或期数；另一种方法是通过插值法计算。在现实企业经营中，若每年复利多次，则要区分名义利率和实际利率。

1）名义利率和实际利率

复利的期数是以年为单位，则为每年复利 1 次，采用年利率计算即可，此时的利率为名义利率，若复利的期数不是按年，按日、月、季等计期，如：每月复利 1 次或每季复利 1 次，若每月复利 1 次，则一年复利 12 次，每季复利 1 次，则一年复利 4 次，因此就产生了每年复利多次的情况，此时应将名义利率转化成实际利率，再计算求得。因此实际利率是名义利率按照每年复利次数重新计算的利率，计算公式如下：

$$i = \left(1 + \frac{r}{m}\right)^m - 1$$

式中，i 为实际利率，r 为名义利率或年利率，m 为一年复利次数。若 $\frac{r}{m}$ 是整数，可以转化成期间利率，即名义利率除以复利次数 $\frac{r}{m}$，实际期数在按年计期基础上乘以复利次数 $n \times m$，直接可以计算或查表求得。

【例 2-16】若企业本金为 1 000 万元，年利率为 8%，每季复利 1 次，投资 4 年，则 4 年后本利和为多少？

$$i=\left(1+\frac{8\%}{4}\right)^{4}-1=8.24\%$$

每季复利 1 次，一年复利 4 次，则实际利率为 8.24%，再按照复利终值计算求得：

$$FV=1\,000\times\left(1+8.24\%\right)^{4}=1\,373\text{（万元）}$$

因此，每季复利 1 次，4 年后为 1 372.6 万元。若每年复利 1 次，则计算求得的终值为

$$FV=1\,000\times\left(1+8\%\right)^{4}=1\,000\times1.360\,5=1\,360.5\text{（万元）}$$

显然一年复利次数越多，代表资金周转频率越高，货币的时间价值累积就越大。

例 2-16 中，复利次数为每年 4 次，其间利率为：8%/4=2%，期数为 4×4=16 期，则计算求得终值为

$$FV=1\,000\times\left(1+2\%\right)^{16}=1\,373\text{（万元）}$$

根据公式计算求得的实际利率，没有考虑通货膨胀的情况。如果存在通货膨胀，计算求得的货币时间价值会减少，通货膨胀会使货币价值出现贬值。因此名义利率是银行或金融机构对外公布的年利率，而实际利率是去除通货膨胀影响以后得到的真实利率，考虑实际利率与名义利率的区别对财务管理具有重要意义。如果通货膨胀的影响可以用通货膨胀率来表示，则三者之间的关系如下：

$$1+r_{m}=\left(1+r_{e}\right)\times\left(1+p\right)$$

式中，r_{m} 为名义利率，r_{e} 为实际利率，p 为通货膨胀率。由于式子展开 $r_{e}\times p$ 很小，上式可以写成 $r_{m}\approx r_{e}+p$，即名义利率等于实际利率与通货膨胀率之和。若名义利率为 8%，通货膨胀率为 2%，则实际利率为

$$r_{e}=\frac{1+r_{m}}{1+p}-1=\frac{1+8\%}{1+2\%}-1=5.9\%$$

$$r_{e}\approx r_{m}-p=6\%$$

2）利率的计算

若已知现值 PV、终值 FV、期数 n，求解利率 i。一种方法是根据复利终值或复利现值计算公式求解，另一种方法利用插值法计算求得：

$$FV=PV\left(1+i\right)^{n}$$

$$i=\sqrt[n]{\frac{FV}{PV}}-1=\left(\frac{FV}{PV}\right)^{1/n}-1$$

【例 2-17】某旅游企业投资于一个固定资产 500 万元，投资期限 6 年，6 年后

要想投资额增加 1 倍，则投资回报率为多少？

$$i=\sqrt[6]{\frac{1\,000}{500}}-1=12.24\%$$

利率计算可以利用插值法，即找到 $(F/P,\ i,\ n)=FV/PV=\alpha$，若 α 恰好在系数表中能够找到，则得到对应的利率即可；若 α 在复利终值系数表中找不到，则找到与其接近的前后两个系数 β_1、β_2，找到其对应的两个利率 i_1、i_2，所求利率 i 代入下面插值公式为

$$\frac{i-i_1}{i_2-i_1}=\frac{\alpha-\beta_1}{\beta_2-\beta_1}$$

$$i=\frac{(\alpha-\beta_1)(i_2-i_1)}{\beta_2-\beta_1}+i_1$$

例 2-17 中，$FV/PV=\alpha=2$，期数为 6 时与之相邻的两个系数为 $i_1=12\%$ 对应的系数 $\beta_1=1.974$，$i_2=13\%$ 对应的系数为 $\beta_2=2.082$，则代入插值公式计算求得

$$i=\frac{(2-1.974)(13\%-12\%)}{2.082-1.974}+12\%=12.24\%$$

3）期数的计算

期数计算是已知现值 PV、终值 FV、利率 i，求期数 n。同样也是两种方法，一种是利用复利终值和复利现值公式求解，另一种是利用插值法。

$$FV=PV(1+i)^n$$

$$n=\frac{\ln(FV/PV)}{\ln(1+i)}$$

【例 2-18】若某旅游企业投资于新建项目 500 万元，每年投资收益率为 10%，则多少年之后达到 1 500 万元。

$$n=\frac{\ln(1\,500/500)}{\ln(1+10\%)}=11.52（年）$$

利用插值法计算公式如下：

$$\frac{n-n_1}{n_2-n_1}=\frac{\alpha-\beta_1}{\beta_2-\beta_1}$$

$$n=\frac{(\alpha-\beta_1)(n_2-n_1)}{\beta_2-\beta_1}+n_1$$

例 2-18 中，计算求得 $FV/PV=\alpha=3$，找到 $i=10\%$ 与其相邻的两个系数 $\beta_1=2.853$、$\beta_2=3.138$，其对应的 $n_1=11$、$n_2=12$，则代入插值公式计算求得

$$n=\frac{(3-2.853)(12-11)}{3.138-2.853}+11=11.52（年）$$

若得到的 FV/PV=α 值能够在系数表中找到，则得到对应的期数 n 即可；若不能得到，则利用上面计算公式求得。

2.2　旅游企业风险与收益

旅游企业不同资产的投资收益不同，这是因为资产的投资收益率不同，一般而言，投资收益率的高低与投资风险有直接关系，企业在评价各种资产的投资回报时，要分析每一种投资的未来可能收益，也要评判每一种投资方案所面临的风险。

2.2.1　收益和风险的概念

1. 收益

收益是指企业在使用资金的过程中得到的额外回报（或损失）。一般地，企业的投资收益采用绝对数和相对数两种表达，当投资收益具体实现多少价值，可以采用绝对数，但由于投资额不同，所产生收益的绝对数无法比较，因此一般采用相对数收益率来衡量。一项资产投资的收益包含两部分：①投资额本金的价值增值或价值损失部分，如股票价格的上涨或下跌。②投资额产生的额外直接收益，如利息、股利或租金等。因此，某项资产的投资收益率为资本利得收益率加上额外直接收益率。若 R_t 表示某项资产的投资收益率，资产投资价值为 P_0，投资后期满资产价值为 P_t，额外产生的利息直接收入为 I_t，故某项资产的投资收益率为

$$R_t=\left(\frac{P_t-P_0}{P_0}+\frac{I_t}{P_0}\right)\times100\%$$

一般而言，资产收益率的大小和风险有关，高风险的资产投资收益率高于低风险投资收益率，所以股票投资收益率高于企业债券收益率，企业债券收益率往往高于国债收益率。

企业的投资收益率主要有预期收益率、实际收益率和必要收益率。

（1）预期收益率。预期收益率也称期望收益率，是指企业在选择投资方案之前根据各种情况得到的收益率的期望值。企业会依据历史数据或主观分析结果，得到投资发展情况良好、情况一般、情况较差等多种情况发生的概率，再结合每

种情况下可能的收益率，计算加权平均，继而得到综合集中情况下的预期收益率。显然预期收益率是企业对未来投资方案的一个估计。

（2）实际收益率。实际收益率是指企业在投资之后，根据实际发生的结果得到的收益率。因此实际收益率是已发生事实的收益率。企业会根据实际收益率与预期收益率的比较，来评判投资方案的实际结果与预期的偏差，然后调整投资决策。

（3）必要收益率。必要收益率是指企业要求的最小投资收益率。一般地，企业必要收益率等于风险收益率与无风险收益率之和。风险收益率是企业根据此项资产在市场平均收益基础上得到风险溢价部分，无风险收益率是排除风险以外得到的收益率，一般指国债收益率。

2. 风险

风险是指企业由于未来不确定因素导致投资结果带来损失的可能性。风险不等同于不确定性，不确定性是未来的结果可能是好的，也可能是坏的；而风险是企业未来结果不好的可能性与机会或概率。因此在衡量风险时，往往对投资发生的可能情况进行概率评估，在综合考虑各种可能性概率的基础上，得到企业对投资方案的估计。

企业面临的风险按是否与生产经营有关，分为经营风险和财务风险。

经营风险是指由于企业生产经营结果的不确定给企业带来的风险。例如，企业原材料价格上涨，劳动力稀缺，产品更新、生产管理等问题。

财务风险是指由于举债给企业财务带来的风险。企业在筹资过程中有两种选择：自有资金和外借资金。如果借入资金比例较高，会给企业带来财务压力，一方面到期要还款，另一方面会面临高额的利息支付。一旦出现资不抵债，企业就会面临财产清算。

2.2.2　单项资产的风险和收益

单项资产是指企业资产投资于一项投资活动，如股票、债券、固定资产等。对单项资产的风险和收益的衡量包括单项资产预期收益率、单项资产预期收益率标准差、预期收益率的标准离差率。

1. 单项资产预期收益率

单项资产预期收益率是依据资产投资未来各种情况的发生概率，再与其每种情况下的收益率进行加权平均求得，若每种情况发生概率用 p_i 表示，每种情况下

的收益率用 r_i 表示，则计算公式为

$$E(R) = \sum_{i=1}^{n}(p_i \cdot r_i)$$

【例 2-19】某企业的一项资产有两个投资方向，如果投资股票，未来可能发生三种情况：情况较好发生概率为 30%，其收益率为 15%；情况一般发生概率为 40%，其收益率为 10%；情况较差发生概率为 30%，其收益率为 8%。如果投资债券，情况较好发生概率为 40%，其收益率为 12%；情况一般概率为 35%，其收益率为 10%；情况较差发生概率为 25%，其收益率为 6%。对比股票和债券的预期收益率，进行决策。

根据该股票未来投资收益变化，制作表 2-1。

表 2-1　不同发生情况的收益率　　　　　　　　　　%

未来情况	情况发生概率 p_i		股票投资收益 r_i	
	股票	债券	股票	债券
情况较好	30	40	15	12
情况一般	40	35	10	10
情况较差	30	25	8	6
合计	100	100		

根据表 2-1 得到股票和债券的预期收益率如下：

$$E_{股}(R) = 30\% \times 15\% + 40\% \times 10\% + 30\% \times 8\% = 10.9\%$$

$$E_{债}(R) = 40\% \times 12\% + 35\% \times 10\% + 25\% \times 6\% = 9.8\%$$

因此，对比股票预期收益率和债券收益率，企业应该选择股票投资。

2. 单项资产预期收益率标准差

单项资产风险的衡量包括预期收益率的标准差及标准离差率（变异系数）。风险表示未来结果变坏的可能性，是由于投资结果的不确定性造成的，因此单项资产的风险即为未来可能收益率对期望值的离散程度或变异程度来衡量。

单项资产预期收益率的标准差代表了未来可能收益率对期望收益率的离散程度，一般地，预期收益率标准差越大，说明对期望收益率越分散，风险就越大；相反，预期收益率标准差越小，说明对期望收益率越集中，风险越小。预期收益率的标准差是方差的开方。方差表示随机变量的离散程度，采用概率统计计算预期收益率的方差为

$$\sigma^2 = \sum_{i=1}^{n} (R_i - \overline{R})^2 \cdot p_i$$

式中，$\overline{R}$ 为预期收益率；p_i 为每一种情况发生概率；R_i 为每种情况下的收益率。则预期收益率的标准差为

$$\sigma = \sqrt{\sum_{i=1}^{n} (R_i - \overline{R})^2 \cdot p_i}$$

【例 2-20】计算例 2-19 中投资股票与投资债券的预期收益率标准差，衡量两种投资方案的风险。

$\sigma_{股} = \sqrt{(15\% - 10.9\%)^2 \times 30\% + (10\% - 10.9\%)^2 \times 40\% + (8\% - 10.9\%)^2 \times 30\%}$
　　$= 0.028$

$\sigma_{债} = \sqrt{(12\% - 9.8\%)^2 \times 40\% + (10\% - 9.8\%)^2 \times 35\% + (6\% - 9.8\%)^2 \times 25\%}$
　　$= 0.024$

由此可见，虽然此项资产投资债券预期收益率小于股票预期收益率，但债券投资的预期收益率标准差小于股票投资，因此投资债券风险较小。但如果投资人是风险追求者，则喜欢高风险高回报，则会选择股票投资。

3. 预期收益率的标准离差率

标准离差率也称变异系数，即标准差与预期收益率的比值，其是相对数，便于同时考虑预期收益率与标准差，比较不同投资规模的风险大小。一般而言，某项资产的预期收益率越高，标准差越小，标准离差率越小，说明此项资产投资的风险越小；相反，预期收益率越低，标准差越大，标准离差率越大，此项资产投资的风险越大。标准离差率的计算公式如下：

$$CV = \frac{\sigma}{\overline{R}}$$

式中，CV 为标准离差率（变异系数）；$\overline{R}$ 为预期收益率；σ 为预期收益率的标准差。

【例 2-21】结合例 2-19 与例 2-20 计算两种投资方式的标准离差率。

$$CV_{股} = \frac{0.028}{10.9\%} \times 100\% = 0.257$$

$$CV_{债} = \frac{0.024}{9.8\%} \times 100\% = 0.245$$

根据计算得到债券投资的标准离差率小于股票投资的标准离差率，故债券投资风险小于股票投资风险。

【例 2-22】某旅游企业有一项资产计划投资股票市场，共有两种方案股票 A 和股票 B，未来可能出现的情况发生的概率以及每种情况下的收益率如表 2-2 所示。

表 2-2 两种股票不同发生情况的收益率

未来情况	股票 A		股票 B	
	发生概率 p_i	投资收益 r_i/%	发生概率 p_i	投资收益 r_i/%
情况较好	0.3	21	0.25	18
情况一般	0.5	16	0.45	13
情况较差	0.2	−5	0.3	3
合计	1		1	

计算两种股票的预期收益率、标准差及标准离差率，依据风险大小判断企业选择哪一种股票。

$$E_{A股}(R) = 21\% \times 0.3 + 16\% \times 0.5 + (-5\% \times 0.2) = 13.3\%$$

$$E_{B股}(R) = 18\% \times 0.25 + 13\% \times 0.45 + 3\% \times 0.3 = 11.25\%$$

$$\sigma_{A股} = \sqrt{(21\%-13.3\%)^2 \times 0.3 + (16\%-13.3\%)^2 \times 0.5 + (-5\%-13.3\%)^2 \times 0.2}$$
$$= 0.094$$

$$\sigma_{B股} = \sqrt{(18\%-11.25\%)^2 \times 0.25 + (13\%-11.25\%)^2 \times 0.45 + (3\%-11.25\%)^2 \times 0.3}$$
$$= 0.058$$

$$CV_{A股} = \frac{0.094}{13.3\%} = 0.707$$

$$CV_{B股} = \frac{0.058}{11.25\%} = 0.516$$

虽然 B 股票的预期收益率小于 A 股票，但 B 股票的标准差和标准离差率都小于 A 股票，证明 B 股票的风险较小，企业应该选择投资 B 股票。

投资者对风险的态度不同，有的投资者偏好高风险、高回报，有的投资者偏好保守型投资，有的投资者偏好逃避风险，因此投资者应依据偏好进行投资方案的选择。

当投资者面临两个及两个以上投资方案时，在计算每个投资方案风险和收益之后，选择最优投资方案，主要按照如下选择方法。

（1）当 A 方案的预期收益率大于 B 方案的预期收益率，A 方案标准离差率低于 B 方案，则优先选择 A 方案。

（2）当两个投资方案预期收益率相同时，优先选择标准离差率低的投资方案。

（3）当两个投资方案标准离差率相同时，优先选择预期收益率高的投资方案。

（4）当 A 方案的预期收益率高于 B 方案预期收益率，A 方案的标准离差率高于 B 方案标准离差率，则依据投资者对风险的偏好而定，如果投资者是风险偏好者，则偏好高风险、高回报的 A 方案；如果投资者是风险规避者，则偏好低风险、低回报的 B 方案。

4. 风险管理策略

投资方案存在风险，投资者对投资风险的态度存在差异，主要包括接受风险、回避风险、减少风险和转移风险四种类型。

（1）接受风险。面对风险时，投资者选择接受风险，企业可以选择风险自担，当有计划地进行风险自担时，就变成了风险自保。风险自担也称风险自留，当面临投资风险时，企业可以主动承担风险，或者不采取任何措施，或者将风险的不确定性纳入投资决策中，通过企业内部控制措施来化解风险。当企业有计划地风险自留时，则称为风险自保。企业了解风险的存在，计划应用其内部资源（自有资金或借入资金），对损失进行弥补。

（2）回避风险。回避风险是指企业考虑风险的存在和发生的可能性，优先选择低风险，主动放弃或拒绝可能导致风险损失的方案。一般这样的投资者看中的不是高风险和高回报，而是稳定、保守的收益。回避风险的原因很多：①投资者对风险极端厌恶。②投资者在能够实现相同的目标下，面对相同投资环境，其优先选择风险更低的投资项目。③当投资者无法消除或转移风险时，其选择回避风险。④投资者面对风险无力承担该风险，或企业本身无法对风险造成的损失进行补偿，会选择回避风险。

（3）减少风险。企业对投资可能带来损失，采取一定措施，减少风险，主要包括控制风险产生的因素，减少风险发生的可能性；也可以控制风险产生的频率，降低风险造成的损害程度。企业可以采用更为科学、准确的预测方法，对风险进行估计，对多种投资方案进行综合考量，提供投资方案的替代选择。增强对投资信息获取的及时性及准确性，对投资过程进行准确的把控，面对未来可能出现损失的投资，进行及时更换或改变。

（4）转移风险。转移风险是指企业通过制定合同或转换投资项目等方式将风险转移给其他企业和个人。其主要方式有：①通过合同转移风险，在投资时，签订包含连带风险在内的合同，将风险转移给对方。②采用保险转移风险，利用购买保险公司的产品，将风险全部或部分地转移。③利用各种风险交易工具转移风险，如购买可转换债券，当债券投资风险较高时，在适当时间转换成公司股票，转移风险。

2.2.3　投资组合的风险和收益

投资组合是指企业的一项资产投资于两个或两个以上项目的投资活动。如果投资于两个或两个以上的有价证券，则称为证券组合。采用投资组合的方式，即"不把鸡蛋放在一个篮子里"，能够有效地分散风险，利用不同投资项目组合可以降低风险。如某旅游企业有投资资金 500 万元，其选择三种投资组合，100 万元投资于股票，200 万元投资于债券，200 万元投资于固定资产，显然每一种投资方式都存在不同的收益率，且每一个投资方式在整个投资资金的比重也不相同。

1. 投资组合的预期收益率

投资组合的预期收益率是每种投资方式预期收益率的加权平均，其权数是每项投资金额占总资产额的比重。投资组合的预期收益率计算公式如下：

$$\bar{R}_p = \sum_{j=1}^{m} W_j \bar{R}_j$$

式中，$\bar{R}_p$ 为投资组合的预期收益率；$\bar{R}_j$ 为第 j 项资产的预期收益率；W_j 为第 j 项资产占总投资额的比重；m 为资产组合中投资项目总数。

【例 2-23】某旅游企业计划投资 1 000 万元，其中，股票 250 万元，债券 350 万元，固定资产投资 400 万元，股票预期收益率为 12%，债券预期收益率为 10%，固定资产预期收益率为 18%，则该投资组合的预期收益率为多少？

$$\bar{R}_p = \frac{250}{1\,000} \times 12\% + \frac{350}{1\,000} \times 10\% + \frac{400}{1\,000} \times 18\% = 16.7\%$$

投资组合的预期收益率为 16.7%。

2. 投资组合的风险及其衡量

企业利用资产组合降低和分散风险，一般而言，投资组合收益的风险依然采用投资组合的标准差来表示，但并不是组合的各项资产收益标准差的简单加总，如果组合的各项资产之间存在关联程度，那么资产组合收益的风险改变。随着资产投资方案数量的增加，资产组合的风险会降低，而当降低到一定阶段，资产组合的风险不再随投资方案数量改变而改变。

1）两项资产投资组合风险

两项资产投资组合风险在考虑两项资产之间的相互影响下，利用两项资产收益率协方差、相关系数以及投资组合的收益率方差来表示两项资产投资组合的风险大小。

（1）两项资产收益率协方差。资产组合中两项资产收益率的协方差用于表示投资组合中某一项目相对于另一个投资项目的风险大小。例如：若 A、B 两项资产投资构成投资组合，A 投资项目的收益随经济形势变好而增加，B 投资项目的收益的变化可以用两个项目收益率的协方差表示出来。

协方差的计算公式为

$$\sigma_{12}=\text{Cov}\,(R_1,\ R_2)=E[(R_1-\bar{R}_1)(R_2-\bar{R}_2)]=\frac{1}{n}\sum_{i=1}^{n}[(R_{1,i}-\bar{R}_1)(R_{2,i}-\bar{R}_2)]$$

式中，σ_{12} 表示两项资产收益率的协方差；$R_{1,i}$ 表示在第 i 种投资结构下投资于第一种资产的投资收益；$\bar{R}_1$ 表示投资于第一种资产的预期收益率；$R_{2,i}$ 表示在第 i 种投资结构下投资于第二种资产的投资收益；$\bar{R}_2$ 表示投资于第二种资产的预期收益率；n 表示不同投资组合的种类数。

如果协方差计算结果为正值，表示两个投资项目收益率之间变动方向是同方向，即如果其中一个投资项目收益率增加，则另外投资项目收益率也增加；相反，其中一个投资项目收益率减少，则另一个投资项目收益率也减少。协方差结果为负值，表示两种资产的收益率呈反方向变动，即如果其中一个投资项目收益率增加，则另外一个投资项目收益率减少；相反，如果一个投资项目收益率减少，则另一个投资项目收益率增加。另外，协方差的绝对值越大，表示两项资产收益率越相关；协方差绝对值越小，则两项资产收益率的相关性越小。

（2）两项资产收益率相关系数。如果两项资产收益率存在一定关系，则投资组合就会降低和分散风险。若采用两项资产收益率相关系数表示其相关程度，则相关系数表示将两项资产的收益率协方差进行标准化，相关系数等于协方差除以两项资产收益率的标准差乘积。两项资产收益率相关系数位于 -1 和 1 之间。

两项资产收益率相关系数计算公式为

$$\rho_{1,2}=\frac{\text{Cov}\,(R_1,\ R_2)}{\sigma_1\sigma_2}$$

式中，$\rho_{1,2}$ 为两项资产收益率的相关系数；$\text{Cov}\,(R_1,\ R_2)$ 为两项资产收益率协方差；σ_1、σ_2 为两项资产收益率的标准差。

相关系数与协方差的正负一致，当相关系数为正值，代表两项资产收益率同方向变化；当相关系数为负值，代表两项资产收益率反方向变化。

（3）两项资产投资组合收益率方差。两项资产投资组合收益率方差和标准差表示投资组合的风险大小。两项资产组合收益率的风险计算公式为

$$\sigma_p^2 = \omega_1^2 \sigma_1^2 + \omega_2^2 \sigma_2^2 + 2\omega_1 \omega_2 \text{Cov}(R_1, R_2)$$

依据相关系数与协方差的关系，则投资组合收益率方差还可以表示为

$$\sigma_p^2 = \omega_1^2 \sigma_1^2 + \omega_2^2 \sigma_2^2 + 2\omega_1 \omega_2 \rho_{1,2} \sigma_1 \sigma_2$$

投资组合收益率标准差为

$$\sigma_p = \sqrt{\omega_1^2 \sigma_1^2 + \omega_2^2 \sigma_2^2 + 2\omega_1 \omega_2 \text{Cov}(R_1, R_2)}$$

或

$$\sigma_p = \sqrt{\omega_1^2 \sigma_1^2 + \omega_2^2 \sigma_2^2 + 2\omega_1 \omega_2 \rho_{1,2} \sigma_1 \sigma_2}$$

式中，σ_p^2 为两项资产组合收益率的方差；σ_p 为两项资产组合收益率的标准差；σ_1、σ_2 分别为两项资产投资的收益率标准差；ω_1、ω_2 分别为两项资产占总投资额的比重；$\rho_{1,2}$ 为两项资产收益率的相关系数。$\rho_{1,2}$ 位于 -1 和 1 之间。

另外，公式中两种资产收益之间的协方差如下。

当 $\rho_{1,2}=1$ 时，说明两项资产的收益率具有完全正向关系，两项资产收益率变化方向和变化幅度完全相同，此时 σ_p 达到最大，$\sigma_p = \omega_1 \sigma_1 + \omega_2 \sigma_2$，投资组合的风险等于两项投资风险的加权平均，则将两项投资资产组合一起不能降低和分散风险。

当 $\rho_{1,2}=-1$ 时，说明两项资产的收益率具有完全负向关系，则两项资产收益率变化方向和变化幅度完全相反，此时 $\sigma_p = \omega_1 \sigma_1 - \omega_2 \sigma_2$。如果两项资产收益率存在负向关系，表明可以通过资产组合降低和分散风险，组合投资的风险可能降到零。

当 $\rho_{1,2}=0$ 时，说明两项资产的收益率没有任何关系，则 $\sigma_p = \sqrt{\omega_1^2 \sigma_1^2 + \omega_2^2 \sigma_2^2}$。组合一起的两项资产投资相当于独立的两个投资。

当 $0<\rho_{1,2}<1$ 时，说明两项资产收益率存在正向相关关系，两项资产组合一起能够削减风险，随着两项资产的正向相关程度越低，投资组合可降低或分散的风险就越大。

当 $-1<\rho_{1,2}<0$ 时，说明两项资产收益率存在负向相关关系，两项资产相关程度越低（绝对值越小），其投资组合可降低和分散的风险就越小。

现实中，两项资产的收益率完全正向关系和完全负向关系是几乎不可能的。绝大多数资产两两关系是不完全关系，即 $\rho_{1,2}$ 位于 –1 和 1 之间，大部分位于 0 和 1 之间，即可以通过两项资产组合一起降低一定程度的风险，但又不能完全消除风险。

【例 2-24】某旅游企业有投资 A、B 两个投资组合计划，每个投资项目组合都是 800 万元，其中，A 组合中甲项目投资 200 万元，收益率为 12%，标准差为 0.06，乙项目投资 600 万元，收益率为 10%，标准差为 0.04；B 组合中丙项目投资 400 万元，收益率为 8%，标准差为 0.045，丁项目投资 400 万元，收益率为 15%，标准差为 0.05。如表 2-3 所示。计算当 $\rho_{甲,乙}$=0.4，$\rho_{丙,丁}$=–0.3 时，两个投资组合的风险大小。

根据以上数据计算 A、B 投资组合的预期收益率：

$$\overline{R}_{Ap}=25\% \times 12\%+75\% \times 10\%=10.5\%$$

$$\overline{R}_{Bp}=50\% \times 8\%+50\% \times 15\%=11.5\%$$

表 2-3　两个投资组合收益和风险

投资组合	A 投资组合		B 投资组合	
	甲	乙	丙	丁
收益率 /%	12	10	8	15
权重 /%	25	75	50	50
标准差	0.06	0.04	0.045	0.05

依据协方差与相关系数的关系，计算两个投资组合收益率的协方差如下：

$$\text{Cov}\,(R_{甲},\,R_{乙})=\rho_{甲,乙}\sigma_{甲}\sigma_{乙}=0.4 \times 0.06 \times 0.04=0.000\,96$$

$$\text{Cov}\,(R_{丙},\,R_{丁})=\rho_{丙,丁}\sigma_{丙}\sigma_{丁}=(-0.3) \times 0.045 \times 0.05=-0.000\,675$$

计算投资组合收益率标准差如下：

$$\sigma_{Ap}=\sqrt{0.25^2 \times 0.06^2+0.75^2 \times 0.04^2+2 \times 0.25 \times 0.75 \times 0.000\,96}=0.039$$

$$\sigma_{Bp}=\sqrt{0.5^2 \times 0.045^2+0.5^2 \times 0.05^2-2 \times 0.5 \times 0.5 \times 0.000\,675}=0.028$$

经过计算结果显示，B 投资组合的收益率标准差小于 A 投资组合，因此 B 投资组合的风险小于 A 投资组合。

2）多项资产投资组合的风险

假设有 n 种资产组成投资组合，则多种资产投资组合的方差计算如下：

$$\sigma_p^2 = \sum_{i=1}^{n} \sum_{j=1}^{n} (\omega_i \omega_j \sigma_{ij})$$

式中，ω_i、ω_j 分别为第 i 种资产和第 j 种资产所占比重；$\sigma_{ij}=\mathrm{Cov}(R_i, R_j)$ 为第 i 种资产和第 j 种资产收益率的协方差。显然，多资产组成的投资组合收益率方差是由两两方差和协方差组成的矩阵形式。一般而言，随着多种资产组合一起，单个资产的风险可以一定程度得到分散，从而降低资产组合的整体风险，随着增加投资项目数量越多，分散的风险就越多，但不会全部消除。

投资组合的风险分为系统性风险和非系统性风险。系统性风险是指不能通过增加资产投资项目数量而降低或分散的风险，也称为市场风险。系统性风险对所有企业都有影响的因素，企业无法通过自身控制而改变这些风险，如经济衰退、灾难、通货膨胀、宏观经济变化、利率及汇率的调整、国际金融市场波动等情况。系统性风险是整个经济系统或市场面临的风险，不同企业、不同资产所面临的系统性风险不同，对市场影响波动联系较为密切的企业或资产所受的系统性风险就大。非系统性风险是指能够通过增加投资项目数量而减少或消除的风险，一般是因为营销活动、员工不满、经营不善等造成的内部事项，这类事件是非预期，随机发生事件，可以通过多样化投资等手段来消除。投资组合中资产数目对投资组合风险的影响如图 2-10 所示。

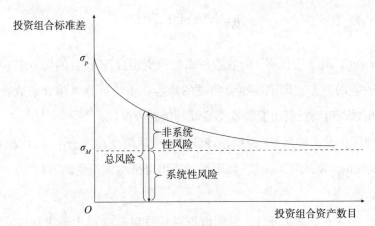

图 2-10　投资组合中资产数目对投资组合风险的影响

从图 2-10 可以看出，随着投资组合中资产数量的增加，投资组合标准差降低，总风险在降低，原因在于非系统性风险随资产数目增加而降低，而系统性风险无法改变。

2.3　资本资产定价模型概述

企业投资过程因承受风险而获得额外的收益，风险越高，企业就会需要一个较高的预期收益率，但企业可以通过投资组合分析，增加投资组合中投资项目的数量来降低风险。但对于不能分散的风险，企业更关心某一证券风险相对市场投资组合风险的影响。因此，资本资产定价模型（capital asset pricing model，CAPM）应运而生。

2.3.1　贝塔系数

贝塔系数（beta coefficient，β）是指单个证券的收益变动对市场组合收益变动的反应程度。显然，单个证券的风险与市场投资组合风险大小息息相关。

1. 单项资产 β 系数

若某一项证券 i 对市场系统风险的反应，其在市场证券组合的方差中所占比重依赖于它对市场证券组合之间协方差的大小，则证券 i 系统风险的度量用其与市场证券组合 M 之间的协方差表示，即 Cov (j, M)，利用 β 系数来表示单个证券对市场投资组合变动的反应程度。

单个证券 i 对市场投资组合 M 风险的 β 系数可计算为

$$\beta_i = \frac{\text{Cov}(R_i, R_M)}{\sigma_M^2}$$

式中，Cov (R_i, R_M) 为证券 i 的收益对市场投资组合 M 收益的协方差；σ_M^2 为市场投资组合收益的方差，即市场组合收益的风险。单项证券风险 β 系数表示单项证券收益率相对于市场投资组合收益率变动的敏感程度。

若某项证券 β 系数为 1，说明该证券所承受风险变动等于市场投资组合平均风险变动，即 Cov $(R_i, R_M) = \sigma_M^2$。如市场投资组合平均风险变动 5%，则该证券风险也变动 5%。

若某项证券 β 系数大于 1，说明该证券所受风险变动大于市场组合平均风险变动，即该项证券因为承受额外的风险，其收益率会大于市场平均收益率。例如，某项证券 β 系数为 1.2，则说明该项证券的风险变动是市场投资组合平均风险变动的 1.2 倍。当市场组合平均风险变动 10% 时，该项证券资产风险变动为 12%。

若某证券 β 系数小于 1，说明该证券所受风险变动小于市场投资组合平均风险变动。若某项证券 β 系数为 0.5，说明其风险变动是市场投资组合平均风险变动的 0.5 倍。即若市场投资组合平均风险变动 10%，则该证券风险变动 5%。

2. 投资组合 β 系数

投资组合 β 系数是指投资组合风险相对市场平均风险的反应程度，其计算是该投资组合中各单项投资 β 系数的加权平均。投资组合的 β 系数计算公式为

$$\beta_p = \sum_{i=1}^{n} \omega_i \beta_i$$

式中，β_p 为投资组合的 β 系数；β_i 为证券 i 的 β 系数；ω_i 为证券 i 在投资组合中所占资产比重；n 为投资组合中证券项目数量。

【例 2-25】旅游企业计划投资一个投资组合项目，投资组合包含 A、B、C 三个项目，其 β 系数分别为 1.3、0.4、1.0，在资产投资组合中所占比重分别为 35%、40%、25%，则资产投资组合的 β 系数为多少？

$$\beta_p = 1.3 \times 35\% + 0.4 \times 40\% + 1 \times 25\% = 0.865$$

该投资组合的 β 系数为 0.865。

2.3.2　资本资产定价模型

资本资产定价模型是经济学家威廉·F. 夏普（William F. Sharpe）于 1964 年首次提出，其描述了资本资产收益与市场风险之间的关系，其模型不仅适用于单项资产投资收益，也适用于组合证券收益的测算。

资本资产定价模型假定资本资产市场是完全竞争和有效的，投资者都是理性的，其认为在有效的资本市场上，市场均衡满足资本资产的必要收益率为无风险收益率与风险收益率之和。证券 i 的必要收益率为

$$E(R_i) = R_f + \beta_i (R_M - R_f)$$

式中，$E(R_i)$ 为证券 i 的必要收益率；R_f 为无风险收益率，一般用国库券利率表示；R_M 为市场投资组合的平均收益率；β_i 为证券 i 的 β 系数；$(R_M - R_f)$ 为市场的风险溢价。

当 $\beta_i = 1$ 时，$E(R_i) = R_M$，说明该证券的风险变动等于市场组合的平均风险，该证券的必要收益率等于市场平均收益率。当 $\beta_i = 0$ 时，$E(R_i) = R_f$，该证券没有承担额外的风险溢价，其必要收益率等于无风险收益率。在其他条件不变的情况下，风险收益率与 β 系数成正比，β 系数越大，该证券所受的风险收益就越高；相反，β 系数越小，该证券所受的风险收益就越低。

【例 2-26】旅游企业投资 A、B、C 三种股票，每一种股票的 β 系数分别为 1.5、0.8、0.4，无风险收益率为 6%，市场上所有股票的平均收益率为 12%，则三种股票的必要收益率为多少？

$$E（R_A）=6\%+1.5 \times（12\%-6\%）=15\%$$

$$E（R_B）=6\%+0.8 \times（12\%-6\%）=10.8\%$$

$$E（R_C）=6\%+0.4 \times（12\%-6\%）=8.4\%$$

如果企业进行组合投资，则投资组合的必要收益率同样等于无风险收益率与风险收益率之和，但风险溢价的 β 系数是投资组合的 β 系数，因此投资组合的必要收益率计算为

$$E（R_p）=R_f+\beta_p（R_M-R_f）$$

式中，$E（R_p）$ 为投资组合的必要收益率；R_f 为无风险收益率；β_p 为投资组合的 β 系数；$（R_M-R_f）$ 为市场的风险溢价。

【例 2-27】旅游企业计划投资 A、B 两种股票，C 债券，其所占比重分别为 40%、30%、30%，A、B、C 三种投资方式的 β 系数分别为 1.1、0.7、0.5，无风险收益率为 4%，市场组合平均风险为 15%，则该投资组合的必要收益率为多少？

$$\beta_p=1.1 \times 40\%+0.7 \times 30\%+0.5 \times 30\%=0.8$$

$$E（R_p）=4\%+0.8 \times（15\%-4\%）=12.8\%$$

经过计算，该投资组合的必要收益率为 12.8%。

2.3.3　证券市场线

证券市场线（security market line，SML）是指一项资产的预期收益率与 β 系数之间线性关系的直线。当 $\beta=0$ 时，纵轴截距为 R_f；当 $\beta=1$ 时，$E（R）=R_M$。

依据 $E（R）=R_f+\beta（R_M-R_f）$ 定价模型得到证券市场线（图 2-11）。

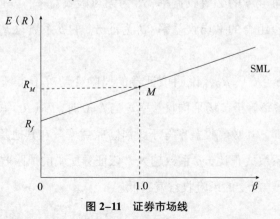

图 2-11　证券市场线

证券市场线上的点，即当资本市场均衡时，一项证券或投资组合的必要收益率等于预期收益率，即无风险收益率与风险收益率之和。因此当资本市场均衡时，投资者的必要收益率一定在证券市场线上。

若资产定价不在市场线上，说明该资产或资产组合定价过低或过高。假如资产定价位于市场线上方，说明该证券或资产组合的预期收益率高于投资者要求的必要收益率，则该证券或资产组合的价格被低估，因此会吸引新的投资者购买该证券或资产组合，价格升高，收益率下降，直到回到市场线上不再下降。若资产定价位于市场线下方，说明该证券或资产组合的预期收益率低于投资者要求的必要收益率，则该证券或资产组合的价格被高估，导致旧的投资者出售该证券或资产组合，价格下降，收益率升高，直到回到市场线不再上升。

本章小结

本章主要介绍了企业财务管理的资金的时间价值、风险和收益以及资本资产定价模型。资金的时间价值包括单利、复利、年金以及期数和利率的计算。风险与收益内容包括风险和收益的概述、单项资产的风险与收益以及投资组合的风险与收益。风险和收益包括预期收益率、方差、标准差以及标准离差率。资产组合的风险收益包括资产组合的预期收益率以及风险及其衡量。资本资产定价模型包括贝塔系数、资本资产定价模型以及证券市场线。企业财务管理中资金的时间价值、收益和风险及资本资产定价模型理论，是企业财务活动中重要的价值理论，也是企业进行财务活动必须遵循的基本原则。

即测即练

思考题

1. 什么是现值与终值？

2. 什么是单利与复利？

3. 预付年金终值与普通年金终值如何计算？

4. 递延年金的概念是什么？如何计算？

5. 刘予是一位有责任和担当的有志青年，热心于公益事业，自 2012 年 1 月底开始，他每年都要向一位贫困儿童捐款 1 000 元，以帮助这位儿童完成九年义务教育，假设银行定期存款年利率为 2%，则：

（1）刘予的九年捐款在 2012 年年初相当于多少钱？

（2）刘予的九年捐款在 2012 年年底相当于多少钱？

6. 小王大学期间努力学习，毕业之后找到一份满意的工作，在工作 3 年后打算结婚，现予以按揭方式购置住房一套，房屋总价 110 万元，首付 20%，其余部分采用 20 年等额本息还款法长款借款本息，贷款按年利率 3.75% 计算，按月结息，则小王每月应支付的还本付息额为多少？

7. 投资组合的预期收益率以及风险如何测量？

8. 资本资产定价模型的含义是什么？

9. 如何判断证券市场线以外的证券价格被高估和被低估？

10. 投资组合 β 系数的含义是什么？如何计算？

11. 北方公司是一家饮料公司，为了响应节水节能号召，作为创新创造实业典范，预计两种全新产品设计方案，一种即节清纯净水，另外一种即消渴饮料。若该纯净水的风险系数为 0.5。其中，节清相关预测如表 2-4 所示。

表 2-4　新产品相关预测

新产品方案	节清纯净水		消渴饮料	
市场销售情况	概率 /%	预计年利润 / 万元	概率 /%	预计年利润 / 万元
较好	60	150	50	180
一般	20	60	20	85
较差	20	−10	30	−25

估计两种投资方案的风险和收益，并帮助北方公司作出生产决策。

12. 证券投资的必要收益率如何计算？

13. 证券投资中风险溢价的含义是什么？

第3章 旅游企业预算管理

🔍 学习目标

（1）了解全面预算体系的内容。

（2）熟悉预算的编制流程。

（3）掌握预算的编制方法。

（4）了解预算的分析与考核内容。

🔍 能力目标

（1）根据不同旅游企业的特点及预算需求，正确选择预算编制方法。

（2）根据旅游企业的数据资料，编制业务预算。

（3）根据旅游企业的需求，编制财务预算。

🔍 思政目标

（1）培养学生细致、谨慎的工作态度。

（2）将计划落到实处，"践行实事求是"，探求和掌握事物发展的规律。

（3）培养学生形成良好的现代财务管理理念。

思维导图

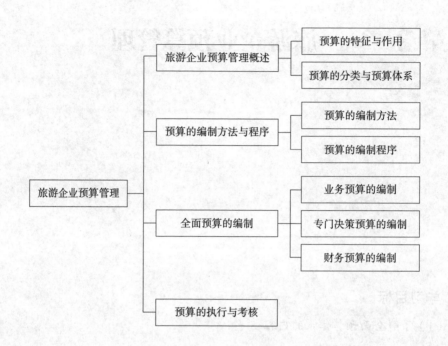

导入案例

安徽九华山旅游发展股份有限公司 2020 年年度股东大会于 2021 年 6 月 2 日召开，并于 2021 年 6 月 3 日披露了决议内容。2020 年年度股东大会审议通过包括《2021 年度财务预算报告》等 11 项报告及议案。安徽九华山旅游发展股份有限公司不断探索财务预算管理模式，提升预算管理水平，充分发挥全面预算管理对企业战略目标的指引作用。

资料来源：九华旅游：九华旅游 2020 年年度股东大会之法律意见书 [EB/OL]. (2021−06−03).https://vip.stock.finance.sina.com.cn/corp/view/vCB_AllBulletinDetail.php?stockid=603199&id=7298514.

思考：

预算管理作用是什么？财务预算是什么？全面预算体系包括哪些？

3.1 旅游企业预算管理概述

旅游企业预算是旅游企业在预测、决策的基础上，用数量和金额以表格的形式反映旅游企业未来一定时期内经营、投资、筹资等活动的具体计划，是为实现旅游企业目标而对各种资源和旅游企业财务活动所做的详细安排。预算是一种可用来执行和控制经济活动的、具体的计划，是旅游财务目标的具体化，是旅游企业实现预定目标的有力工具。

3.1.1 预算的特征与作用

1. 预算的特征

预算具有两个基本特征：①数量化。预算与旅游企业的战略目标保持一致，因为预算是为实现旅游企业目标而对各种资源和旅游企业活动所做的详细安排。②可执行性。预算是数量化的并具有可执行性，因为预算作为一种数量化的详细计划对未来活动进行细致、周密的安排，是未来经营活动的依据。数量化和可执行性是预算最主要的特征。此外，预算还具有以下特征。

（1）全面性。全面预算管理的预算体系包括业务预算、资本预算、筹资预算和财务预算，能反映企业日常经济活动的预算，也能反映旅游企业资本性财务资金筹措和使用的预算。

（2）全员性。全面预算管理是一种涉及旅游企业内部权、责、利关系的制度安排，它不是某一个部门的事，而需要上下配合、全员参与。

（3）全程性。对旅游企业经营活动全过程的控制及对旅游企业经营活动结果的评价考核都在全面预算管理中得到体现。

（4）目标性。全面预算管理的目标明确，除目标利润外，旅游企业的资本结构、股东权益也得到体现。

（5）指令性。全面预算管理由预算委员会负责，预算一经确定，一般不轻易调整。

2. 预算的作用

（1）各部门工作奋斗的目标。预算是目标的具体化，它不仅能够帮助人们更好地明确整个旅游企业的奋斗目标，而且能够使人们清楚地了解自己部门的任务。编制预算的目的是贯彻管理的原则，指导和控制业务的执行。

（2）各部门工作协调的工具。财务预算把整个旅游企业各方面的工作严密地组织起来，而且把旅游企业内部有关协作单位的配合关系也纳入统一的计划之中，使企业内部上下左右协调起来，环环相扣，达到平衡，这样也就更能发挥预算的控制作用。例如，在"以销定产"的经营方针下，生产预算应当以销售预算为前提，而现金收支预算必须以供、产、销过程中的现金流量为依据。

（3）各部门工作控制的标准。预算工作不能只限于编制，还应该包括预算的执行。在生产经营过程中，将实际情况与预算进行比较揭示出来的差异，一方面可以考核各部门或有关人员的工作成绩；另一方面也用来检查预算编制的质量。有些实际脱离预算的差异，并不表示实际工作的好坏，而是预算本身的问题，使预算脱离了实际。掌握这些情况，有利于改进下期预算的编制工作。

（4）各部门工作考核的依据。财务预算的完成程度可以与各部门的业绩挂钩，成为业绩考核的依据。

3.1.2　预算的分类与预算体系

1. 按内容分类

按内容不同，旅游企业预算可分为业务预算（即经营预算）、专门决策预算和财务预算。

业务预算是指与企业日常业务直接相关的一系列预算，主要包括销售预算、生产预算、采购预算、费用预算、人力资源预算等。

专门决策预算是指旅游企业重大的或不经常发生、需要根据专门决策临时编制的一次性预算，包括投融资决策预算等。专门决策预算直接反映相关决策的结果，是实际中已选方案的进一步计划。如资本支出预算，其编制依据可以追溯到决策之前收集到的有关资料，只不过预算比决策估算更细致、更精确一些。

财务预算是指反映旅游企业未来一定时期内的预计现金收支、财务状况和经营成果的各种预算，主要包括现金预算和预计财务报表。财务预算作为全面预算的最后环节，以价值量指标总括地反映业务预算和专门决策预算的结果，故亦称为"总预算"，各种业务预算和专门决策预算相应称为"分预算"。显然，财务预算在全面预算中占有举足轻重的地位。

各种预算是一个有机联系的整体，一般将由业务预算、专门决策预算和财务预算组成的预算体系，称为全面预算体系，其结构如图 3–1 所示。

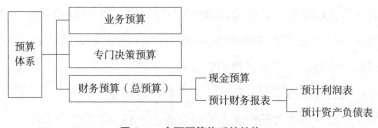

图 3-1　全面预算体系的结构

2.按预算指标覆盖的时间长短分类

按预算指标覆盖的时间长短,旅游企业预算可分为短期预算和长期预算。

通常将预算期在 1 年以内(含 1 年)的预算称为短期预算,预算期在 1 年以上的预算称为长期预算。一般情况下,旅游企业的业务预算和财务预算多为 1 年期的短期预算。

3.2　预算的编制方法与程序

3.2.1　预算的编制方法

预算编制方法有很多,在旅游企业,常用的有增量预算法与零基预算法、固定预算法与弹性预算法、定期预算法与滚动预算法,如图 3-2 所示。

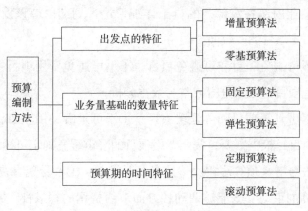

图 3-2　预算编制方法的分类

1.增量预算法与零基预算法

按编制预算的出发点的特征不同,预算方法可分为增量预算法与零基预算法。

1)增量预算法

增量预算法是指以旅游企业某一基期成本费用水平为基础,结合预算期业务量水平及有关降低成本的措施，通过调整有关费用项目而编制预算的方法。

增量预算法以过去的费用水平为基础，在编制预算时对预算内容不进行较大的调整，因此，在编制预算时，遵循如下假定条件。

（1）企业现有业务活动是合理的，不需要进行调整。

（2）企业现有各项业务的开支水平是合理的，在预算期予以保持。

（3）以现有业务活动和各项活动的开支水平，确定预算期各项活动的预算数。

例如，某酒店在编制职工培训预算时，采用增量预算法。假如上年度职工培训费为 1 000 000 元，平均每位职工 1 000 元，假设预计将新增入职人员 20 名，则本年度全年职工培训费为 1 020 000 元（即 1 000 000+1000×20=1 020 000）。

增量预算也正是因为以过去的费用水平为基础，可能导致无效费用开支项目无法得到有效控制，原来不合理的费用继续开支而得不到控制，形成不必要开支合理化，造成预算上的浪费。

2）零基预算法

零基预算法是指不考虑以往会计期间所发生的费用项目或费用数额，而是一切以零为出发点，根据实际需要逐项审议预算期内各项费用的内容及开支标准是否合理，在综合平衡的基础上，编制费用预算的方法。

零基预算法的编制程序如下。

（1）旅游企业内部各级部门的员工详细讨论计划期内应该发生的费用项目，提出每一项费用支出目的及数额。

（2）划分不可避免项目和可避免项目。①不可避免费用项目：必须保证资金供应；②可避免项目：逐项进行成本与效益分析。

（3）划分不可延缓项目和可延缓项目。①不可延缓费用项目：优先安排其支出。②可延缓项目：根据需要，按照费用项目的轻重缓急确定可延缓项目的开支。

零基预算法与增量预算法相比，具有以下优点：①不受现有费用项目的限制。②不受现行预算的束缚。③能够调动各方面节约费用的积极性。④有利于促使各基层单位精打细算，合理使用资金。但零基预算也具有编制工作量大、成本较高的缺点。

例如，某酒店在编制职工培训预算时，采用零基预算法。假如上年度职工培训费为 1 000 000 元，平均每位职工 1 000 元，假设预计将新增入职人员 20 名。如果采用零基预算法，首先要求对职工培训的单位成本进行讨论，判断是否合理，再提出具体合理数额。假如经过充分讨论后，认为原来职工培训费过高，本年度控制在 900 000 元，则本年度全年职工培训费为 900 000 元。

2. 固定预算法与弹性预算法

按预算期的特征不同，预算方法可分为固定预算法和弹性预算法。

1）固定预算法

固定预算法又称静态预算法，是以预算期内一种最可能达到的预计业务量水平为固定基础，不考虑可能发生的变动而编制的预算方法。如果采用固定预算法，当实际发生的业务量与编制预算所根据的预计业务量存在差异时，就会导致有关成本费用及利润的实际水平与预算水平因基础不同而失去可比性，不利于开展控制与考核。

固定预算法的缺陷是适应性差和可比性差。因此，固定预算法适合业务水平较为稳定的旅游企业。

2）弹性预算法

弹性预算法又称变动预算法，是固定预算法的对称。弹性预算法是在成本性态分析的基础上，以业务量、成本和利润之间的依存关系为依据，根据预算期可预见的不同业务量水平编制的、能适应多种业务量的预算方法。由于这种预算规定了不同业务量水平下的预算收支，适用面宽，有很强的机动性，具有弹性，故称为弹性预算。弹性预算能随着业务量的变动而变动，使预算执行情况的评价和考核建立在更加客观可比的基础上，可以充分发挥预算在管理中的控制作用。

弹性预算法的主要优点是考虑了预算期可能的不同业务量水平，更贴近企业经营管理实际情况；其主要缺点是工作量大。

从理论上讲，弹性预算法适用于旅游企业预算中与业务量有关的各种预算，但实务中主要用于编制成本费用预算和利润预算，尤其是成本费用预算。

编制弹性成本费用预算，关键是进行成本性态分析，将全部成本最终区分为变动成本和固定成本两大类。变动成本主要根据单位业务量来控制，固定成本则按总额控制。成本费用的预算公式为

成本费用的弹性预算 = 固定成本预算数 +（单位变动成本预算数 × 预计业务量）

在此基础上，按事先选择的业务量计算单位和确定业务量变动范围，根据该业务量与有关成本费用项目之间的内在关系，即可编制弹性成本费用预算。

具体来说，弹性预算法又可以采用公式法和列表法。

（1）公式法。采用公式法进行成本费用预算，主要是通过在成本性态分析的基础上构建成本模型，从而编制弹性成本费用预算。

在成本性态分析的基础上，可将成本项目分解为固定成本和变动成本，即 $y=a+bx$，y 为总成本，a 为固定成本，b 为单位变动成本，x 为业务量，bx 即变动成本总额。

在公式法下，只需根据以往的数据计算列出各项成本费用的 a 和 b，就可以计算出不同业务量下的各项预算成本。公式法的优点就是便于在一定范围内计算任何业务量的预算成本，编制预算的工作量较小；缺点是在进行预算控制和考核时，不能直接查出特定业务量下的总成本预算额。

【例3-1】A 旅游公司采用公式法对销售费用进行弹性预算。已知固定销售成本 $a=3\,000$ 元，单位变动销售成本 $b=2.1$ 元，销售业务量 x 在 16 000~20 000 之间。

根据公式法编制弹性预算的条件，可知某时期内销售费用 $y=3\,000+2.1x$，假如销售业务量为 16 000，则销售费用为 $3\,000+2.1 \times 16\,000=36\,600$ 元。

（2）列表法。列表法是通过列表的方式，将相关范围内的一定业务量分别计算相关预算值，来编制弹性成本预算的方法。

列表法的优点是可以直接从表中查得各种业务量下的成本预算，便于预算的控制和考核；缺点是工作量大，且不能包括所有业务量条件下的费用预算。

【例3-2】假设 A 旅游公司采用列表法对销售费用进行弹性预算，根据相关数据资料，A 公司编制的预算表如表 3-1 所示。

表 3-1　销售费用弹性预算表

销售业务量	20 000	20 000	20 000	20 000	20 000
计划完成比例	70%	80%	90%	100%	110%
1 变动成本项目					
销售提成	14 000	16 000	18 000	20 000	22 000
2 固定成本项目					
销售底薪	10 000	10 000	10 000	10 000	10 000
固定广告费	15 000	15 000	15 000	15 000	15 000
合计	39 000	41 000	43 000	45 000	47 000

3. 定期预算法与滚动预算法

按预算期的时间特征不同，预算方法可分为定期预算法和滚动预算法两大类。

1）定期预算法

定期预算法是在编制预算时，以不变的会计期间（主要是日历年度）作为预算期的一种预算方法。这种方法的优点是能够使预算期间与会计期间相对应，便于将实际数与预算数进行对比，也有利于对预算执行情况进行分析和评价。

定期预算法往往以 1 年为预算期，在执行一段时期之后，往往使管理人员只考虑余下的几个月的业务量，缺乏长远打算，导致出现一些短期行为。

2）滚动预算法

滚动预算法是指在编制预算时，将预算期与会计期间脱离，随着预算的执行不断地补充预算，逐期向后滚动，使预算期始终保持在一个固定长度（一般为 12 个月）的一种预算编制方法。

滚动预算法的基本做法是随着预算的执行，每过 1 个月或 1 个季度，立即在期末增加 1 个月或 1 个季度的预算，逐期往后滚动，预算期始终保持 12 个月。这种预算能使企业各级管理人员对未来始终保持 12 个月时间的考虑和规划，从而保证企业的经营管理工作稳定而有序地进行。

旅游企业常用的滚动预算法有逐月滚动和逐季滚动。

逐月滚动是指在预算编制过程中，以月份为预算的编制和滚动单位，每个月调整一次预算的方法。逐月滚动编制的预算比较精确，但工作量太大。按月滚动预算编制方法如图 3-3 表示。

预算（一）											
1 月	2 月	3 月	4 月	5 月	6 月	7 月	8 月	9 月	10 月	11 月	12 月

预算（二）											
2 月	3 月	4 月	5 月	6 月	7 月	8 月	9 月	10 月	11 月	12 月	次年 1 月

预算（三）											
3 月	4 月	5 月	6 月	7 月	8 月	9 月	10 月	11 月	12 月	次年 1 月	次年 2 月

图 3-3　按月滚动预算编制方法

逐季滚动是指在预算编制过程中，以季度为预算的编制和滚动单位，每个季度调整一次预算的方法。逐季滚动预算比逐月滚动预算的工作量小，但精确度差，按季滚动预算编制方法如图 3-4 表示。

预算（一）			
第一季度	第二季度	第三季度	第四季度

预算（二）			
第二季度	第三季度	第四季度	次年第一季度

预算（三）			
第三季度	第四季度	次年第一季度	次年第二季度

图 3-4   按季滚动预算编制方法

3.2.2   预算的编制程序

预算编制的程序一般包括以下几个步骤。

（1）确定预算目标和范围。明确预算的目标和范围，包括预算期间、预算种类、预算部门等。

（2）收集资料和信息。收集相关的资料和信息，包括历史数据、市场情况、经济环境等，以便制定合理的预算。

（3）制订预算计划。根据预算目标和资料信息，制订预算计划，包括收入预算、支出预算、资本预算等。

（4）审核和调整预算计划。对制订的预算计划进行审核和调整，确保预算计划的合理性和可行性。

（5）批准预算计划。经过审核和调整后，将预算计划提交给上级领导批准。

（6）实施预算计划。根据批准的预算计划执行预算活动。

（7）监督和控制预算执行。对预算执行情况进行监督和控制，及时发现和解决问题，确保预算计划的顺利实施。

（8）审核和评估预算执行情况。对预算执行情况进行审核和评估，及时发现问题和不足，为下一期预算编制提供参考。

3.3   全面预算的编制

全面预算编制包括业务预算、专门决策预算和财务预算的编制。

3.3.1　业务预算的编制

业务预算主要包括销售预算、生产预算、材料采购预算、直接人工预算、制造费用预算、单位产品成本预算、销售及管理费用预算。旅游企业结合企业自身的需要，可以有选择地进行编制各类业务预算。

1. 销售预算

销售预算是在销售预测的基础上，依据旅游企业确定的预计销售量、销售单价和销售收入等参数编制的，用于规划预算期销售活动的一种业务预算。旅游企业在编制过程中，应根据销售预测确定的未来预计销售量和销售单价，求出预计的收入，并根据各季度现销收入与收回的前期应收账款反映现金收入额，现金收入额可以为后续编制现金收支预算提供资料。销售预算的两个核心问题是：根据销售预测确定的销售量和销售单价确定各期销售收入；根据各期销售收入和企业信用政策确定每期的销售现金流，即每期现金收入额。

旅游企业编制其他预算必须以销售预算为基础，从这个角度来说，销售预算是编制全面预算的起点。

【例 3-3】A 旅游公司 2022 年（计划年度）只生产和销售一种产品，每季的产品销售货款有 60% 于当期收到现金，有 40% 属赊销于下一个季度收到现金。上一年（基期）年末的应收账款为 62 00 元。该公司计划年度的销售预算表如表 3-2 所示。（为方便计算，均不考虑增值税）。

表 3-2　A 公司销售预算表

季度	一	二	三	四	全年
预计销售量 / 件	100	150	200	180	630
预计单价 / 元	200	200	200	200	200
销售收入 / 元	20 000	30 000	40 000	36 000	126 000
预计现金收入 / 元					
上年应收账款 / 元	6 200				6 200
第一季度	12 000	8 000			20 000
第二季度		18 000	12 000		30 000
第三季度			24 000	16 000	40 000
第四季度				21 600	21 600
现金收入合计 / 元	18 200	26 000	36 000	37 600	117 800

2. 生产预算

生产预算是规划预算期生产数量而编制的一种业务预算。它是在销售预算的基础上编制的，并可以作为编制材料采购预算和生产成本预算的依据。其主要内容有预计销售量、期初和期末产品存货、预计生产量。在生产预算中，只涉及实物量指标，不涉及价值量指标。

常用的基本公式有

预计生产量 = 预计销售量 + 预计期末产成品存货 − 预计期初产品存货

预计期末产品存货 = 下季度销售量 $\times a\%$

预计期初产品存货 = 上期期末产品存货

【例 3–4】假设 A 公司 2016 年年初结存产成品 10 件，本年各季末结存产成品按下期销售量的一定百分比确定，本例按 10% 安排期末产成品存货。A 公司生产预算表如表 3–3 所示。

表 3–3　A 公司生产预算表

季度	一	二	三	四	全年
预计销售量 / 件	100	150	200	180	630
加：预计期末产成品存货	15	20	18	20	20
合计	115	170	218	200	650
减：预计期初产成品存货	10	15	20	18	10
预计生产量 / 件	105	155	198	182	640

3. 材料采购预算

材料采购预算是规划预算期材料消耗情况及采购活动而编制的一种业务预算。材料采购预算主要反映预算期各种材料消耗量、采购量、材料消耗成本和材料采购成本等计划信息。材料采购预算编制的步骤和要点是：依据预计产品生产量和材料单位耗用量，确定生产需要耗用量，再根据材料的期初期末结存情况，确定材料采购量，最后根据采购材料的付款情况，确定现金支出情况。

常用的公式为

某种材料耗用量 = 产品预计生产量 × 单位产品定额耗用量

某种材料采购量 = 某种材料耗用量 + 该种材料期末结存量 − 该种材料期初结存量

　　材料采购预算中的材料期末结存量的确定可以为编制期末存货预算提供依据，现金支出的确定可以为编制现金预算提供资料。

　　【例 3-5】A 公司年初和年末的材料存货量，是根据当前情况和长期销售预测的，各季度"期末材料存量"根据下一季度生产需用量的一定百分比确定，本例按 20% 计算。假定期初材料为 300 千克，期末材料为 400 千克。假设 A 公司每季度的购料款于当季支付 50%，剩余 50% 于下一季度支付，应付账款年初余额为 2 350 元。要求编制计划年度材料采购预算表（表 3-4）。

表 3-4　A 公司材料采购预算表

季度	一	二	三	四	全年
预计生产量 / 件	105	155	198	182	640
单位产品材料用量 /（千克 / 件）	10	10	10	10	10
生产需用量 / 千克	1 050	1 550	1 980	1 820	6 400
加：预计期末存量 / 千克	310	396	364	400	400
减：预计期初存量 / 千克	300	310	396	364	300
预计材料采购量 / 千克	1 060	1 636	1 948	1 856	6 500
单价 / 元	5	5	5	5	5
预计采购金额 / 元	5 300	8 180	9 740	9 280	32 500
预计现金支出 / 元					
上年应付账款 / 元	2 350				2 350
第一季度	2 650	2 650			5 300
第二季度		4 090	4 090		8 180
第三季度			4 870	4 870	9 740
第四季度				4 640	4 640
合计 / 元	5 000	6 740	8 960	9 510	30 210

　　4. 直接人工预算

　　直接人工预算是一种既反映预算期内人工工时消耗水平、又规划人工成本开支的业务预算。直接人工预算以生产预算为基础进行编制，如"预计产量"的数据来源于生产预算。直接人工预算的主要内容包括预计产量、单位产品工时、人工总工时、每小时人工成本和人工总成本。直接人工预算的编制要点就是确定直接人工总成本。

另外，编制直接人工预算时，一般认为各预算期直接人工都是直接以现金发放的，因此不再特别列示直接人工的现金支出。

　　某种产品直接人工总工时 = 该产品预计生产量 × 单位产品定额工时

　　某种产品直接人工总成本 = 该种产品直接人工总工时 × 单位工时工资率

　　　　　　　　　　　　 = 该产品预计生产量 × 单位产品定额工时 × 单位工时工资率

【例 3-6】假设 A 旅游公司单位产品耗用工时为 10 小时，单位工时的工资率为 2 元，A 旅游公司计划年度人工工资预算如表 3-5 所示。

表 3-5　人工工资预算

季 度	一	二	三	四	全年
预计产量 / 件	105	155	198	182	640
单位产品工时 /（小时 / 件）	10	10	10	10	10
人工总工时 / 小时	1 050	1 550	1 980	1 820	6 400
每小时人工成本 /（元 / 小时）	2	2	2	2	2
人工总成本 / 元	2 100	3 100	3 960	3 640	12 800

5. 制造费用预算

制造费用预算通常分为变动制造费用预算和固定制造费用预算两部分。由于变动制造费用会随业务量的变动而变动，因此，变动制造费用预算以生产预算编制为基础。固定制造费用预算需要逐项进行预计，通常与本期产量无关，可按各期生产需要的情况加以预计，然后求出全年数。

需注意的问题：制造费用中的非付现费用，如折旧费在计算现金支出时应予以扣除。

【例 3-7】依据 A 旅游公司固定制造费用及变动制造费用的数据资料，编制 A 旅游公司制造费用预算表（表 3-6）。

表 3-6　制造费用预算表

季 度	一	二	三	四	全年
变动制造费用：					
间接人工（1 元 / 件）	105	155	198	182	640
间接材料（1 元 / 件）	105	155	198	182	640

续表

季度	一	二	三	四	全年
修理费（2 元 / 件）	210	310	396	364	1 280
水电费（1 元 / 件）	105	155	198	182	640
小计	525	775	990	910	3 200
固定制造费用：					
修理费	1 000	1 140	900	900	3 940
折旧	1 000	1 000	1 000	1 000	4 000
管理人员工资	200	200	200	200	800
保险费	75	85	110	190	460
财产税	100	100	100	100	400
小计	2 375	2 525	2 310	2 390	9 600
合计	2 900	3 300	3 300	3 300	12 800
减：折旧	1 000	1 000	1 000	1 000	4 000
现金支出的费用	1 900	2 300	2 300	2 300	8 800

为了便于后续编制产品成本预算，需要计算小时费用率。

变动制造费用小时费用率 =3 200/6 400=0.5（元 / 小时）

固定制造费用小时费用率 =9 600/6 400=1.5（元 / 小时）

6. 单位产品成本预算

单位产品成本预算是反映预算期内各种产品生产成本水平的一种业务预算，是在生产预算、采购材料预算、直接人工预算和制造费用预算的基础上编制的，通常应反映各产品单位生产成本。单位产品生产成本预算的要点是确定单位产品预计生产成本和期末结存产品预计成本。常用公式为

单位产品预计生产成本 = 单位产品直接材料成本＋单位产品直接人工成本＋单位产品制造费用

上述资料分别来自直接材料采购预算、直接人工预算和制造费用预算。

以单位产品成本预算为基础，还可以确定期末结存产品成本。其计算公式为

期末结存产品成本 = 期初结存产品成本＋本期产品生产成本 - 本期销售产品成本

【例 3-8】承例 3-7，A 旅游公司某产品单位产品成本预算如表 3-7 所示。

表 3-7　单位产品成本预算　　　　　单位：元

成本项目	单位成本			生产成本	期末存货成本	销货成本
	每千克或每小时	投入量	成本/元			
直接材料	5	10kg	50	32 000	1 000	31 500
直接人工	2	10t	20	12 800	400	12 600
变动制造费用	0.5	10t	5	3 200	100	3 150
固定制造费用	1.5	10t	15	9 600	300	9 450
合计			90	57 600	1 800	56 700

表 3-7 中，

各个成本项目的生产成本 = 各个成本项目的单位成本 × 生产量

各个成本项目的期末存货成本 = 各个成本项目的单位成本 × 期末存货量

各个成本项目的销货成本 = 各个成本项目的单位成本 × 本期销售量

例如：直接材料成本项目中

32 000=50×640（640 是生产量）

1 000=50×20（20 期末产品存货量）

31 500=50×630（630 是销售量）

7. 销售及管理费用预算

销售及管理费用预算是以价值形式反映整个预算期内为销售产品和维持一般行政管理工作而发生的各项费用支出预算。销售费用预算也以销售预算为基础，但管理费用多属于固定成本，编制这种预算时，不仅要分析考察过去销售费用及管理费用的必要性及其效果，而且要以销售预算或过去的实际开支为基础，考虑预算期可能发生的变化，按实际需要逐项预计销售及管理费用的支付额。

一般是以过去的实际开支为基础，按预算期的可预见变化来调整。

【例 3-9】A 旅游公司依据相关数据资料，编制年度销售及管理费用预算表如表 3-8 所示。

表 3-8　销售及管理费用预算表　　　　　单位：元

项　目	金额
销售费用：	
销售人员工资	2 000
广告费	5 500

续表

项　目	金额
包装、运输费	3 000
保管费	2 700
折旧	1 000
管理费用：	
管理人员薪金	4 000
福利费	800
保险费	600
办公费	1 400
折旧	1 500
合计	22 500
减：折旧	2 500
每季度支付现金	5 000

3.3.2　专门决策预算的编制

专门决策预算主要是长期投资预算（又称资本支出预算），是指与项目投资决策相关的专门预算，专门决策预算往往涉及长期建设项目的资金投放与筹集，并经常跨越多个年度。专门决策预算的要点是准确反映项目资金投资支出与筹资计划，它同时也是编制现金预算和预计资产负债表的依据。

【例 3-10】A 旅游公司依据相关数据资料，编制公司全年的专门决策预算表（表 3-9）。

表 3-9　专门决策预算表　　　　单位：元

项目	第一季度	第二季度	第三季度	第四季度	全年
投资支出预算	50 000			80 000	130 000
借入长期借款	30 000			60 000	90 000

3.3.3　财务预算的编制

1. 现金预算

现金预算是以业务预算和专门决策预算为依据编制的、专门反映预算期内预计现金收入与现金支出的预算。现金预算中的"现金"是指货币资金。现金预算实际上是业务预算和专门决策预算有关现金收支部分的汇总，以及为保持理想的现金余额，当收支出现差额（即出现现金余缺）时，应采取的平衡措施的具体计划。

现金预算由期初现金余额、现金收入、现金支出、现金余缺、现金投放与筹措五部分组成。其中：

现金余缺 = 期初现金余额 + 现金收入 − 现金支出

当现金不足时：现金余缺 + 现金筹措 = 期末现金余额

当现金多余时：现金余缺 − 现金投放 = 期末现金余额

【例 3-11】根据前面编制的各项业务预算表和专门决策预算表，编制现金预算表。A 公司现金预算编制如表 3-10 所示。

表 3-10　现金预算表　　　　单位：元

季　度	一	二	三	四	全年
期初现金余额	8 000	3 200	3 060	3 040	8 000
加：现金收入	18 200	26 000	36 000	37 600	117 800
可供使用现金	26 200	29 200	39 060	40 640	125 800
减：现金支出					
直接材料	5 000	6 740	8 960	9 510	30 210
直接人工	2 100	3 100	3 960	3 640	12 800
制造费用	1 900	2 300	2 300	2 300	8 800
销售及管理费用	5 000	5 000	5 000	5 000	20 000
所得税费用	4 000	4 000	4 000	4 000	16 000
购买设备	50 000			80 000	130 000
股　利				8 000	8 000
现金支出合计	68 000	21 140	24 220	112 450	225 810
现金余缺	（41 800）	8 060	14 840	（71 810）	（100 010）
现金筹措与运用					
借入长期借款	30 000			60 000	90 000
取得短期借款	20 000			22 000	42 000
归还短期借款			6 800		6 800
短期借款利息（10%）	500	500	500	880	2 380
长期借款利息（12%）	4 500	4 500	4 500	6 300	19 800
期末现金余额	3 200	3 060	3 040	3 010	3 010

本例题，现金预算项目中，各季度期初现金余额等于上一季度的期末现金余额，第一季度期初现金余额则是年初现金余额，现金收入的金额来源于销售预算，直接材料支出来源于材料采购预算，直接人工支出来源于直接人工成本预算，制造费用支出金额来源于制造费用预算，销售费用及管理费用支出金额来源于销售费用及管理费用预算。

旅游企业财务部门应根据现金余缺与理想期末现金余额进行比较，如果出现现金不足，则确定预算期内应筹措的现金数额，如果出现现金多余现象，则在预算期内进行现金投放。本例题中理想期末现金余额为 3 000 元。如果资金不足，取得短期借款时，银行一般会要求借款金额必须保证是 1 000 元的整数倍。另外，本例中借款利息按季支付，编制现金预算时假设新增借款发生在季度的期初，归还借款发生在季度的期末（如果需要归还借款，先归还短期借款，归还的数额为 100 元的整数倍）。本例中，A 公司上年末的长期借款余额为 120 000 元，所以第一季度、第二季度、第三季度的长期借款利息均为（120 000+30 000）×12%÷4=4 500 元，第四季度的长期借款利息（120 000+30 000+60 000）×12%÷4=6 300 元。

由于第一季度的现金余缺为 41 800 元，第一季度要借入长期借款 30 000 元（见专门决策预算），还要保证第一季度末的理想现金余额 3 000 元，同时要支付本季度的长期借款利息 4 500 元，因此，第一季度现金出现缺口为 –41 800+（+30 000）+（–4 500）–3 000=–19 300 元，所以要计划筹措资金，由于银行规定只能借入 1 000 的整数倍，因此第一季度可以计划借入短期借款 20 000 元，同时要考虑支付 20 000×10%÷4=500 的短期借款利息，这时，现金余额为 3 200 元（–19 300+20 000–500+3 000），即第一季度期末现金余额为 3 200 元。

第二季度的现金余缺是 8 060 元，本期只要支付的长期借款利息和短期借款利息分别为 4 500 元和 500 元，期末现金余额 =8 060–4 500–500=3 060 元，与理想期末现金余额基本相符，不需要考虑偿还短期借款。

第三季度的现金余缺是 14 840 元，固定的利息支出为 500+4 500 元，按照预留理想现金余额 3 000 元的要求，可以计算出现金多余金额 6 840 元（14 840–5 000–3 000），因此，可以考虑偿还一部分短期借款，由于偿还短期借款必须是 100 元的倍数，所以，可以归还的短期借款为 6 800 元，则期末现金余额为 14 840–4 500–500–6 800=3 040 元。

第四季度的现金余缺是 71 810 元，第四季度要借入长期借款 60 000 元（见专门决策预算），要保证第一季度末的理想现金余额 3 000 元，同时要支付本季度的固定的利息支出 =（20 000–6 800）× 10%÷4+（120 000+30 000+60 000）× 12%÷4= 6 630 元，因此，第四季度现金出现缺口为 –71 810+（60 000）+（–6 630）–3 000= –21 440 元，所以要计划筹措资金，由于银行规定只能借入 1 000 的整数倍，因此第四季度可以计划借入短期借款 22 000 元，同时要考虑支付 22 000 × 10%÷4=550 的短期借款利息，这时，现金余额为 3 010 元（–21 440+22 000–550+3 000），即第一季度期末现金余额为 3 010 元。

2. 预计利润表

预计利润表用来综合反映企业在计划期的预计经营成果，是企业最主要的财务预算表之一。编制预计利润表的依据是各业务预算、专门决策预算和现金预算。

【例 3–12】根据例 3–11 的业务预算、专门预算和现金预算提供的资料来源，编制 A 公司预计利润表，如表 3–11 所示。

表 3–11　预计利润表　　　　　单位：元

项目	金额
销售收入	126 000
销售成本	56 700
毛利	69 300
销售及管理费用	22 500
利息	22 180
利润总额	24 620
所得税费用（估计）	16 000
净利润	8 620

其中，"销售收入"项目的数据来自销售收入预算；"销售成本"项目的数据来源自产品成本预算；"毛利"项目的数据是前两项的差额；"销售及管理费用"项目的数据来自销售及管理费用预算；"利息"项目的数据来源于现金预算。

值得注意的问题是：在编制预算时，"所得税项目"是根据利润规划估算出来的，并已列入现金预算。它通常不是根据"利润总额"和所得税税率计算出来的。

3. 预计资产负债表

预计资产负债表用来反映企业在计划期期末预计的财务状况。它的编制需以计划期开始日的资产负债表为基础，结合计划期间各项业务预算、专门决策预算、现金预算、预计利润表和计划期开始日资产负债表进行编制。它是编制全面预算的终点。

【例 3-13】根据公司期初资产负债表以及预算期各项预算中的有关资料进行计算调整，编制年末预计资产负债表（表 3-12）。

表 3-12　预计资产负债表　　单位：元

资　产	年初余额	年末余额	负债和所有者权益	年初余额	年末余额
流动资产：			流动负债：		
货币资金	8 000	3 010	短期借款	0	35 200
应收账款	6 200	14 400	应付账款	2 350	4 640
存货	2 400	3 800	流动负债合计	2 350	39 840
流动资产合计	16 600	21 210	非流动负债：		
非流动资产：			长期借款	120 000	210 000
固定资产	43 750	37 250	非流动负债合计	120 000	210 000
在建工程	100 000	230 000	负债合计	122 350	249 840
非流动资产合计	143 750	267 250	股东权益		
			股本	20 000	20 000
			资本公积	5 000	5 000
			盈余公积	10 000	10 000
			未分配利润	3 000	3 620
			所有者权益合计	38 000	38 620
资产总计	160 350	288 460	负债和所有者权益合计	160 350	288 460

3.4　预算的执行与考核

1. 预算的执行

经旅游企业批复下达的预算，各预算执行单位就必须认真组织实施，将预算指标层层分解，从横向到纵向落实到内部各部门、各单位、各环节和各岗位，形成全方位的预算执行责任体系。

旅游企业应当将预算作为预算期内组织、协调各项经营活动的基本依据，将年度预算细分为月度预算和季度预算，以分期实施预算控制、协调年度预算目标的实现。

企业应当强化现金流量的预算管理，按时组织预算资金的收入，严格控制预算资金的支付，调节资金收支平衡，控制支付风险。

对于预算内的资金拨付，按照授权审批程序执行；对于预算外的项目支出，应当按预算管理制度规范支付程序；对于无合同、无凭证、无手续的项目支出，不予支付。

对于预算编制、执行和考评过程中的风险，企业应当采取一定的防控措施来对风险进行有效管理。必要时，企业可以建立负责日常预算管理的部门，加强员工的风险意识，以个人为预算审查对象，并形成相应的奖惩机制，通过信息技术和信息管理系统控制预算流程中的风险。

企业应当严格执行销售、生产和成本费用预算，努力完成利润指标。在日常控制中，企业应当完善凭证记录，完善各项管理规章制度，严格执行生产经营月度计划和成本费用的定额、标准，加强实时监控。对预算执行中出现的异常情况，企业有关部门应及时查明原因，提出解决办法。

企业应当建立预算报告制度，要求各预算执行单位定期报告预算的执行情况。对于预算执行中发现的新情况、新问题及出现偏差较大的重大项目，企业财务管理部门以至预算管理委员会当责成有关预算执行单位查找原因，提出改进经营管理的措施和建议。

企业财务管理部门应当利用财务报表监控预算的执行情况，及时向预算执行单位、企业预算管理委员会以至董事会或经理办公会提供财务预算的执行进度、执行差异及其对企业预算目标的影响等信息，促进企业完成预算目标。

2. 预算的调整

旅游企业下达执行的预算，一般不予调整。预算执行单位在执行中由于市场环境、经营条件、政策法规等发生重大变化，致使预算的编制基础不成立，或者导致预算执行结果产生重大偏差时，可以调整预算。

企业应当建立内部弹性预算机制，对于不影响预算目标的业务预算、资本预算、筹资预算之间的调整，企业可以按照内部授权批准制度执行，鼓励预算执行单位及时采取有效的经营管理对策，保证预算目标的实现。

企业调整预算，应由预算执行单位逐级向预算管理委员会提出书面报告，阐述预算执行情况、客观因素变化情况及其对预算执行造成的影响程度，提出预算指标的调整幅度。

　　财务管理部门应当对预算执行单位的预算调整报告进行审核分析，集中编制企业年度预算调整方案，提交预算管理委员会以至企业董事会或经理办公会审议批准，然后下达执行。

　　对于预算执行单位提出的预算调整事项，企业进行决策时，一般应当满足以下要求。

　　（1）预算调整事项不能偏离企业发展战略。

　　（2）预算调整方案应当在经济上能够实现最优化。

　　（3）预算调整重点应放在预算执行中出现的重要的、非正常的、不符合常规的关键性差异方面。

　　3. 预算的分析与考核

　　企业应当建立预算分析制度，由预算管理委员会定期召开预算执行分析会议，全面掌握预算的执行情况，研究、解决预算执行中存在的问题，纠正预算的执行偏差。

　　开展预算执行分析，企业管理部门及各预算执行单位应当充分收集有关财务、业务、市场、技术、政策、法律等方面的信息，根据不同情况分别采用比率分析、比较分析、因素分析、平衡分析等方法，从定量与定性两个层面充分反映预算执行情况。

　　针对预算的执行偏差，企业财务部门及各预算执行单位应当充分、客观地分析产生偏差的原因，提出相应的解决措施或建议，提交董事会或经理办公会研究决定。

　　企业预算管理委员会应当定期组织预算审计，纠正预算执行中存在的问题，充分发挥内部审计的监督作用，维护预算管理的严肃性。

　　预算审计可以采用全面审计或者抽样审计。在特殊情况下，企业也可组织不定期的专项审计。审计工作结束后，企业内部审计机构应当形成审计报告，并将其提交预算管理委员会以至董事会或经理办公会，作为调整预算、改进内部经营管理和财务考核的一项重要参考。

　　预算年度终了，预算管理委员会应当向董事会或者经理办公会报告预算执行情况，并依据预算完成情况和预算审计情况对预算执行单位进行考核。

　　企业内部预算执行单位上报的预算执行报告，应经本部门、本单位负责人按照内部议事规范审议通过，作为企业进行财务考核的基本依据。企业预算按调整后的预算执行，预算完成情况以企业年度财务会计报告为准。

　　企业预算执行考核是企业绩效评价的主要内容，应当结合年度内部经济责任制进行考核，与预算执行单位负责人的奖惩挂钩，并作为企业内部人力资源管理的参考。

 本章小结

　　旅游预算是旅游企业为实现旅游企业目标而对各种资源和旅游企业活动所做的详细安排。预算具有两个基本特征：①数量化。②可执行性。预算编制方法有很多，常用的有增量预算法与零基预算法、固定预算法与弹性预算法、定期预算法与滚动预算法等，旅游企业可根据自身需要，选择合适的预算方法。旅游企业常常会建立全面预算体系，全面预算体系由业务预算、专门决策预算和财务预算三部分构成。业务预算中，销售预算是编制全面预算的起点。专门决策预算主要是长期投资预算，往往涉及长期建设项目的资金投放与筹集，并经常跨越多个年度。财务预算包括现金预算、预计利润表预算、预计资产负债表，其中预计资产负债表是编制全面预算的终点。

 即测即练

 思考题

　　1. 预算的特征与作用是什么？

　　2. 全面预算体系包括哪些内容？

　　3. 预算的编制有哪些方法？

　　4. 预算的分类有哪些？

　　5. 财务预算包括哪些？

第4章　旅游企业筹资管理

学习目标

（1）了解筹资管理的概念、原则、内容。

（2）理解权益性筹资、债务性筹资及混合性筹资的内容和方式。

（3）掌握企业各种筹资方式的优缺点。

（4）掌握企业资金预测的方法。

能力目标

（1）了解筹资方式对企业的意义。

（2）熟悉权益性筹资、债务性筹资及混合筹资方式以及对企业经营的意义。

（3）掌握企业资金预测的各种方法。

思政目标

（1）了解财务职业道德、职业操守以及法律观念。

（2）熟悉正确的筹资理论以及科学的实际操作原则。

（3）以正确的、积极的职业道德对待财务交易和事项。

思维导图

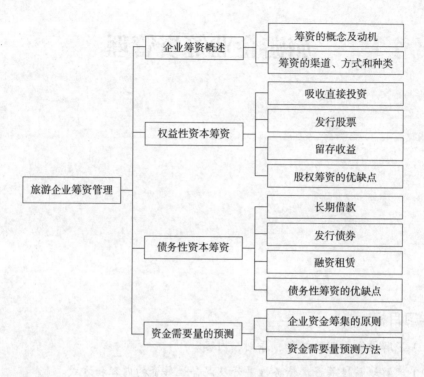

导入案例

兴盛优选在 2021 年 7 月获得最新一轮的融资之后，估值达 120 亿美元。兴盛优选从 2017 年成立至今，先后获得共 9 轮融资，在 2021 年的 3 次融资金额已经累计达 34 亿美元，2 月份一举获得 30 亿美元融资（表 4-1）。

表 4-1   2021 年兴盛优选融资信息

日期	融资方式	估值金额	融资金额	投资机构
2021 年 7 月 16 日	战略融资	120 亿美元	3 亿美元	安大略省教师退休基金
2021 年 2 月 18 日	战略融资	80 亿美元	30 亿美元	德弘资本、方源资本、KKR、红衫基金、春华资本、腾讯投资、淡马锡、恒大
2021 年 1 月 8 日	战略融资	50 亿美元	1 亿美元	腾讯投资

在 2021 年 3 次融资中更是两次都有腾讯的身影，京东也在 2020 年年底单投 7 亿美元，美团、滴滴、拼多多、淘菜菜等资本先后入局。兴盛优选依靠其过硬的本地化供应链能力，在湖南地区已经开拓出了高密度的下沉市场，其自营的物流

体系已经深入县区。兴盛优选背靠京东与腾讯，其技术与流量能助推兴盛优选在这场争夺中继续乘风破浪。

资料来源：复盘 2021：零售圈十大融资案 [EB/OL].(2021–12–28). https://www.163.com/dy/article/GSAKMCQV0519NDHF.html.

思考：

1. 筹融资对企业经营具有哪些意义？

2. 企业筹融资方式有哪些？

4.1　企业筹资概述

资金是企业生存的基础，也是企业生产经营的基本前提。为了能够形成生产经营能力，企业首要解决的就是资金筹措问题。筹资包括权益性资本筹资（股权筹资）、债务性资本筹资（债权筹资）、混合筹资。筹资方式不同，对企业的意义也不同。根据企业生产、经营、投资情况，采用多种方法，进行资金需要量预测。

4.1.1　筹资的概念及动机

筹资是指企业调整资本结构、生产经营、对外投资等需要，通过适当的筹资渠道，采用科学的筹资方式，有计划地、有效地获取企业资金的财务活动。

筹资的主要动机包括以下几方面。

（1）设立性筹资动机，即企业设立时为取得资本而产生的筹资动机。

（2）扩张性筹资动机，即满足企业对外增加投资或扩大生产规模需要进行筹资而产生的动机。

（3）日常需要筹资动机，即满足企业日常生产经营而产生的筹资动机。

（4）偿债性筹资动机，即企业为了偿还到期债务而产生的筹资动机。

（5）调整性筹资动机，即企业为了调整资本结构而产生的筹资动机。

（6）混合型筹资动机，即企业因为多种原因产生的筹资动机。例如，企业既需要偿还到期债务，又要改变资本结构而进行筹资活动。

企业在创建之初，需要购买生产原材料、设备，租用土地，新建厂房，雇用工人以及储存一定量的流动资金，因此需要筹集资金。当企业生产经营或是投资，缺乏资金，为了满足日常资金使用及流动，需要筹措资金。企业处于不同的生产阶段，资本结构不同。创建之初，债务性资本所占比重较高，后期生产经营达到一定规模，利润水平不断提高，企业归还一定债务，将债务资本转化成股权资本，资本结构发生改变。另外企业通过发行股票、债券等筹资活动，从而改变资本结构。

4.1.2　筹资的渠道、方式和种类

1. 筹资渠道

筹资渠道是指企业资金来源与通道。筹资渠道与企业的性质、所处环境、国家政策方针有直接关系。企业可以向个人、社会、国家不同主体筹集资金，也可以内部筹集或外部筹集。

（1）国家财政资金。国家财政资金是指国家以财政拨款、财政贷款或国有企业资产注入的形式向企业进行投资。国家财政资金是政府及其所属机构直接掌握支配的资金，包括税收收益即国家企业上缴的一部分税后利润。根据《企业财务通则》的规定，企业收到的属于国家直接投资、资本注入性质的财政资金，如国债投资项目，基本建设项目投资属于国家以投资者身份对企业资本性投入。

（2）银行信贷资金。银行信贷资金是指银行对企业的各种贷款，是我国企业重要的资金来源。银行开展业务、财务活动所用的全部营运资金可以作为企业贷款的来源。银行包括商业银行和政策性银行。商业银行是以营利为目的、从事信贷资金投放的金融机构。政策性银行可以为企业提供政策性贷款。

（3）非银行金融机构。非银行金融机构以发行债券、股票、接受信用委托、提供保险等形式为企业提供资金。非银行金融机构是除了中央银行、商业银行和专业银行以外的所有金融机构，包括基金公司、信托公司、证券公司、保险公司、财务公司及融资租赁公司等。

（4）其他企业资金。其他企业资金是指其他企业向其进行投资或由于相关业务产生资金的占用而产生的资金。其他企业通过直接投资、闲置资金互相拆借、提供商业信用等形式为企业提供资金。其他企业提供的资金可以是权益性资本，也可以建立债务债权的债务性资本。

（5）民间资金。民间资金是指民营的企业、城乡居民和家庭或企业职工利用自有资金向企业进行投资的资金。狭义的民间资金包括居民的储蓄存款、手持货币、个体经济和私营经济的营运资金、农村合作基金等。广义民间资金是除了狭

义民间资金以外还有非国有组织和个人所拥有的运营资金，即除去国有独资、股份制企业中的国有股份和外商投资的所有包括法人股在内的营运资金。

（6）外商资金。外商资金是指外国投资者以及我国港、澳、台地区投资者投入的资金。外商资金可以筹集外汇资金，一般出资比较灵活，出资的企业包括中外合资企业或中外合作企业。

（7）企业自有资金。企业自有资金是企业净利润的一部分，也称为企业内部留存资金，主要包括未分配利润以及提取的公积金。企业自有资金是指不需要花费筹资成本、企业可以直接使用的资金。

2. 筹资方式

筹资方式是指企业筹集资金的具体形式。企业筹资方式主要有吸收直接投资、发行股票、留存收益、长期借款、利用商业信用、发行债券、融资租赁等。企业考虑每种筹资方式对企业资本结构的影响、是否资本成本最低、是否能够快速有效地筹集资金，科学地选择筹资方式。筹资方式的具体内容后面章节介绍。

3. 筹资种类

1）权益性筹资、债务性筹资、混合筹资

按资本的权益特征不同，筹资可分为权益性筹资、债务性筹资和混合筹资。

权益性筹资是指企业通过吸收直接投资、发行股票、利用留存收益等方式依法筹集将资金转化为企业权益性资本的形式。权益资本又称股权资本、自有资本、所有者权益。权益性资本主要包括实收资本（股本）、盈余公积、资本公积及未分配利润。权益性筹资不需要偿还本金，没有固定的利息负担，财务风险较小，能够增强企业的资本实力，但资金使用成本较高，且容易分散企业控制权。

债务性筹资是指通过长期借款、发行债券、融资租赁等形式建立债权人和债务人关系，到期支付本金和利息的一种筹资方式。债务性筹资能够使债权人在借款期内取得固定的约定收益，其风险较小，筹资的速度较快、弹性大、资本成本较权益性筹资负担较低。另外，债务性筹资可以利用财务杠杆作用，即债务的利息是在税前扣除，降低企业缴纳的所得税，具有一定的节税功能。债务性筹资能够稳定企业的控制权，企业到期偿还本金及利息即可。因此合理利用债务性筹资方式，为企业带来多种的投资机遇，是企业重要的经营手段，当然企业也会面临较高的还本付息压力，财务风险较大，不能形成企业稳定的资本基础，筹资数额有限。

混合筹资是指兼顾权益性筹资和债务性筹资的筹资方式，主要包括可转换债券及认股权证。可转换债券是指债券持有人可按照发行时约定的价格将债券转换成公司普通股股票的一种筹资方式。企业发行可转换债券的同时，出售一种转换权利，债券持有人购买这种转换权利，当然也可以不转换，直接持有债券到期，获得本金和利息。所以可转换债券的利率低于一般的普通公司债券利率。对于发行可转换债券的筹资企业而言，可以降低筹资成本。因此可转换债券具有债权和股权双重特性。认股权证是指由股份有限公司发行的可认购其股票的一种买入期权。持有认股权证的投资人可在一定期限内以事先约定的价格购买发行公司股份的权利。认股权证是一种融资促进工具，使得企业在规定期限内顺利完成股票发行计划，有助于改善上市公司资本结构。

2）长期筹资和短期筹资

按筹集资金使用期限的长短，企业筹资可分为长期筹资和短期筹资。

长期筹资是指企业根据经营、投资活动及调整资本结构的需要，筹集1年以上的资本活动，如兴建固定资产、取得无形资产、对外长期投资、企业产品及技术研发等。长期筹资方法包括吸收直接投资、股票及长期债券、长期借款、融资租赁等。由于长期筹资时间持续较长，较短期筹资资本成本支付较高，风险较大，但未来收益较高。

短期筹资是1年以内的资金筹集方式，主要包括短期借款、商业信用、发行短期债券等。由于资金占用期限短，为满足企业流动资本及日常生产经营活动，成本较低，筹集较为灵活、容易，很难形成较高的收益回报。

3）直接筹资和间接筹资

按是否借助金融机构，企业筹资可分为直接筹资和间接筹资。

直接筹资是指企业直接与资本持有者协商形成的筹资活动。直接筹资无须借助银行等金融机构，直接投入资本、发行债券、发行股票的形式。《公司法》规定，公司发行股票、债券等有价证券需要通过证券公司等中介机构进行承销，资金的使用权并非让渡给证券公司，因此发行股票、债券等有价证券属于向社会直接筹资。由于直接筹资是企业与投资者之间建立直接关系，可以根据各自筹资条件如筹资数量、筹资利率、到期期限等方面直接商议，降低筹资成本。

间接筹资是指企业借助银行、保险公司、信托公司、财务公司等金融中介机构进行筹资的财务活动。间接筹资是中介机构分别与筹资企业和投资者建立资金需求的债权、债务关系。筹资企业与中介机构之间，筹资企业是资金的需求方即债务人，中介机构是资金的供给方即债权人。对于中介机构和投资者而言，中介机构是资金的需求方即债务人，投资者是资金的供给方即债权人。间接筹资的工具是金融机构发行的各种融资工具，包括银行存单、借款合约等。间接筹资使得筹资活动更加快速、便捷，筹资效率比较高。

4）内部筹资和外部筹资

按企业筹资来源方向，企业筹资可分为内部筹资和外部筹资。

内部筹资是企业利用内部自有资金的筹资活动。企业的内部资金包括未分配利润、盈余公积、资本公积及留存收益等。内部筹资不需要耗费筹资费用，即刻能够形成筹集的资本，但由于企业自有资金有限，因此筹资数量有限。

外部筹资是指从企业外部进行筹集资金的活动，包括吸收直接投资、发行债券、发行股票，长期借款、商业信用及融资租赁等方式。外部筹资需要支付一定的筹资费用，增加筹资成本，企业往往需要具备一定的未来收益潜力、偿债能力、良好的经营业绩，才能实现外部筹集资金。

4.2　权益性资本筹资

权益性资本又称股权资本，是企业依法筹集并长期拥有、自主支配的资本，包括实收资本、资本公积、盈余公积和未分配利润。权益性资本筹资方式有吸收直接投资、发行股票和留存收益三种。

4.2.1　吸收直接投资

1.吸收直接投资的概念及分类

吸收直接投资是指企业按照"共同经营、共同投资、共享利润、共担风险"的原则吸收国家、法人、个人和外商投资的一种筹资方式。吸收直接投资是非股份制企业权益性资本筹资的主要形式，吸收的资本分成等额股份，无须公开发行股票，实际的出资额，注册资本部分形成实收资本，超过注册资本部分属于资本溢价，形成资本公积。

吸收直接投资的种类包括：吸收国家投资，即吸收国家投资的政府部门或机构、国有公司和国有独资公司的资本；吸收法人投资，即吸收法人单位的可支配资产；外商直接投资，企业可以通过合资经营或合作经营的方式吸收外商直接投资，共同经营、共担风险、共负盈亏；吸收社会公众投资，吸收社会个人或本企业职工等个人资本。

2. 吸收直接投资的出资方式

吸收直接投资的出资方式包括以现金出资、以实物出资、以无形资产出资。

1）以现金出资

以现金出资是指投资者直接以法定货币进行出资，是企业吸收直接投资的主要出资方式，企业通过现金购买生产资料，支付各种费用。以现金出资较为灵活便捷，有助于防止其他形式出资所产生的过高估价或过低估价。以现金出资没有限定具体的出资时间，投资人可以自由选择现金出资期限，可以分期缴纳出资额。

2）以实物出资

以实物出资是指投资者以建筑物、设备、厂房等固定资产、原材料、商品等流动资产所进行的投资。首先，出资的实物称为"标的物"，需要能以某种公平、公正的方法进行评估折价，转化为现金，从而在总出资额中计算其比例。其次，出资的实物能够依法转让。投资人将实物的使用权转让给企业，企业获得实物出资财产的独立所有权。再次，出资的实物一定要对企业具有有益性。该实物能够在生产经营中使用，能够给企业带来实际利用价值，包括厂房、设备设施、机器、仓库、办公用房、运输工具等生产资料。最后，出资的实物未设置担保。《公司法》规定，以实物进行出资，公司成立后，投资者不得抽逃出资，出资的实物具有不可抽回性质，其使用权和所有权由企业支配，设立担保的实物不能作为出资的标的物。

3）以无形资产出资

以无形资产出资是指投资者以土地使用权以及专有技术、专利权、商标权和非专利技术等工业产权进行投资的出资方式。无形资产应能够办理过户手续，以无形资产进行出资不得高于企业注册资本的70%。

（1）以土地使用权出资。以土地使用权出资是指投资者依照土地管理法律、法规，对土地享有的占有、使用及收益的权利进行出资。以土地使用权出资的土地包括农用地、建设用地、未利用地的使用权。以土地使用权出资是将土地使用权再转移的过程，土地使用权作为非货币财产作价出资必须经过评估，且作价公平。在土地使用权存续期间，包括土地所有者在内的其他任何企业或个人，不能随意收回土地或非法干预被出资企业的生产经营活动，出资土地应适合企业生产经营活动需要，土地使用权出让约定的使用年限届满，企业取得土地使用权即刻终止。

（2）以专有技术、专利权、商标权和非专利技术等出资。以专有技术、专利权、商标权和非专利技术等无形资产进行出资，这些无形资产应满足：①有助于企业开发、研究和生产出新的高科技产品。②有助于企业提高产品质量、生产效率。③有助于企业节约成本，降低能源、资源消耗。④作价公平，且未设立任何担保物权，出资者能够出具拥有所有权和处置权的有效证明。由于专有技术、专利权、商标权和非专利技术等具有一定的时效性，因此在估价过程中存在风险。

3. 吸收直接投资的流程

吸收直接投资的流程包括确定筹资数量，寻找投资单位，协商和签署投资合同或协议，取得资金，如图 4-1 所示。

图 4-1　吸收直接投资的流程

（1）确定筹资数量。企业在吸收直接投资时，首先确定资金需要量。资金需要量应根据企业的生产经营规模和供货及销售条件来核定，确保筹资数量与资金需要量相适应。

（2）寻找投资单位。确定企业吸收直接投资的资金需要量以后，考虑科学的筹资渠道及筹资方式，寻找投资单位，企业通过收集相关信息，了解投资者的资信、财力和投资意向，并与投资者进行信息交流和各种宣传，使投资者了解企业的经营能力、财务状况以及未来预期，以便企业与众多投资者相互选择，形成最合适的合作伙伴。

（3）协商和签署投资合同或协议。找到合适的投资单位之后，双方针对直接投资的相关内容进行详细协商，协议中包括出资的数额、出资方式、出资期限及时间、双方责任和义务、利润分配、资产管理等内容。当投资者采用非现金进行出资，要确定出资实物或无形资产的估价，双方需要公平、公正地协商确定资产价值，以其估价作为出资额，然后签署投资协议或合同，明确双方的权利和责任。

（4）取得资金。签署投资协议或合同以后，企业按规定和计划取得资金。如果投资者采取现金出资，需要制订拨款计划，确定拨款期限、每期数额及划拨方式。另外，若投资者规定了拨款的用途，如固定资产投资、流动资金投资、专项投资等，则按照计划实行专款专用。若投资者以非现金形式出资，则要审核资产价值，通过聘请专业资产评估机构进行评定，对资产数量、价值是否准确核验，然后办理产权的转移手续取得资产。

4. 吸收直接投资的优缺点

吸收直接投资的优点：①有助于提升企业信誉，提高企业再融资的能力，有利于降低财务风险。吸收直接投资能够提高企业的借款能力和资信水平，使企业拥有可以任意处置的长期资产。②能够尽快形成生产能力。通过吸收直接投资获得一定量的货币，能够获得所需的技术和现金设备，快速形成生产经营能力。③信息沟通成本较小。企业与投资者之间容易沟通，达成协议和合同。④手续相对比较简单，筹资费用比较低。

吸收直接投资的缺点：①资本成本较高。当公司经营较好、获利较多时，投资者往往要求将大部分盈余作为红利分配。因为企业向投资者支付的报酬是按其出资额和实现的利润比率来计算的。②企业的控制权集中，存在控制权争夺的风险。投资者按照吸收直接投资方式进行投资，会按照出资数额决定相应的企业经营管理权，若其出资额比重较大，则企业控制权就会发生转移，从而损害其他投资者的利益。③产权交易程序复杂，交易成本较高。吸收直接投资不像其他筹资方式一样，可以通过媒介产生产权交易，因此产权转让比较困难。

4.2.2　发行股票

1. 股票的概念

发行股票是企业权益性资本筹资的重要手段。股票是股份制公司发行的所有权凭证，其是所有权的一部分，是股份制公司为筹集资金而发行给各投资者作为持股的凭证并借以取得股息和红利的一种有价证券。股票资本市场的长期信用工具，可以进行买卖、转让。投资者可以通过持有股票分享公司的利润，但也要承担公司经营风险。每一股股票代表股东对企业拥有一个单位的所有权。

2. 股票的特点

（1）不可偿还性。股票是一种无偿还期限的有价证券，投资者认购股票后，不能要求退股，只能通过二级股票市场进行转让。股票的所有权转让意味着公司的股东发生改变，并不减少公司资本。一般地，股票是无限期的，股票的期限等于公司存续的期限，只要公司存在，其发行的股票就存在。

（2）参与性。股东通过出席股东大会，选举出公司董事会，参与公司的重大决策，通过行使股东的参与权来实现股票持有者的投资意向和享有的经济利益。股东的参与性包括重大决策参与权、经营者选择权、公司经营的建议和质询权、财务监管权等。股东还需承担相关责任、遵守公司章程等义务。

（3）收益性。股东依据其持有股票，享有利润分配权利，能够从公司净利润中分配股东红利及股息，获得投资收益，但所获收益的大小是依据公司的盈利水平和公司盈利分配政策决定的。

（4）流通性。股票具有流通性，是指股票可以在不同投资者间进行转让。股票的流通性由流通的股票数量、股票成交量以及估价对交易量的敏感程度来衡量。股票的可流通股数越多，成交量越大，股票价格对成交量越不敏感，则股票的流通性越好；反之，则越差。股票的流通使投资者可以在市场上卖出所持有的股票，从而取得现金，投资者也可以在股票交易市场观察发行股票企业的发展前景和盈利潜力，购买股票获得其未来可能收益。

（5）风险性。股票是交易市场的交易对象，存在交易价格和交易数量。股票价格受公司经营状况、银行利率、市场风险、供求关系等诸多因素影响。股票的价格具有很大的不确定性，导致股票持有者未来收益的不确定性，存在较大的风险。

3. 股票的种类

股票依据不同的分类标准，分成不同的类别。

1）普通股和优先股

按股东的权利和义务不同，股票可分为普通股和优先股。

普通股即普通股票，是股份公司依法发行的代表股东享有普通权利、承担普通义务的股份，是公司股份的最基本形式。普通股股东对公司的管理、收益享有平等权利，依据公司经营状况分享红利，其面临风险较大。拥有普通股的股东具有所有债权偿付要求，其在优先股东的收益权与求偿权之后，享有对企业盈利和剩余财产的索取权。普通股是公司资本的基础，是一种基本股票形式，发行量最大，对企业最为重要。

优先股是享有优先权的股票。持有优先股的股东对公司资产、利润分配等享有优先权，其所面临的风险较小，但其对公司事务无表决权，也没有选举权和被选举权，对公司的经营没有参与权，且其不能退股，只能通过公司优先股的赎回条款进行赎回。优先股通常预先设定股息收益率，权利范围较小，当公司破产进行财产清算时，优先股股东对公司剩余财产求偿权优于普通股股东的要求权，但次于债权人。

2）面额股票和无面额股票

按股票票面有无面额，股票可分为面额股票和无面额股票。

公司在股票票面上记载票面金额，即面额股票。公司法规定，面额股票的发行价格可以按票面金额，也可以超过票面金额，但不得低于票面金额。

公司可以发行无面额股票，即票面上未注明股票的票面金额，属于无面额股票。公司法规定，公司发行无面额股票，新股发行所得股款计入注册资本的金额。公司发行新股，可以根据公司经营情况和财务状况，确定其作价方案。

3）A股、B股、H股、N股和S股

按发行对象和上市地区不同，股票可分为A股、B股、H股、N股和S股。

A股，即人民币普通股股票，是由中国境内注册公司发行，在境内证券交易所上市，以人民币标明面值，供境内机构、组织或个人以人民币认购和交易的普通股股票。

B股，即人民币特征股票，是以人民币表明面值，以外币认购和买卖，在中国境内证券交易所上市交易的外资股。

H股，指在中国内地注册、在中国香港上市的中资企业股票。中国内地机构投资者和个人投资者均可以投资H股，但其证券账户和资金账户之和需超过50万元。

N股是指在美国纽约的证券交易所上市的外资股票。

S股是指在新加坡上市的股票。

4. 股东的权利

普通股股票的持股人是股份公司的股东，享有公司管理权、收益分享权、优先认股权、出让股份权。

（1）公司管理权。作为公司的股东，持有普通股股票，对公司具有管理权，体现在股东在董事会选举中有选举权和被选举权。通过选出董事会代表所有股东对企业进行管理和控制。股东行使公司管理权的途径是参加定期召开的股东大会。

（2）收益分享权。股东的收益分享权体现在两方面：①股东有要求从股份公司经营的利润中分配红利和股息的权利，公司盈余的分配方案由股东大会决定，由董事会根据每个会计年度企业的盈利数额和财务状况分发股利并经股东大会通过批准。②股东在股份公司解散清算时，有剩余财产分配要求权，但在公司破产清算时，财产清算求偿首先是偿还债务，其次支付优先股股东，最后才是分配普通股股东。

（3）优先认股权。优先认股权是股份公司发行新股增加资本时，按照原股东按持股比例，享受在指定期限内规定价格优先认购一定数量新股的权利。优先认股权可以转让、买卖和放弃。优先认股权分为两类：①股东在转让股份时，其他股东有优先购买的权利。②当公司增资发行新股票时，公司现有股东有优先根据其持有的股票在已发行股票中所占比例购买相应新股票的权利。

（4）出让股份权。股东有权出售或转让股票。公司股东能够依法将自己的股份让渡给他人，使其成为公司股东的权利。

除了以上权利，普通股股东还可以查阅公司章程、查阅公司财务会计报告、查阅股东大会会议记录、对公司经营提出建议或者质询、诉讼等。

5. 股票的发行

股票的发行是指股份公司为设立公司或筹集资本，依照法律规定发售股份并收取股款的行为。股票的发行涉及股票发行的目的、发行条件、销售方式、发行程序、发行方式及价格。

1）股票发行的目的

股票发行的目的主要是新建股份公司发行股票、改善经营增发股票、调整资本结构等。

（1）新建股份公司发行股票。设立公司时的股票发行分为两种：①发起设立发行股票，即所有股份均由发起人认购，不得向社会公开招募，发起人以书面认足公司章程规定及发行的股份后，应立即缴纳全部股款。②募集设立发行股票，即发起人只认购股份的一部分，其余部分向社会公开招募，发起人认购的股份不得少于公司股份总数的35%，其余份额应当向社会公开募集。

（2）改善经营增发股票。增资发行股票是指已成立的股份公司为筹措资金而发行的股票。股份有限公司增发股票的目的包括：购买设备以扩大公司规模；筹措周转资金；改善生产经营状况，进行投资等。

（3）调整资本结构。公司通过发行股票，获得资本，偿还债务，改变股权和债权比例，从而调整资本结构、降低负债比例、减少偿债压力、降低财务风险。

2）股票发行的条件

《公司法》《证券法》和相关法律法规对首次发行条件、增资发行条件、配股发行条件和非公开发行股票的条件作出明确规定。

（1）首次发行条件。《证券法》规定，公司公开发行新股，应当具备运行良好且健全的组织机构，具有持续盈利能力，财务状况良好，3 年内财务会计文件无虚假记载，无其他重大违法行为以及经国务院批准的国务院证券监督管理机构规定的其他条件。

《首次公开发行股票并上市管理办法》规定，首次公开发行的发行人应当是依法设立并合法存续的股份有限公司，持续经营时间应当在 3 年以上，生产经营合法，注册资本已足额缴纳，3 年内主营业务、实际控制人、高级管理人员没有重大变化，股权清晰。发行人应具备人员独立、资产完整、财务独立、业务独立、机构独立。

发行人还应该具备一定的财务指标：3 个会计年度净利润均为正数且累计超过人民币 3 000 万元，净利润以扣除非经常性损益后较低者为计算依据；连续 3 个会计年度经营活动产生的现金流量净额累计超过人民币 5 000 万元，或 3 个会计年度营业收入累计超过人民币 3 亿元；发行前股本总额不少于人民币 3 000 万元；至今连续 1 期期末无形资产占净资产的比例不高于 20%；至今连续 1 期期末不存在未弥补亏损。

（2）增资发行条件。根据《上市公司证券发行注册管理办法》对上市公司发行证券的一般性条件及上市公司配股、增发等条件作出规定。

①公开发行证券的条件。上市公司可以在境内发行股票、可转换债券（简称可转债）、存托凭证或国务院认定的其他品种。

交易所主板上市公司配股、增发以及向不特定对象发行可转债的，应当最近 3 个会计年度盈利；增发还应当满足最近 3 个会计年度加权平均净资产收益率平均不低于 6%；净利润以扣除非经常性损益前后孰低者为计算依据。

②发行与承销。上市公司配股的，拟配售股份数量不超过本次配售前股本总额的 50%，并应当采用代销方式发行。控股股东应当在股东大会召开前公开承诺认配股份的数量。控股股东不履行认配股份的承诺，或者代销期限届满，原股东认购股票的数量未达到拟配售数量 70% 的，上市公司应当按照发行价并加算银行同期存款利息返还已经认购的股东。上市公司增发的，发行价格应当不低于公告招股意向书前 20 个交易日或者前一个交易日公司股票均价。上市公司向特定对象

发行证券，发行对象应该符合股东大会决议规定的条件，且每次发行对象不超过35 名。上市公司向特定对象发行股票，发行价格应当不低于定价基准日前 20 个交易日公司股票均价的 80%。上市公司发行证券，应当由证券公司承销。上市公司董事会决议提前确定全部发行对象的，可以由上市公司自行销售。

③信息披露。上市公司发行证券，应当以投资者决策需求为导向，按照中国证监会指定的信息披露规则，编制募集说明书或其他信息披露文件，应当在募集说明书或其他披露文件中，有针对性披露业务模式、公司治理、发展战略、经营政策、会计政策等信息，并充分揭示可能对公司核心竞争力、经营稳定性以及未来发展产生重大不利影响的风险因素。证券发行议案经董事会表决通过后，应当在两个工作日内披露，并及时公告召开股东大会的通知。

（3）非公开发行股票的条件。上市公司非公开发行股票需满足：发行价格不低于定价基准日前 20 个交易日公司股票均价的 90%；本次发行的股份自发行结束之日起，12 个月内不得转让；控股股东、实际控制人及其控制的企业认购的股份，36 个月内不得转让；募集资金使用符合规定；本次发行导致上市公司控股权发生变化的，还应当符合中国证监会的其他规定；非公开发行股票的发行对象不得超过 10 名，发行对象为境外战略投资者的，应当经国务院相关部门批准。

3）股票的销售方式

股票的销售方式主要分为自销和承销两种，其中承销分为包销和代销。

（1）自销。股票销售的自销是由发行公司根据需要直接销售股票给投资者，不需要中介机构进行承销的一种销售方式。这种方式发行费用低，公司直接控制股票发行进程，便于发行公司承担发行风险。这种发行方式风险较小，手续灵活、便捷，但股票发行数量有限。

（2）承销。股票销售的承销是指公司将股票发行业务委托给证券公司等中介机构代理的发行方式。证券经营机构是从事证券交易买卖的金融中介机构。在我国，具备承销的中介机构有证券公司、信托投资公司等。

①包销。包销是由代理股票发行的证券经营机构与发行公司签订承销协议，全权委托证券承销机构代理股票的发售业务。这种承销方式一般由证券承销机构根据承销协议，按照约定的价格一次性全部购进发行公司的全部股票，然后以较高的价格出售给社会上的投资者。在规定的募股期限内，若实际销售的股票数达不到预定发行的股数，剩余部分由证券承销机构全部承销。包销是借助金融机构

雄厚的资金，发行公司不必承担发行风险，但一般包销的股票价格较低，对筹资数额有影响。

②代销。代销是由证券经营机构代理股票发售业务，从而获得一定佣金的销售方式。在规定的募股期限内，若实际销售的股票数达不到预定的发行股数，承销机构不负承购剩余股份的责任，而是将未售出的股份归还给发行公司。发行公司采用代销能够以较高价格发售，发行风险全由自己承担。

4）股票的发行程序

（1）发起人认足股份，交付股款。如果是发起设立的公司，发起人认购公司的全部股份，然后交付全部股资后，应选举董事会、监事会，由董事会办理公司设立的登记事项；如果是募集方式设立的公司，发起人认购的股份不得少于公司股份总数的35%。发起人认足其应认购的股份并交付股资后，其余部分向社会公开募集。

（2）提出公开募集股份的申请。以募集方式设立公司，发起人向社会公开募集股份时，必须向国务院证券监督管理部门递交募集申请，并报送批准设立公司的相关文件，如公司章程、股票发行申请书、招股说明书、股票承销协议、财务会计报告、资产评估机构出具的资产评估报告以及资产评估的确认报告等。

（3）公告招股说明书，签订承销协议。公开募集股份申请经国家批准后，应公告招股说明书。招股说明书包括公司章程、发起人认购的股份数、本次每股面值和发行价格、募集资金的用途等。发行单位与证券经营机构签订承销协议。

（4）招募股份，缴纳股款。发行公司或承销机构采用广告和书面通知的办法招募股份。认购者填写认股书，承担认股书中的约定缴纳股款的义务。如果认股者的认股总数超过发起人拟招募的总股数，可以采用抽签的方式确定认股者的认股权。认股者应在规定的期限内向代收股款的银行缴纳股款，同时交付认股书。股款收足后，发起人应委托法定的机构验资，出具验资证明。

（5）召开创立大会，选举董事会、监事会。股款募足后，发起人在规定的时间内（法定30天内）主持召开创立大会。创立大会由发起人、认股人组成，应有代表股份总数半数以上的认股人出席方可举行。创立大会通过公司章程，选举董事会和监事会成员，并有权对公司的设立费用进行审核，对发起人用于抵作股款的财产作价进行审核。

（6）办理公司设立登记，交割股票。经创立大会选举的董事会，应在创立大会结束后30天内办理申请公司设立的登记事项。登记成立后，即向股东正式交付股票。

5）股票的发行方式

（1）公开间接发行。股份公司通过中介机构，向社会公众发行股票。采用募集设立方式成立的股份公司，向社会公开发行新股时，都需要中介机构，采用公开间接发行方式。这种方式发行范围广、对象多，容易快速筹集数量较大的资金，股票流通性好，容易转让，发行风险较小。但这种方式发行成本较高、手续繁杂、法律法规限制多。

（2）非公开直接发行。公司不公开发行，只向少数特定的对象发行，因而无须中介机构承销。这种方式成本低、规模弹性较大、手续简单，但范围较小、筹资数量有限、股票流通性较差、不易转让。

6）股票的发行价格

股票的发行价格是发行公司将股票出售给投资人时的价格。在估计股票市场基础上，确定新股票发行价格，要考虑如下几个因素：上市公司上市前，最近 3 年平均每股税后纯利润乘上已上市的近似类的其他股票最近 3 年的平均利润率；上市前的最近 4 年平均每股所获得股息除以已上市的近似类的其他股票最近 3 年均股息率；上市前的最近期的每股资产净值；上市公司当年预计的股利，除以银行一年期的定期储蓄存款利率。发行价格是发行公司依据股票的面额、每股税后利润、市盈率等信息与证券经营公司协商确定，报国务院证券管理机构核准。

新股发行价 $P = A \times 40\% + B \times 20\% + C \times 20\% + D \times 20\%$

式中，A 为公司每股税后纯利润 × 类似公司最近 3 年平均市盈率；B 为公司每股股利 × 类似公司最近 3 年平均股利率；C 为当前期每股净值；D 为预计每股股利 /1 年期定期存款利率。

股票发行的价格，可以按票面金额确定（等价发行），也可以超过票面金额确定（溢价发行），但不得低于票面金额的价格（折价发行）。

6. 股票上市

股票上市是指已经发行的股票经证券交易所批准后，在交易所公开挂牌交易的法律行为。在我国，股票公开发行后即获得上市的资格。上市后，发行公司能够获得大量的投资。新的股票上市，增强了信息披露的透明性，尤其重大事件要求细化的持续披露，有利于普通投资者改善信息的不对称。

1）股票上市条件

（1）股票经中国证监会核准已公开发行。

（2）公司股票总额不少于人民币 3 000 万元。

（3）公开发行的股份达到公司股份总额的 25% 以上，公司股本总额超过人民币 4 亿元的，公司发行股份总额的比例为 15%。

（4）公司在 3 年内无重大违法行为，财务会计报告无虚假记载。

2）股票上市的程序

按照《公司法》及《股票发行与交易管理暂行条例》的规定，股票上市的程序如下。

（1）上市申请和审批。公开发行股票符合条件的股份有限公司，申请在证券交易所交易股票，应向证券交易所的上市委员会提出申请，上市委员会自收到申请之日起 20 个工作日内作出审批，确定上市时间，审批文件报证监会报备，并抄报证券委员会。股份有限公司申请股票上市，应当报经国务院或者国务院授权证券管理部门批准，依据有关法律行政法规的规定报送文件。

（2）申请股票上市应当报送文件。股份公司向交易所的上市委员会提出上市申请，报送如下文件：上市报告书、申请上市的股东大会决议、公司章程、公司营业执照、依法经会计师事务所审计的公司最近 3 年的财务会计报告、法律意见书和上市保荐书、证券交易所上市规则规定的其他文件。

（3）订立上市契约。股份有限公司被批准股票上市后，即称为上市公司。在上市前，还要与证券交易所订立上市契约，确定上市的具体日期，并向证券交易所缴纳费用。

（4）发布上市公告。股票上市交易申请经批准后，被批准的上市公司必须公告其股票上市报告，并将其申请文件存放在指定地点供公众查阅。

3）股票暂停、终止或特别处理

当股份有限公司不具备上市条件时，需要暂停或终止上市。如果存在下列情况，需要暂停上市：上市公司股本总额（3 000 万元）、股权分布等发生变化不再具备上市条件；上市公司不按照规定公开其财务状况，或对财务会计报告做虚假记载，误导投资者；上市公司有重大违法行为；3 年连续亏损。

若满足下列情况，则需要终止上市：上市公司股本总额、股权分布等发生变化不再具备上市条件，在证券交易所规定的期限内仍不能达到上市条件；上市公司不按照规定公开其财务状况，或财务会计报告虚假记载，且拒绝纠正；3 年连续亏损，在其后一个年度内未能恢复盈利；上市公司解散或者被宣告破产。

当上市公司出现财务状况和其他异常状况时，股票交易所将进行特别处理。财务状况出现异常是出现以下情况：最近两个会计年度的审计结果显示的净利润为负值；最近一个会计年度的审计结果显示其股东权益低于注册资本；最近一个会计年度经审计的股东权益扣除注册会计师和有关部门不予确认的部分后，低于注册资本；注册会计师对最近一个会计年度的财务报告出具无法表达意见或否定意见的审计报告；最近一份经审计的财务报告对上年度利润进行调整，导致连续两个会计年度亏损；经交易所或中国证监会认定为财务状况异常的。

7. 发行股票筹资的优缺点

1）发行股票筹资的优点

（1）增加公司资本，降低财务风险。发行股票筹资无须到期支付本金及利息，不存在到期不能还本付息的风险。

（2）促进股权流通和转让，增强股权流动性。公司上市以后，股价更容易定价，产权转让更为方便。

（3）提升公司的知名度。股票融资可以提升公司的知名度，股票在证券交易市场流通，便于了解公司的价值。

（4）所有权和经营权分离，有助于公司自主经营管理。

2）发行股票筹资的缺点

（1）资本成本较高。公司通过发行股票获得资金的同时，需要支付股东红利及股息，另外股权筹资是税后支付，不具备节税功能，且发行股票成本较高，增加了筹资资本成本。

（2）不易及时形成生产能力。发行股票筹资耗时较长，无法短期内及时获得资金，形成生产能力。

（3）容易分散公司的控制权。公司发行新股时，引进新股东，导致公司股权稀释，影响公司原股东的控制权。

4.2.3　留存收益

1. 留存收益的概念

留存收益是指公司实现利润中提取或形成的留存于企业的内部积累，包括未分配利润及盈余公积两部分。盈余公积是企业从净利润中提取的积累资金，分为法定盈余公积和任意盈余公积两种。法定盈余公积按净利润的 10% 提取，但此项公积已达注册资本的 50% 时不再提取；任意盈余公积是按照股东大会决议提取。

2. 留存收益产生的原因

留存收益是企业通过科学经营所实现的税后净利润，归属于企业所有者。首先，收益的确认和计量是建立在权责发生制的基础上的，企业获得利润，但不意味着企业的现金净流量增加。因此，企业为了保证有足够的现金流，需要留存收益。其次，法律法规从保护债权人利益和要求企业可持续发展的角度出发，限制企业将利润全部分配出去。最后，企业基于自身扩大再生产和筹资的需要，也会将一部分利润留存下来。

3. 留存收益的筹资途径

（1）提取盈余公积金。盈余公积金是指有指定用途的留存净利润，即从当期企业净利润中提取的积累资金，用于未来生产经营，经投资者审议后，也可转增股本（实收资本）和弥补以前年度经营亏损，但不得用于以后年度对外利润分配。

（2）未分配利润。未分配利润是指未限定用途的留存净利润。这部分净利润没有分配给公司的股东投资者，也未指定用途，用于未来经营发展、转增资本、弥补之前经营亏损或以后利润分配。

4. 留存收益筹资的特点

（1）资本成本低。与对外筹集长期资本、发行普通股股票等相比较，不发生筹资费用，资本成本较低。

（2）维持公司的控制权。利用留存收益筹资，不对外发行新股，不吸收新股东或投资者，不会改变公司的资本结构，不会稀释原有股东的控制权。

（3）筹资数额有限。留存收益的最大数额是企业当期的净利润和以前年度未分配的利润之和，不如对外筹资的数量大，如果企业发生亏损，留存收益还要弥补亏损，导致从留存收益进行筹资的数额有限。

4.2.4　股权筹资的优缺点

1. 股权筹资的优点

（1）稳定企业的资本。股权资本无须偿还到期债务本金及利息，是企业永久性资本。通过增加股权进行筹资，增加公司资本，促进公司持续经营稳定。

（2）促进企业良好的信誉。股权资本是企业资本实力的体现，是与其他企业或投资人开展业务往来的基础，也是企业债务筹资活动的保障。

（3）企业的财务风险较小。相较于债务性筹资方式，不存在还本付息的财务风险，限制性较少。

2. 股权筹资的缺点

（1）资本成本负担高。吸收直接投资及发行普通股股票的筹资成本较高，需要支付投资人高额的投资回报，相较于债务性筹资方式，资本成本高。

（2）容易分散企业的控制权。增加公司资本的同时，引入新的股东或新的投资者，会改变企业的控制权结构、分散企业的控制权，特别是当新进投资人占有较大资本比重时，对公司的重大事项及经营管理权具有严重影响。

（3）信息沟通与披露成本较大。股权筹资方式，需要实现对企业经营业务、财务状况、经营成果等信息进行分享及沟通，保障未来存在收益潜力基础上，吸引新的投资人或股东进行投资。上市公司其股东较多且分散，需要公司的公开信息披露了解公司的经营状况，保障投资者的利益。

4.3　债务性资本筹资

债务性资本筹资是指对借入资金的筹集，也称负债筹资，是企业通过银行长期借款、发行债券、融资租赁等方式获得资金的一种筹资方式。借入资本按偿还期限的时间不同，可分为短期借入资金和长期借入资金。短期借入资金是指在 1 年以内或超过 1 年的一个营业周期内偿还的债务，主要指短期银行借款、商业信用等。由于借入资金与企业资金营运有关，商业信用与企业间的商品和劳务交易有关，因此这部分不做详细阐述。长期借入资金是指偿还期在 1 年或超过 1 年的一个营业周期内偿还的债务，主要包括长期借款、发行债券、融资租赁等。

4.3.1　长期借款

1. 长期借款的概念

长期借款是指企业向银行或其他非银行金融机构借入的超过 1 年的借款，主要用于新建固定资产和满足长期流动资金占用的需要。当企业进行投资时，需要短期内筹集大量的资金，需要借助金融机构获得长期借款，企业需要定期支付借款利息，到期偿还债务。

2. 长期借款的种类

按借款用途不同，长期借款可分为基本建设贷款、流动资金贷款和专项贷款等。

按借款的机构不同，长期借款可分为政策性银行贷款、商业银行贷款和其他金融机构贷款等。企业还可以通过财务公司取得各种中长期贷款，从信托投资公司取得货币或实物形式的信托投资贷款。

按有无担保，长期借款可分为无担保贷款和担保贷款。无担保贷款也称信用贷款，不需要企业提供抵押品，仅凭其信用或担保人信誉而进行的贷款。担保贷款包括抵押贷款、质押贷款和保证贷款。企业需要以抵押品或质押品作为担保而产生的贷款。抵押品通常有房屋、建筑物及其设备、股票、债券等。

3. 取得长期借款的条件

我国金融机构对企业发放贷款的原则为：按计划，择优扶植，有物资保证，按期归还。企业申请长期借款需要具备的条件如下。

（1）能够独立核算、自负盈亏，有法人资格。

（2）业务范围和经营方向符合国家产业政策，借款用途属于银行贷款相关规定的范围。

（3）借款企业具有一定的财产和物资保证，担保单位具备相应的经济实力。

（4）具有偿还贷款的能力。

（5）经济核算和财务管理制度健全，资金使用效益及企业经济效益良好。

（6）在银行设有账户，办理结算。

4. 长期借款的程序

长期借款时间周期较长，还本付息数额较大，给银行带来较大的风险，因此借款企业或个人要严格按照相关条例进行，具体程序如下。

（1）提出借款申请。企业根据筹资需求向银行提出书面申请，按照银行要求的条件和内容填报借款申请书。填报内容包括借款的原因和用途、借款期限（一般 3~7 年为宜）、借款数额等。

（2）银行审批。银行按照贷款条件、相关规定和政策，对借款企业进行审查，依据审批权限，核准公司申请的借款金额和用款计划。银行审查的内容包括公司的财务状况、信誉状况、盈利的稳定性和持续性、发展前景、借款使用项目的可行性、抵押品和担保情况等。

（3）签订借款合同。经过银行审批后，即表示银行接受企业借款合同的申请，双方针对借款进行进一步的协商，签订正式的贷款合同。贷款合同要规定贷款数额、利率、期限和相关的限制性条款。

（4）取得借款。借款合同签订后，企业在核定的贷款指标范围内，根据用款计划和实际需要，一次或分次将贷款转入企业的银行账户，企业获得借款。

（5）归还长期借款。银行长期借款有固定的到期日，企业必须按照合同规定还本付息，其还款方式主要有三种：①到期一次偿还。②定期偿还等额本金。③分批偿还且每次不等额。

5. 长期借款的保护性条款

长期借款数额较大、周期较长，企业存在不能到期偿还的风险，因此银行为了保证企业能够到期偿还，除了贷款合同规定的相关内容，还有一些保护条款，这些条款包括一般性保护条款及特殊性保护条款。

1）一般性保护条款

（1）对借款企业流动资金保持量的规定，其目的在于保持借款企业资金的偿债能力及流动性。

（2）对支付现金股利和再购入股票的限制，其目的在于限制现金外流。

（3）对净经营性长期资产总投资规模的限制，其目的在于减少企业日后不得不变卖固定资产以偿还贷款的可能性，即还是保持借款企业资金的流动性。

（4）限制其他长期债务，其目的在于防止其他贷款人取得对企业资产的优先求偿权。

（5）借款企业定期向银行提交财务报表，及时掌握企业的财务情况。

（6）不准在正常情况下出售较多资产，保持企业正常的生产经营能力。

（7）如期缴纳税费和清偿其他到期债权，防止被罚款造成现金流失。

（8）不准以任何资产作为其他承诺的担保或抵押，避免企业负担过重。

（9）不准贴现应收票据或出售应收账款，避免或有负债。

（10）限制租赁固定资产的规模，防止企业负担巨额租金以致削弱其偿债能力，防止企业以租赁固定资产的办法摆脱对其净经营性长期资产总投资和负债的约束。

2）特殊性保护条款

（1）贷款专款专用。

（2）不准企业投资于短期内不能收回资金的项目。

（3）限制企业高级人员的薪金和奖金总额。

（4）要求企业主要领导人在合同有效期间内担任领导职务。

（5）要求企业主要领导人购买人身保险。

（6）其他特殊性条款。

6. 长期借款的优缺点

1）长期借款的优点

（1）借款时间短，筹资速度快。长期借款的手续比其他筹资方式简单，只要符合金融机构的借款要求，能在短时间内取得借款。

（2）借款成本低，能够发挥财务杠杆作用。长期借款的利息是在税前支付，具有财务节税功能，企业需要按期支付借款利息，无须向投资者支付额外报酬，成本较股权筹资方式较低。

（3）借款弹性较大。企业与银行直接协商，签订借款合同，规定借款时间、数额、利息等相关内容，比较灵活便利，对企业筹资具有较大弹性。

2）长期借款的缺点

（1）筹资风险大。与发行债券筹资相比，需要定期还本付息，若企业经营不善，存在不能到期偿还风险。

（2）限制条件较多。银行为了保证申请贷款企业能够到期偿还，制定了许多限制性条款，影响企业的经营活动。

（3）筹资数量有限。相比较发行股票、发行债券，长期借款的数额有限，银行为了保证企业能够到期偿还，在筹资数量上进行限制。

4.3.2　发行债券

1. 债券的概念

债券是指政府、企业、银行等债务人为了筹集资金，按照法定程序发行并向债权人承诺于指定日期还本付息的有价证券。它是一种金融契约，本质是实现债权、债务的证明书，债券的购买者与发行者之间是一种债权债务关系，债券发行人即债务人，债券的购买者是债权人。

2. 债券的基本要素

（1）债券面值。债券面值是指债券的票面价值，是发行单位对债券持有人在债券到期后应偿还的本金数额，也是企业向债券持有人按期支付利息的计算依据。

值得注意的是，债券面值与其发行价格并不一定是一致的，既存在发行价格大于票面价值的溢价发行，也存在发行价格小于票面面值的折价发行，或者发行价格等于票面价值的等价发行。

（2）债券的期限。债券的期限是指债券的到期日，即债券从发行之日至到期日之间的时间。在债券的期限内，企业必须定期支付利息，到期时，偿还债券本金，也可分批偿还或提前一次性偿还。

（3）债券的票面利率和利息。债券的票面利率是指债券发行时票面上注明的利率，一般是年利率，按照票面利率与面值的乘积计算债券的利息。

（4）债券的价格。按照债券市场的供求、利率变化等情况，制定债券的价格，往往与债券面值并不完全一致，债券面值是固定的，债券的价格可以发生变化。企业到期还本付息是按照债券面值进行计算。

3. 债券的种类

1）政府债券、金融债券和公司债券

按发行主体不同，债券可分为政府债券、金融债券和公司债券。政府债券是政府为了筹集资金而发行的债券，主要包括地方政府债券、国债等。一般政府债券信誉好、风险小、收益稳定。国家债券包括国家重点建设债券、国家建设债券、财政债券、基本建设债券、特种债券、保值债券等。金融债券是由银行和非银行金融机构发行的债券，主要由国家开发银行、进出口银行等政策性银行发行。金融债券代表信誉度较高、资金实力雄厚。公司债券是指企业按照《企业债券管理条例》的规定发行的、由国家发改委监督管理的债券，我国公司债券主要由中央政府部门所属机构、国有独资企业或国有控股企业发行。

2）信用债券、抵押债券和担保债券

按是否有抵押物或担保人，债券可分为信用债券、抵押债券和担保债券。信用债券是不以任何公司财产作为担保，完全凭公司信用发行的债券。政府债券属于信用债券。信用债券利率往往较高，因为债券持有人承担较大风险，因此发行债券公司会有诸多限制，并存在一些保护性条款，以保护债券持有人的权益。抵押债券是指企业以公司财产作为担保的债券，分为一般抵押债券、不动产抵押债券、动产抵押债券和证券信托抵押债券。不动产抵押如以房屋、建筑物等为抵押品，动产抵押如以适销商品作为抵押品，证券信托抵押是以有价证券如股票、其他债券作为抵押品。由于有抵押品，在公司不能到期偿还本金付息时，可以处置抵押品保证债权人的优先求偿权。担保债券是指由担保人担保而发行的债券。担保人应是符合《民法典》规定的企业法人，还需满足净资产不能低于被担保人发行债券的本息，近3年连续盈利，且前景业绩良好，不涉及改组、解散等事宜或重大诉讼案件以及中国人民银行规定的其他条件。当企业无法对担保债券清偿到期本金和利息时，债券持有人可要求保证人偿还。

3）记名债券和无记名债券

按是否记名，债券可分为记名债券和无记名债券。记名债券是指在债券票面上记载债券持有人姓名或名称，并在发行单位或代理机构进行登记的债券。因公司只对债券票面上姓名或名称的个人或单位支付本金利息，所以转让债券应办理相应的过户手续，转让后由公司将受让人的姓名或名称及住所记载于公司债券的存根簿。无记名债券是债券票面上不记载持有人姓名或名称，也不需要发行单位或代理机构登记造册的债券。可以随意转让，无须过户，持有人按券获得本金利息。

4）可转换债券和不可转换债券

按是否可以转换，债券可分为可转换债券和不可转换债券。可转换债券是指在特定时期内可以按某一固定的比例转换为普通股的债券，其具有债务和权益双重属性，属于一种混合筹资方式。由于可转换债券赋予持有人未来成为公司股东的权利，因此其利率通常低于不可转换债券。不可转换债券是指不能转换为公司普通股的债券，又称为普通债券，其债券利率一般高于可转换债券。

4. 发行债券的条件

根据《公司法》的规定，我国发行公司债券的主体包括股份有限公司、国有独资公司以及两个以上的国有公司或两个以上的国有独资主体设立的有限责任公司。《证券法》规定了公开发行公司债券的条件。

1）公开发行公司债券的条件

（1）具备健全且运行良好的组织。

（2）最近3年平均可分配利润足以支付公司债券一年的利息。

（3）国务院规定的其他条件。

公开发行公司债券筹集的资金，必须按照公司债券募集办法所列资金用途使用；改变资金用途，必须经债券持有人会议作出决议。公开发行公司债券筹集的资金，不得用于弥补亏损和非生产性支出。

申请公开发行债券，应当向国务院授权的部门或者国务院证券监督管理机构报送公司营业执照、公司章程、公司债券募集办法以及规定的其他文件，如若聘请保荐人的，还应当报送保荐人出具的发行保荐书。

5. 债券发行价格的确定

债券的发行价格即为投资人购买债券时的支付价格，高于票面价值发行为溢价发行，低于票面价值为折价发行，等于票面价值为等价发行。债券的发行价格受到债券面值、票面利率、债券期限和市场利率影响。债券面值与票面利率决定了债券的利息。债券的发行价格主要由根据市场利率变化的到期本金现值以及计算的各期利息两部分组成。其计算公式为

$$P_{债} = \frac{B}{(1+i)^n} + \sum_{t=1}^{n} \frac{B \times r}{(1+i)^t}$$

$$= B \times (P/F, i, n) + B \times r \times (P/A, i, t)$$

式中，$P_{债}$ 为债券的发行价格；B 为债券票面价值；r 为票面利率；n 为债券的期限；t 为付息期数。

【例 4-1】2022 年 1 月 1 日，某旅游公司发行一种债券，每张债券面值 500 元，票面利率为 6%，期限为 6 年，每年年末付息，到期还本。

（1）若市场利率 i=6%，确定其发行价格。

（2）若市场利率 i=7%，确定其发行价格。

（3）若市场利率 i=5%，确定其发行价格。

当市场利率为 6% 时，

债券发行价格 =500×（P/F，6%，6）+500×6%×（P/A，6%，6）=500.02（元）

当市场利率为 7% 时，

债券发行价格 =500×（P/F，7%，6）+500×6%×（P/A，7%，6）=476.15（元）

当市场利率为 5% 时，

债券发行价格 =500×（P/F，5%，6）+500×6%×（P/A，5%，6）=525.37（元）

6. 发行债券的程序

（1）董事会制订方案，股东大会作出决议。公司发行债券，由公司董事会制订债券发行方案，并经过股东大会作出决议。

（2）向国务院证券管理部门申请批准。公司提出申请，证券管理部门按国务院发行债券规定对发行规模、发行对象、发行条件等进行审批。公司申请需要提交公司登记证明、公司章程、公司债券募集办法、资产评估报告和验资报告等。

（3）公告募集办法。企业发行债券的申请经批准后，向社会公告债券募集办法，主要包括私募发行和公募发行两种。私募发行是指以特定的少数投资者作为募集对象进行的债券发行方式。公募发行是指不以特定的多数投资者作为募集对象所进行的债券发行，分为直接公募发行和间接公募发行。直接公募发行是指不通过中介机构而直接向公众公开发行债券的方式。间接公募发行是指通过中介机构（如银行、证券公司等）向投资者公开发行债券的方式。

（4）委托证券经营机构发售，签订承销协议。公募间接发行是主要的公司债券发行方式。公司与承销机构签订承销协议，承销机构可以由数家投资银行或证券公司组成，承销方式有代销和包销两种。代销是指承销机构代为推销，在约定期限内未出售的债券可退还发行公司，承销机构不承担发行风险。包销是指由承销机构先购入拟发行的全部债券，然后再出售给社会公众投资者，如果在约定期限未能全部售出，则剩余债券由承销机构负责认购。

（5）交付债券，收缴债券款，登记存根簿。债券购买者直接向承销机构付款购买债券，承销机构付给购买者企业债券，然后发行公司向承销机构收缴债券款并结算代理费及相关预付款项。

7. 债券的偿还

按债券偿还实际发生时间与规定的到期日之间的关系，债券偿还可分为期满偿还、期中偿还和延期偿还三种。

（1）期满偿还。期满偿还是指按发行所规定的还本时间在债券到期时一次全部偿还债券本金的方式。例如我国发行的国库券、企业债券都是期满偿还方式。

（2）期中偿还。期中偿还是指在债券到期之前部分或全额偿还债券本金的方式。部分期中偿还是经过一段时间后，将发行额按一定比例偿还给投资者的方式，一般是每半年或1年偿还一批，这种方式减轻发行单位一次偿还的负担，可采用定时偿还和随时偿还两种方式。全额期中偿还是指在债券到期日之前，一次偿还全部本金的方式，也称提前偿还。这种方式往往是因为发行单位经营良好、资金过剩、改变资本结构，将债券全部提前偿还，避免不必要的利息负担。

（3）延期偿还。延期偿还是指债券在发行之时设置了延期偿还条款，可使债券持有者在债券到期后，按规定的利率继续持有债券，直至另一个或几个指定到期日。这种偿还方式比较灵活，但一般延期后债券利率较高，企业会增加还本付息的压力。

8. 债券筹资的优缺点

1）债券筹资的优点

（1）通过发行债券筹集大量的资金，可以满足企业大规模筹资的需要。

（2）可以利用财务杠杆作用。因为债券的利息是在税前支付的，具有节税功能。

（3）保障公司控制权。债券持有者到期获得本金和利息，不参与公司管理决策，不具备股权特征，因此不会分散公司控制权。

（4）便于调整资本结构。公司通过发行可转换债券以及可提前赎回债券，改变企业资本结构。

2）债券筹资的缺点

（1）财务风险较高。企业发行债券之后，往往存在到期不能还本付息的风险，在公司经营不善时，可能因为不能偿还债券，面临企业破产。

（2）限制性条件多，手续繁杂。发行债券条件较高，较长期借款、融资租赁等限制性条件多，申请发行债券手续复杂，从申报、承销到取得资金需要较长时间。

（3）资本成本较高。相对银行长期借款，发行债券的利息负担和筹资费用比较高。

4.3.3　融资租赁

1. 租赁的概念

租赁是指在约定的期间内，出租人将资产使用权让与承租人以获取租金的行为。

2. 租赁的特征

（1）所有权与使用权分离。租赁公司从供货商购买承租人需要的设备，具有设备的所有权，租赁公司将设备出租给承租人，承租人获得设备的使用权，因此在租赁过程中，所有权和使用权分离。

（2）融资与融物结合。租赁是以租赁设备的形式进行的融资活动，解决了企业购买设备的资金需要问题。承租人通过定期支付租金的形式获得设备的使用权，往往在设备的一定使用年限内，在租赁的过程中，对设备价款进行融资，形成了融资与融物相结合的形式。

（3）租金的分期回流。偿还租金采用分期回流的方式，出租方购买设备进行一次性投入，收取承租人租金的形式进行分期收回，从而获得额外收益。

3. 租赁的分类

1）经营租赁

经营租赁又称营业租赁，由租赁公司向承租单位提供短期设备租赁业务，并提供维修、保养、人员培训等一种服务性业务。经营租赁是可以将同一个设备租赁给多家承租单位，未将资产的所有权的风险和报酬全部转移。经营租赁具有以下特点。

（1）承租企业可以随时向出租人提出租赁要求。

（2）租赁期短，往往不在资产设备的全部使用期限内，短期租赁结束后，可以再租赁给其他企业。租赁合同比较灵活，可以随时取消合同。

（3）租赁期满之后，出租的资产由租赁公司收回处理。

（4）出租人提供专门的资产设备的维修、保养服务。

2）融资租赁

融资租赁是由租赁公司按照承租人的要求出资购买设备，在合同规定的设备全部使用期内提供给承租人使用的信用服务。融资租赁转移了资产的全部风险和报酬。融资租赁通过融物来实现融资的目的。融资租赁具有以下特点。

（1）由承租企业向租赁公司提出设备购买要求。

（2）租赁期较长，接近资产的有效使用期，在租赁期间，双方无权取消合同。

（3）承租人在租赁开始日的最低租赁付款额现值，几乎相当于租赁开始日租赁资产的公允价值。

（4）租赁资产性质特殊，不做较大改造，只有承租人才能使用。

（5）在租赁期满时，租赁资产的所有权按事先约定的方法处理设备，包括退还租赁公司、继续租赁、承租企业留购。

（6）由承租企业负责设备的维修、保养。

4. 融资租赁的程序与形式

1）融资租赁的程序

（1）选择租赁公司，提出委托申请。承租企业决定采用融资租赁的形式获取某项设备时，需要选择资信状况、融资条件和租赁费率较低的租赁公司，提出委托申请，办理融资租赁手续。

（2）签订购货合同。承租企业选定设备之后，由租赁公司与设备供应商进行设备购买协商，并与设备供应商签订购货协议。

（3）签订租赁合同。租赁公司购买设备之后，与承租企业签订设备租赁合同，租赁合同中规定了融资租赁的一般条款和特殊条款。如果设备需要进口，则还应该办理设备进口合同。

（4）交货验收。设备供应厂商将设备运输到指定地点，承租企业办理验收手续，验收合格后，签发交货及验收证书给租赁公司，作为支付货款的凭据。

（5）定期交付租金。承租企业按照签订的租赁合同规定，分期缴纳租金。

（6）合同期满设备处理。承租企业根据合同规定，对设备续租、退租或留购。

2）融资租赁的形式

按设备购置的资金不同及出租人资产的来源不同，融资租赁的形式可分为直接租赁、售后租回和杠杆租赁。

（1）直接租赁。直接租赁是指租赁公司直接将购入的设备租给承租人，直接签订租赁合同并收取租金，这是融资租赁的一般租赁方式。

（2）售后租回。售后租回是指承租企业将购买的设备出售给租赁公司，然后再租回设备并使用。售后租回方式满足了承租企业将设备快速转化成资金的需要，又可以在租赁期内按照每年支付租金的形式获得设备的使用权。

（3）杠杆租赁。杠杆租赁是指租赁公司、承租企业及贷款机构三方构成的一种租赁形式。租赁公司只垫支资产设备所需资金的一部分，其余部分则以该资产为担保向贷款机构借入支付。承租企业有租赁公司及贷款机构双重债务，在租赁公司看来，租赁公司既是资产的出租人，又是贷款的借款人。租赁公司一方面向承租企业收取租金，另一方面又向贷款机构定期偿还贷款。由于租赁收益往往大于借款成本，租赁公司获得财务杠杆收益，这种方式适用于金额较大的设备项目。

5. 融资租赁租金的计算

1）融资租赁租金的构成

（1）租赁设备的购置成本及预计殖值，租赁设备的购置成本及预计残值包括设备买价、运杂费和运输途中保险费、安全调试费、租赁期满后出售可得的市价。如果租赁期届满采用留购方式，应从购置成本中扣除预计名义货价，如果租赁公司收回租赁资产，则需要扣除预计净残值。

（2）租赁期满的利息。租赁期满的利息是指租赁公司为承租企业购置设备融资计算的利息。

（3）租赁手续费及利润。租赁手续费是租赁公司办理租赁设备的营业费用，利润是指租赁公司通过租赁业务所取得的正常利润。

2）融资租赁租金的计算

（1）平摊法。平摊法是指按事先确定的利息和手续费率计算租赁期间的利息和手续费总额，然后与设备成本进行加总，按设备支付次数进行平均的方法。平摊法不考虑资金时间价值。其计算公式为

$$每次支付的租金 = \frac{（设备成本 - 预计净残值）+ 租期内利息 + 租赁手续费}{租期}$$

【例4-2】某旅游公司2020年1月向租赁公司租入一套设备，价值为1 000万元，租赁期为10年，预计净残值为15万元，设备期满后归承租企业，租赁期年利率为10%，租赁手续费率为设备价值的1%，假设租金每年年末支付，求租赁该设备每年支付的租金为多少？

$$租期内利息 = 1\,000 \times （1+10\%）^{10} - 1\,000 = 1\,593.7（万元）$$

$$租赁手续费 = 1\,000 \times 1\% = 10 万元$$

$$每年支付租金 = \frac{1\,000 - 15 + 1\,593.7 + 10}{10} = 258.87（万元）$$

（2）等额年金法。等额年金法是考虑资金的时间价值，利用年金现值的计算方式计算每期支付租金的方法，分为后付租金和先付租金两种方式。

①后付租金。后付租金即每期期末支付租金。这种方法需要通过已知折现率，将净残值按照年金现值折现，购入资产成本与净残值现值之差作为资产现值，计算为

$$A = \frac{P}{（P/A, i, n）}$$

【例4-3】按等额年金法计算例4-2中每期期末支付的租金，若折现率为10%。

$$每年年末支付租金 = \frac{[1\,000 - 15 \times （P/F, 10\%, 10）]}{（P/A, 10\%, 10）} = 161.8（万元）$$

②先付租金。先付租金即每期期初支付租金，即按照先付年金现值计算，计算公式为

$$A = \frac{P}{（P/A, i, n-1）+1}$$

【**例 4-4**】按等额年金法计算例 4-2 中每期期初支付的租金，若折现率为 10%。

$$每期期初支付租金 = \frac{[1\,000-15 \times (P/F,\ 10\%,\ 10)]}{(P/A,\ 10\%,\ 10-1)+1} = 147.1（万元）$$

6. 融资租赁的优缺点

1）融资租赁的优点

（1）可快速获取所需设备。融资与融物相结合，使得企业在缺乏资金的时候，及时通过分期支付租金形式获得所需设备，这种方式可以减缓企业的财务压力。

（2）融资租赁筹资现值条件少。相较发行股票、发行债券、长期借款等筹资方式，现值条件少。

（3）免受设备陈旧、过时的风险。在企业经营过程中，设备的陈旧、过时风险较高，在租赁合同中，往往规定此等风险由租赁公司承担，因此能够降低设备陈旧、过时带来的风险。

2）融资租赁的缺点

资本成本较高，一般融资租赁的企业要支付高额的租金，比银行借款或发行债券所负担的利息都要高，且租金总额通常高于设备价值的 30%，给企业带来较高的成本。

4.3.4　债务性筹资的优缺点

1. 债务性筹资的优点

（1）筹资速度快。与股权筹资方式比，债务筹资不需要经过复杂的审批手续和发行程序。

（2）筹资弹性大。债务性筹资比较灵活，可以控制筹资数量，不需要经过严格的审批，到期还本付息即可。

（3）资本成本负担小。一般地，债务筹资的资本成本低于股权筹资，免去资金的手续费，使得筹资费用较低，利息、租金等用资费用比股权资本付出的成本低，另外其利息是税前支付，具有节税功能，减少成本。

（4）可以利用财务杠杆作用。债权人在企业获得定期支付利息和租金，到期获得本金，不参加企业的剩余收益分配。当企业经营收益高于债务利息率时，会增加普通股股东的每股收益，提高净资产收益率。

（5）稳定公司的控制权。债权人无权参加企业的经营管理，债务性筹资不会改变股东对公司的控制权。

2. 债务性筹资的缺点

（1）不能形成企业稳定的资本基础。债务性筹资有固定的到期日，需要定期还本付息，不能作为企业资本的来源。

（2）财务风险较大。企业面临到期还本付息的压力，若以抵押、质押、担保等方式取得债务，资本使用受到很多限制，要求企业必须有一定的偿债能力，保持资产流动及收益，若不能到期还本付息，面临企业破产的风险。

（3）筹资数额有限。企业选择债务性筹资，要求有一定的资本实力，受到债权人的诸多限制，不能像发行股票筹集到大量资金，无法满足公司大规模筹资需要。

4.4　资金需要量的预测

4.4.1　企业资金筹集的原则

资金筹集是企业生产经营的重要基础，也是企业理财投资的重要手段。企业对资金的筹集管理目标在于寻找、比较和选择对公司筹资条件最有利、筹资成本最低和筹资风险最小的资金来源，主要遵循以下原则。

（1）规模适当。企业需要根据投资战略决策以及生产经营需要，合理确定资金的需求量，充分利用各种筹资工具，努力提高筹资效率，依据科学的资金预测方法，确定筹资的规模。

（2）筹措及时。企业根据资金的需要量，利用综合的筹资方法，合理确定资金的来源和时间，适时取得资金，保证资金投放的需要。

（3）结构合理。企业筹资综合考虑筹资方式的优缺点，优化资本结构，筹资时考虑长期资金和短期资金的关系、内部筹资和外部筹资的灵活运用、股权资金与债务资金对企业的影响。不同的资本结构及其内部结构，对企业的资本成本、财务风险、股权控制、股东财富都有不同影响，从而影响企业的重要决策。

（4）方式经济。企业研究各种筹资方式的资本成本，对比不同筹资方式来源的难易程度以及筹资成本，充分考虑资金的安全性和获利能力，力争以最小的筹资成本，获得最大的投资收益。

（5）合法筹资。企业要遵守国家的法律法规，合法筹措资金。无论直接筹资还是间接筹资，企业都要依据合法手续、程序获得资金。企业的筹资活动是自身的生产经营的重要基础，也影响投资者切身的利益，影响社会经济秩序，企业筹资必须遵循国家法律法规，依法履行相关规定和投资合同约定的责任，有义务依法披露相关信息，维护各方的合法权益。

4.4.2　资金需要量预测方法

企业资金需要量的预测方法包括定性预测法和定量预测法。

1. 定性预测法

定性预测法是根据调查研究所掌握的数据资料，凭借主观经验和知识，对资金需要量作出判断的预测方法，包括德尔菲法和市场调查法。定性预测法是根据经济理论和实际情况进行理性地、逻辑地分析和论证，综合各方意见得出结论。

1）德尔菲法

德尔菲法是通过向财务管理专家进行调查，利用专家的经验和知识，对过去发生的财务活动、财务关系和有关资料进行综合分析，从财务方面对未来经济的发展作出判断的一种方法。德尔菲法采用两步：①由熟悉企业经营情况和财务情况的专家，根据其经验对未来情况进行分析判断，提出资金需要量的初步意见；②通过各种形式，如信函调查、召开座谈会等，在对比同类企业相关情况的基础上，对预测的初步意见加以修改，得出最终预测结果。

2）市场调查法

市场调查法是指以统计抽样为原理，应用简单随机抽样、非随机抽样等技术，采用观测法、询问法、实验法等方法，对市场上从事交易活动的组织、个人、商品和服务以及金融工具等配置资源进行调查的一种方法。抽样的技术包括简单随机抽样、分群抽样、分层抽样、规律性抽样、非随机抽样等。市场调查法主要是通过调查的方式，获得相关信息，对资金需要量进行主观判断。

2. 定量预测法

资金需要量的定量预测法包括因素分析法、销售百分比法和资金习性法。

1）因素分析法

因素分析法是以有关项目基期年度的平均资金需要量为基础，根据预测年度生产经营任务和加速资本周转的要求，进行分析调整预测的一种方法，又称分析调整法。因素分析法计算简单，但预测结果不够精确，若要提高预测准度，需要对决定资本需要量的因素进行分析，确定各种因素对资本需要量之间的关系，从而得到预测结果。运用因素分析法只是对资本需要量进行简单估计，还需要做进一步详细的预测，另外新投资项目的资本需要量应根据情况单独预测。①在基期年度的资本平均占用额基础上，剔除其中不合理占用资金部分。②根据预测期的生产经营任务和加速资本周转的要求进行需要量测算。资本需要量的预测量的计算公式为

$$资金需要量 = （基期资本实际平均占用额 - 不合理资金占用额）$$
$$× （1 ± 预测期销售变动率）× （1 ± 预测期资本周转速度变动率）$$

【例4-5】某旅游公司2023年度资本实际平均占用额为3 000万元，经分析其中不合理的部分为600万元，预计2024年度销售增长5%，资本周转速度加快了2.4%，运用因素分析法预测2024年度资本需要量为多少。

$$资金需要量 = （3 000-600）× （1+5\%）× （1-2.4\%）=2 460（万元）$$

2）销售百分比法

销售百分比法是假设某些资产和负债的数量与销售收入存在固定的百分比关系，根据销售与资产、负债之间的数量比例关系进行预测，确定企业筹资需要量的一种方法。这种方法将资产和负债中随着销售收入的增长而稳定变化的项目称为敏感项目，敏感项目分为敏感资产和敏感负债。依据这些敏感项目对销售收入所发生的固定比例变化而进行预测，继而得到资金需要量。

（1）要确定随销售收入变动而变动的资产和负债项目，即敏感资产和敏感负债。敏感项目包括现金、应收账款、存货、应付账款、应付票据等。值得一提的是敏感项目和非敏感项目不是绝对的，需要根据企业的实际情况做具体分析。如固定资产项目，若企业生产能力未饱和，且产销量的增长未超过固定资产生产能力的限度，则销售收入增加不需要增加固定资产，此时固定资产为非敏感项目。若企业生产能力已饱和，增加销售必须增加固定资产，但固定资产是否与销售收入同步增长，需要深入分析。如果企业固定资产与销售收入同增长，则固定资产列为敏感性资产；若固定资产与销售收入不同时增长，则其为非敏感项目。

（2）根据基期资产负债表，确定敏感资产和敏感负债与销售收入之间的比例关系，即将基期各敏感项目的金额除以基期销售收入，得到敏感项目占销售收入的百分比，简称销售百分比。

（3）确定留存收益的增加数。留存收益是企业内部筹资来源，也是股权筹资

的重要方式，其是从生产经营的净利润中提取出来的，一般地，留存收益增加数计算公式为

留存收益增加数 = 预计销售收入 × 计划销售净利率 ×（1– 股利支付率）

（4）确定需要增加的资金量。如果预测期的非敏感项目不发生变化，则资金需要量与敏感项目的变化有直接关系，依据与销售收入有关的敏感项目，再扣除企业留存收益后，即为企业所需要外部筹集的资金。则计算公式为

$$外部筹资需要量 = \frac{A_1}{S_1} \times \Delta S - \frac{B_1}{S_1} \times \Delta S - S_2 \times P_2 \times E_2$$

式中，A_1 为随销售收入变化的基期敏感性资产；B_1 为随销售收入变化的基期敏感性负债；S_1 为基期销售收入；S_2 为预测期的销售收入；ΔS 为销售收入变动额；P_2 为预测期销售净利率；E_2 为预测期利润留存率。

【例 4–6】某旅游公司 2023 年 12 月 31 日的资产负债表如表 4-2 所示，假定 2023 年该公司销售收入为 30 000 万元，销售净利率为 4%，利润留存率为 30%，2024 年预计销售收入增长 20%，无须追加固定资产投资。试对企业外部资金筹资进行预测。

首先，确定敏感资产与敏感负债，敏感资产包括现金、应收账款、存货，敏感负债包括应付账款、应付票据。根据敏感项目的金额占销售收入的比值，确定销售百分比。表中百分比为 N 表示该项目为非敏感项目，不随销售收入变化而变化。表中现金占销售收入为 5%，表示销售每增加 100 元，需要增加的现金为 5%，从表 4–2 中还可以看出，销售增加的 100 元中，资产需要增加占用 22 元，负债增

表 4-2　某旅游公司资产负债表（2023 年 12 月 31 日）　　单位：万元

资产	金额	销售百分比	负债和所有者权益	金额	销售百分比
现金	1 500	5%	短期借款	1 200	N
应收账款	2 100	7%	应付账款	900	3%
存货	3 000	10%	应付票据	1 500	5%
固定资产	5 500	N	公司债券	2 000	N
			实收资本	4 000	N
			留存收益	2 500	N
资产合计	12 100	22%	负债和所有者权益合计	12 100	8%

加 8 元。两者之差产生了筹资需要，即 14 元。每增加 100 元销售收入，需要额外取得 14 元的资金来源。因此，销售收入增加 20%，需要额外筹集的资金为

资金需要量 =22%×（30 000×20%）-8%×（30 000×20%）=840（万元）

若企业预测期的留存收益是预测期销售收入与净利率、利润留存率的乘积，则最后外部筹集的资金量为

外部资金需要量 =22%×（30 000×20%）-8%×（30 000×20%）

-[30 000×（1+20%）×4%×30%]

=408（万元）

依据上述分析，企业的全部资金需要量为 840 万元，其中需要外部筹集的资金为 408 万元。

3）资金习性法

资金习性法是指根据资金量变动与产销量之间的关系，预测未来资金需要量的一种方法。资金习性法主要运用回归分析的方式，建立线性回归方程，再通过历史数据，建立资金需要量与产销量之间的关系，从而实现预测。企业根据资金与产销量的关系，分为不变资金、可变资金和半变动资金三种。

不变资金是指在产销量的一定范围内，不随产销量变动而变动的那部分资金，即固定不变资金。例如：保持经营业务而占用的最低数额的现金额、原材料的保险储备金、固定资产资金占用等。可变资金是指随产销量变动而同比例变动的资金。例如：最低储备以外的现金、超过保险储备的原材料占用资金、应收账款专用资金等。半变动资金是指随着产销量变动而变动，但不呈同比例变动的那部分资金。例如：一些辅助材料占用资金等。

回归分析是假定资金需要量与产销量之间存在线性关系，建立线性数学模型，根据历史关联数据，采用回归直线方程的方式确定模型参数值，并结合预计的预测期销售量来进行资金需要量估计的方法。假定 Y 为资金需要量，a 为不变资金量，b 为单位产销量所需的变动资金量，X 为产销量，则回归方程为

$$Y=a+bX$$

根据产销量与资金需要量的历史数据，采用以上方程计算参数 a 和 b。计算公式为

$$a=\frac{\sum Y-b\sum X}{n}$$

$$b= \frac{n\sum XY - \sum X \sum Y}{n\sum X^2 - (\sum X)^2}$$

根据历史数据计算求得 $\sum X$、$\sum Y$、$\sum XY$、$\sum X^2$，继而求得 a 和 b。根据回归模型以及预计的未来预测期产销值，计算求得未来预测期的资金需要量。

【例 4-7】某旅游公司 2018 年至 2023 年实际产销量和资金使用量如表 4-3 所示，2024 年预计产销量为 1 600 万件，预计 2024 年的资金需要量。

表 4-3　产销量与资金使用量情况表

年度	产销量 X/ 万件	资金使用量 Y/ 万元
2018	200	2 400
2019	600	3 400
2020	400	2 800
2021	800	3 400
2022	1 200	4 600
2023	1 000	3 800

根据表 4-3 数据，计算求得 $\sum X$、$\sum Y$、$\sum XY$、$\sum X^2$，如表 4-4 所示。

表 4-4　产销量与资金使用量相关计算结果

年份	X	Y	XY	X²
2018	200	2 400	480 000	40 000
2019	600	3 400	2 040 000	360 000
2020	400	2 800	1 120 000	160 000
2021	800	3 400	2 720 000	640 000
2022	1 200	4 600	5 520 000	1 440 000
2023	1 000	3 800	3 800 000	1 000 000
Σ	4 200	20 400	15 680 000	3 640 000

计算求得 a 和 b，即

$$b= \frac{6 \times 15\,680\,000 - 4\,200 \times 20\,400}{6 \times 3\,640\,000 - 4\,200^2} = 2$$

$$a=\frac{20\,400-2\times4\,200}{6}=2\,000$$

因此资金需要量与产销量的回归方程为

$$Y=2\,000+2X$$

若预测期 2024 年的产销量为 1 600 件，则资金需要量为

$$Y=2\,000+2\times1\,600=5\,200（万元）$$

值得注意的是，运用回归分析法，注意资金需要量与产销量之间线性关系的假定要符合实际情况，需要利用连续 3 年以上的历史数据才能计算出参数 a 和 b，还应该考虑价格等因素的变动情况。

本章小结

　　本章介绍了旅游企业筹资管理，企业筹资包括股权资本筹资、债务资本筹资以及混合筹资，股权资本筹资包括吸收直接投资、发行股票、留存收益；债务性资本筹资包括长期借款、发行债券、融资租赁。企业通过科学的资金渠道，综合考虑企业资本结构、筹资资本成本，采取适当的筹资方式，经济、有效地获得企业所需资金。企业需要根据需要科学预测资金需要量，可以采用定性预测和定量预测两种方法，其中，定性预测包括德尔菲法和市场调查法，定量预测法包括因素分析法、销售百分比法和资金习性法。

即测即练

思考题

1. 吸收直接投资的出资方式有哪些？

2. 首次发行股票的条件有哪些？

3. 简述发行股票的程序。

4. 股权筹资方式的优缺点有哪些？

5. 长期借款的保护性条款有哪些？

6. 发行债券筹资方式优缺点有哪些？

7. 2022 年 1 月 1 日，赫宇公司为了响应国家西部陆海新通道战略规划，增加企业投资，欲购买 X 公司债券，其曾于 2021 年 1 月 1 日发行的债券，面值为 1 000 元，5 年期，票面利率为 10%，每年 12 月 31 日付息，到期还本，目前市价为 1 105 元，若投资人要求的必要收益率为 5%，则此时 X 公司债券的价值为多少？是否应该购买？

8. 融资租赁的分类有哪些？

9. 筹集资金的原则有哪些？

10. 资金需要量的定量预测方法有哪些？

11. 资金习性预测法的原理是什么？

12. 某公司计划于 2024 年年初融资租入一台无须安装的设备扩大生产规模，购置成本为 100 万元，使用寿命 5 年，租期为 5 年，租赁合同规定的利率为 5%，租赁手续费为 10 万元（于 2024 年初一次付清，分期摊销抵税）。使用该设备每年发生 10 000 元的维护保养费。折旧期与使用期一致，采用直线法计提折旧，期满无残值，有两个方案可供选择：方案一：在 5 年内每年年初等额支付租金；方案二：在 5 年内每年年末等额支付租金。假设投资人要求的必要报酬率为 6%，企业适用的所得税税率为 30%。要求：比较两个方案的税后现金流出量现值，作出合理的添置生产线决策（租金的计算保留两位小数）。

第 5 章 资本成本和资本结构决策

🔍 **学习目标**

（1）了解资本成本、资本结构相关概念和作用。

（2）熟悉资本结构决策的基本方法。

（3）掌握各种资本成本率的计算方法。

（4）掌握经营杠杆、财务杠杆、联合杠杆的含义及其计算方法。

🔍 **能力目标**

（1）了解资本结构理论的研究思想。

（2）熟悉资本结构决策的方法。

（3）掌握资本成本在实际工作中的运用。

（4）掌握营业杠杆、财务杠杆、联合杠杆在资本结构决策时的运用。

🔍 **思政目标**

（1）学生能够在扎实掌握理论的基础上展开实践活动，明确理论指导实践具有重要意义。

（2）敢于持有怀疑态度、勇于创新，认识到提出问题并解决问题是理论和实践进步的必经之路。

思维导图

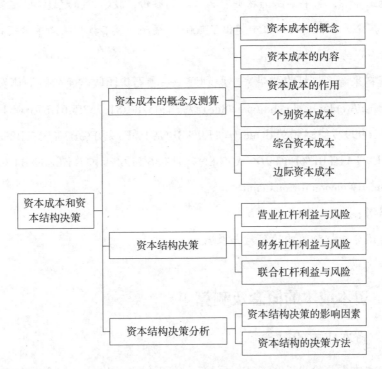

导入案例

黑石集团的投资逆袭

全世界体量最大的私募基金集团——黑石集团（又称佰世通）在 2007 年 6 月利用 60 亿基金和 200 亿美元贷款的杠杆将希尔顿酒店集团成功溢价收购，收购价格为每股 47.5 美元，比希尔顿的收盘价高出 40%。

但是就在收购过去不久，一场席卷全球的金融危机慢慢笼罩了过来。经专业人士评估，在金融危机期间，希尔顿酒店集团的市场价值已然蒸发了 60 亿美元，也就是说，黑石的 60 亿基金投资已经全部石沉大海，只剩下 200 亿美元的债务投资。

黑石集团在接下来的几年中运用自身优势与财务运作方法处理了超出 40 亿美元的债务。这些处理方法包括债券回购重组、将债券转换为优先股等。在黑石集团的不懈努力之下，希尔顿酒店集团的经营情况和财务情况有了很大改善。2013 年 12 月 12 日，希尔顿酒店集团以每股 20 美元的价格成功在纽约证券交易所上市，筹集资金 23 亿美元，创下了美国资本市场融资金额第二大的 IPO（首次公开募股）记录，同时也成为历史上最大规模的酒店类企业融资上市。

随着希尔顿酒店集团顺利上市，黑石集团成为最大赢家，在将希尔顿酒店集团成功推进上市后，黑石集团仍然拥有其 76% 的股份，股票价值超过 140 亿美元。若按此计算，黑石此次投资的回报率超出了 200%。届时，黑石杠杆收购希尔顿的投资经历也在投资界成为一段佳话。

资料来源：杠杆收购带来丰厚利润——黑石集团收购希尔顿酒店案例分析 [EB/OL]. https://wenku.baidu.com/view/8de1a792bad528ea81c758f5f61fb7360b4c2b91.html?_wkts_=1699927138450&bdQuery=%E9%BB%91%E7%9F%B3%E5%B8%8C%E5%B0%94%E9%A1%BF%E6%9D%A0%E6%9D%86%E6%94%B6%E8%B4%AD%E6%A1%88&needWelcomeRecommand=1.

思考：

尝试分析杠杆收购的风险与收益。

5.1　资本成本的概念及测算

5.1.1　资本成本的概念

资本成本是企业为筹集和占用资金需要付出的代价，如企业向银行支付的借款利息以及向股东支付的股利等。本书讨论的是狭义资本成本，包括股权资本成本和长期债务资本成本。

5.1.2　资本成本的内容

资本成本从绝对量的构成来看，分为筹集资金所花费的资金筹集费用与使用资金进行生产、投资等企业经营活动的资金占用费用。

资金筹集费用，也称为筹资费用，是指企业在进行筹资活动时，为了取得资金使用权利所支付的各项费用，如银行借款手续费、发行手续费、律师费等。从费用支付频率来看，筹资费用通常在筹集资金时一次性付清。所以在资本成本当中这部分费用属于固定性费用，在计算资本成本时这部分费用作为筹资总额的扣除项。

资金占用费用，也称为用资费用，是指企业为生产经营或对外投资活动使用资金而需要承担的长期费用，如向债权人支付的利息、向股东支付的利息等。从费用支付频率来看，用资费用的支付是具有连续性的。占用资金的数量与占用时间的长短都会对用资费用的数额产生影响，所以在计算资本成本时，这部分费用属于变动成本。

5.1.3　资本成本的作用

资本成本是企业进行筹资活动时筹资策划者所要考虑的重要因素。资本成本在企业筹资管理、投资管理以及经营管理工作当中都发挥着极其重要的作用。

1. 资本成本在筹资管理方面的作用

资本成本是企业选择资金来源、拟定企业资本结构以及选定追加筹资方案的依据。

（1）个别资本成本是企业选择筹资方式的依据。企业筹集长期资本的方式有很多种，其中包括向银行借款、发行债券、发行股票等。这些筹集方式的个别资本成本不尽相同，可以在企业选择筹资方式时提供决策依据。

（2）综合资本成本是企业拟定资本结构的依据。企业通过每次的筹资活动，最终形成的长期资本组合就是企业的资本结构。资本结构会影响企业价值的实现，那么企业究竟维持怎样的资本结构是最合理的呢？综合资本成本率可以帮助企业确定合理资本结构决策。

（3）边际资本成本是比较以及选择追加筹资方案的依据。随着企业的发展壮大，初始筹集的资金已无法支撑其业务规模，此时企业需要进行追加筹资。这时不同的追加筹资方案，其边际资本成本率是不同的，边际资本成本率可以为选择追加筹资方案提供依据。

2. 资本成本在投资管理方面的作用

企业筹集到资金后，将运用这些资金进行投资活动，以此来获取收益。当企业进行投资活动时，会将已经选定的投资项目的投资收益率与用于投资活动资金的资本成本率进行比较，如果投资收益率大于资本成本率，即证明该项目有利可图；反之，对该项目进行投资可能会发生亏损。

3. 企业在经营管理方面的作用

企业在取得筹资额后，可能会将其中的一部分投入日常经营当中。若将其视为一项投资活动，可以将日常经营所产生的利润率与投入资金的资本成本率进行比较。若利润率大于资本成本率，那么认为该企业经营得当，业绩尚佳；反之则有理由认为该企业经营不善。

资本成本在筹资管理实际工作中的运用具体分为个别筹资方式的选择、整体筹资方案的选择以及追加筹资方案的选择，这三项工作的决策依据分别为个别资本成本、综合资本成本和边际资本成本。为结合实际工作需要，本节按照个别资本成本、综合资本成本和边际资本成本的顺序对其概念与计算方法进行说明。

5.1.4 个别资本成本

个别资本成本是指企业通过单一筹资方式进行筹资活动所付出的代价。个别资本成本可根据筹集资本权属分为长期债务资本成本与股权资本成本。

1. 个别资本成本率的测算原理

在分别学习债务资本成本与股权资本成本相关概念及计算之前，需要明确个别资本成本率测算原理以及个别资本成本率的基本测算公式。

个别资本成本率可以表示为用资费用除以有效筹资额，由于筹资费用是在筹资时一次性支付的，通常作为筹资额的抵减项，因此，有效筹资额就是筹资额减去所发生的筹资费用。

个别资本成本率的测算公式为

$$K=\frac{D}{P-f}$$

或

$$K=\frac{D}{P\cdot(1-F)}=\frac{D}{P\left(1-\frac{f}{P}\right)}$$

式中，K 为个别资本成本率，以百分数形式体现；D 为用资费用；P 为筹资总额；f 为筹资费用；F 为筹资费用率。

由此可知，筹资费用、用资费用和筹资总额是决定个别资本成本率的关键因素。

2. 长期债务资本成本

长期债务资本成本包括长期借款资本成本和长期债券资本成本。这两种分别对应企业所进行的长期借款业务与发行长期债券的业务。根据我国企业所得税法的规定，企业债务利息允许从税前扣除，进而可以起到抵免所得税的作用。也正因这项税法规定，在计算企业债务资本成本率时，应当将利息抵税的因素考虑进来。

$$K_1=R_d(1-T)$$

式中，K_1 为债务资本成本率，也称税后债务资本成本率；R_d 为税前债务资本成本；T 为企业所得税税率。

1）长期借款资本成本率

长期借款资本成本率的计算公式为

$$K_1 = \frac{I_1(1-T)}{L(1-F_L)}$$

式中，K_1 为长期借款资本成本率；I_1 为长期借款年利息额；T 为所得税税率；L 为筹资额，也就是通过长期借款方式筹集到的资金总额；F_L 为长期借款筹资费用率，即借款手续费率。在该公式中，分子部分为

$$I_1(1-T)$$

该部分表达的是扣除所得税后的长期借款年利息额，也即用资费用；分母部分为

$$L(1-F_L)$$

该部分表达的是通过长期借款方式筹集来的资金总额扣除资金筹集费用部分后所剩下的部分，也就是通过长期借款方式筹集来的筹资净额，也称为有效筹资额。那么，两者之间的比值即为每一元通过长期借款方式筹集来的筹资净额所负担的年利息额。

【例 5-1】ABC 旅游股份有限公司向 AAA 银行股份有限公司 B 支行借入一笔期限 4 年、年利率 10%、金额为 800 万元的长期借款，付息频率为每年一次，到期归还本金。假设该笔借款的筹资费率为 0.5%，所得税税率为 30%，则该笔长期借款的成本是多少？

$$K_1 = \frac{800 \times 10\% \times (1-30\%)}{800 \times (1-0.5\%)} = 7.04\%$$

在实际工作当中，当长期借款筹资总额足够大时，筹资费用可以忽略不计。此时，长期借款资本成本率的计算公式为

$$K_1 = \frac{I_1(1-T)}{L} = \frac{I_1}{L} \times (1-T)$$

式中，I_1 为长期借款年利息额；T 为所得税税率；L 为筹资额，也就是通过长期借款方式筹集到的资金总额；$\dfrac{I_1}{L}$ 为长期借款利息率。

【例 5-2】根据例 5-1 的条件，在不考虑筹资费用率的情况下，该笔长期借款的成本率是多少？

$$K_1 = 10\% \times （1-30\%）=7\%$$

企业向银行签订长期借款合同时，银行通常会在合同中附加补偿性余额条款（通常占比 10%~20%）；这种条款要求企业在其承诺期内在借款银行存放一定数量的存款，作为银行借款保障。企业应将其视作一种资本成本，计入长期借款资本成本率当中。

合同中存在补偿性余额时，应当将补偿性余额作为筹资额的抵减项进行处理。此时，长期借款资本成本率的计算公式为

$$K_1 = \frac{I_1（1-T）}{L（1-i）}$$

式中，i 为补偿性余额在筹资净额当中所占百分比；其他符号意义同前。

【例5-3】ABC 旅游有限公司向光大银行借入 5 000 万元的长期借款，年利率为 10%，期限为 5 年，付息频率为每年一次，到期一次归还本金，所得税税率为 20%，银行要求保留 10% 的补偿性余额。求该笔长期借款成本率。

$$K_1 = \frac{5\ 000 \times 10\% \times （1-20\%）}{5\ 000 \times （1-10\%）} = 8.89\%$$

在实际工作当中，企业会遇到借款 1 年内结息多次的情况，此时的借款实际利率也会高于其名义利率，从而使得资本成本率上升。

此种情况下，长期借款资本成本率计算公式为

$$K_1 = \left[（1+\frac{R_1}{M}）^M-1\right]（1-T）$$

式中，M 表示 1 年内的结息次数；其他符号意义同前。

【例5-4】ABC 旅游股份有限公司向天弘中证银行借入为期 5 年、金额 800 万元的长期借款，年利率为 10%，半年付息一次，到期一次还本，所得税税率为 20%，则该笔业务的资本成本率是多少？

$$K_1 = \left[（1+\frac{10\%}{2}）^2-1\right] \times （1-20\%）=8.2\%$$

2）长期债券资本成本率

长期债券资本成本当中的利息费用在所得税之前向债务人支付，因此在计算长期债券资本成本率时也应当将抵减所得税这一因素考虑进来。此外，因发行债券时企业所需支付的一系列费用较高，如申请费、注册费、印刷费、上市费用以

及宣传费等，所以相比长期借款资本成本率的计算，在计算长期债券资本成本率时，其筹集资金费用不能忽略。

不考虑货币时间价值时，长期债券资本成本率计算公式为

$$K_B = \frac{I_B(1-T)}{B(1-F_B)}$$

式中，K_B 为长期债券资本成本率；I_B 为债券所规定的年利息额；B 为债券实际发行价格；F_B 为债券筹资费用率；T 为所得税税率。

【例 5-5】 ABC 旅游股份有限公司准备平价发行一种面值为 100 元、期限为 5 年、票面利率为 8% 的债券，每年结息一次；发行费用为发行价格的 3%；公司所得税税率为 30%，则该债券的资本成本率为多少？

$$K_B = \frac{100 \times 8\% \times (1-30\%)}{100 \times (1-3\%)} = 5.77\%$$

考虑货币时间价值时，长期债券资本成本率的计算分为两步。

第一步：计算税前资本成本率 R_B。

$$P_0 = \sum_{t=1}^{n} \frac{I}{(1+R_B)^t} + \frac{P_n}{(1+R_B)^n}$$

式中，P_0 为债券筹资净额，代表的是实际发行价格扣除发行费用后的净额；I 为债券年利息额；P_n 为债券面值或到期价值；R_B 为债权投资的必要报酬率，即税前资本成本率；t 为债券付息期数；n 为债券的期限。

第二步：计算税后资本成本率 K_B。

$$K_B = R_B(1-T)$$

3. 股权资本成本

股权资本成本按照企业股权构成分为优先股资本成本和普通股资本成本以及留用利润资本成本。根据所得税法规定，企业应以税后利润向股东派发股利，由此可知在计算股权资本成本时无须考虑所得税因素。

1）优先股资本成本率

优先股具有固定的利率，支付固定的股利，其资金筹集费用较多，这两点与长期债券相同。其不同点在于，当企业发生破产时，优先股股东的求偿权位于债权人之后，由此可知，优先股股东所承担的风险要大于债权人，从而优先股的利率在一般情况下高于债券利息率。从筹资企业的角度来看，优先股资本成本率要

高于长期债券资本成本率。优先股资本成本率的计算公式为

$$K_P = \frac{D}{P_0(1-f)}$$

式中，K_P 为优先股资本成本率；D 为优先股每年派发的股利；P_0 为发行优先股总额，即优先股筹资总额；f 为优先股筹资费用率。

该公式中分子为优先股每年派发的股利，即用资费用，分母为优先股筹资净额，也即有效筹资额。两者之比代表的是每一元优先股筹资净额所负担的优先股股利有多少，即每筹集一元优先股资本所要付出的代价有多少。相较于长期债务资本成本率的计算公式，优先股资本成本率的计算无须考虑所得税因素。

【例 5-6】ABC 旅游股份有限公司拟发行一批优先股，每股发行价格为 111 元，筹资费用率为 10%，每股年股息为 10 元，计算该批优先股的资本成本率。

$$K_P = \frac{10}{111 \times (1-10\%)} = 10\%$$

2）普通股资本成本

相较于前三种资本成本率的计算，普通股资本率的确定比较困难。其困难之处体现在，普通股股利不是一个常量，而是一个变量。它受到企业盈利额、股利政策等多种因素的影响。普通股股东每年所收到的股利可能是不同的，这一现象的发生使得在进行普通股资本成本计算时难以保障其精确性。

普通股资本成本率的计算方式通常有三种，分别为股利折现模型、资本资产定价模型以及债券投资报酬率加股票投资风险报酬率。

（1）股利折现模型。股利折现模型的基本公式为

$$P_c = \sum_{t=1}^{\infty} \frac{D_t}{(1+K_c)^t}$$

式中，P_c 为普通股筹资净额，即发行价格扣除发行费用后的余额；D_t 为普通股在第 t 年所派发的股利；K_c 为普通股的资本成本率也是普通股股东所要求的必要报酬率。

该公式所表达的是将每一年所支付给普通股股东的股利按照资本成本率进行折现后的合计总额，即股票的内在价值，表现为普通股的筹资净额。在不同的股利政策下，普通股的价值不同，在计算普通股资本成本率时，其结果也会有所不同。

①固定股利模型。若企业实行股利固定的政策，即每年派发的股利是一个常数 D，则其资本成本率与优先股的计算方式相同，普通股资本成本率公式为

$$K_c = \frac{D}{P_c} \times 100\%$$

式中，符号意义同前。

【例 5-7】ABC 旅游股份有限公司拟发行一批普通股，发行价格为 16 元每股，每股发行费用为 1 元，预定每年分派现金股利为每股 1.5 元，则该股票资本成本率为多少？

$$K_c = \frac{1.5}{16-1} \times 100\% = 10\%$$

②固定增长股利模型。固定增长股利模型基于股利增长率为固定值的假设，即企业每年派发的股利以一个固定增长率 g 逐年增长。根据这一假设，普通股资本成本率的计算公式为

$$K_c = \frac{D_1}{P_c} + g$$

式中，D_1 为第一年的普通股股利；g 为股利增长率；其他符号意义同前。

【例 5-8】ABC 旅游股份有限公司拟发行一批普通股，发行价格为 16 元每股，每股发行费用为 1 元，预定第 1 年分派现金股利为每股 1.6 元，以后每年股利稳定增长 3%，则该股票资本成本率为多少？

$$K_c = \frac{1.6}{16-1} \times 100\% + 3\% = 13.67\%$$

（2）资本资产定价模型。运用资本资产定价模型来计算普通股资本成本率是站在投资者角度来进行的，站在投资者角度，其所要求的必要报酬率也就是筹资方所付出的资本成本率，那么投资者在进行投资时往往会考虑无风险利率与风险利率这两个因素。基于这个观点，普通股资本成本率的公式为

$$K_c = R_f + \beta_I (R_m - R_f)$$

式中，K_c 为股东普通股投资的必要报酬率，即普通股资本成本率；R_f 为无风险利率；R_m 为市场风险利率；β_I 为第 i 种股票的贝塔系数。

【例 5-9】ABC 旅游股份有限公司发行一批普通股，该股票 β 系数为 1.3，市场报酬率为 12%，无风险报酬率为 4%，则该股票的资本成本率为多少？

$$K_c = 4\% + 1.3 \times (12\% - 4\%) = 14.4\%$$

（3）债券投资报酬率加股票投资风险报酬率。该种计算方式同样也是站在投资者角度来看待筹资方普通股资本成本率的。在投资者眼中，股东的资产求偿权

在债权人之后，股东承担的风险要大于债权人。在此前提下，股票投资的必要报酬率可以用债券投资报酬率加股票投资所产生的额外风险报酬率来表达。

【例5-10】ABC旅游股份有限公司已发行的债券的投资收益率为6%，准备发行一批普通股，该股票投资收益率高于债券投资收益率4%，则该批股票的必要报酬率即该股票资本成本率为多少？

$$6\%+4\%=10\%$$

3）留用利润资本成本

留用利润是企业税后净利润所形成的，它属于股权资本。从形式上看，它属于企业的一种备用资本，这部分资本是普通股股东出于为企业经营保驾护航的意愿而自愿将其留在企业内部，以备其不时之需。那么此时，留用利润是有资本成本的，它的成本即是股东们放弃运用留用利润进行投资的机会成本。

通常留用利润的资本成本测算方式与普通股的计算方式相似，但区别在于留用利润不需要考虑筹资费用，因为留用利润不需要筹集，不产生筹资费用，可以直接使用。

5.1.5　综合资本成本

综合资本成本是指企业采用多种筹资方式进行筹资时所付出的整体代价。企业在进行筹资活动时，会根据需求采用多种方式展开筹资，而每种筹资方式的个别资本率各有不同，并且每种筹资方式所筹集到的金额在全部筹集的资金中所占的比重又不相同。综合资本成本，就是将企业全部筹集到的资金汇总到一起，根据它们各自的个别资本成本率和占资本总额的权重，来计算它们的加权平均资本成本。

综合资本成本率的计算原理为，以每种筹资方式所筹集到的资金占全部资本的比例为权数，对各种不同筹资方式的资本成本率进行加权平均计算，所得出的结果即为该筹资方案的综合资本成本率。

根据综合资本成本率计算原理可知，其计算公式为

$$K_w=K_lW_l+K_bW_b+K_pW_p+K_cW_c+K_dW_d$$

式中，K_w 为筹资方案 W 的综合资本成本率；K_l 为筹资项目 l 的个别资本成本率；W_l 为筹资项目 l 在筹资方案 W 当中所占比例；K_b 为筹资项目 b 的个别资本成本率；W_b 为筹资项目 b 在筹资方案 W 当中所占比例，其他符号以此类推。

【例 5-11】ABC 旅游股份有限公司共有资金 1 000 万元，其中长期借款 200 万元，长期债券 200 万元，优先股 100 万元，普通股 300 万元，留用利润 200 万元，其资本成本率分别为 4%、6.5%、10%、14%、13%，该公司的综合资本成本率为多少？

第一步，计算个别资本的比例。

$$长期借款资本比例 = \frac{200}{1\ 000} = 0.2$$

$$长期债券资本比例 = \frac{200}{1\ 000} = 0.2$$

$$优先股资本比例 = \frac{100}{1\ 000} = 0.1$$

$$普通股资本比例 = \frac{300}{1\ 000} = 0.3$$

$$留用利润资本比例 = \frac{200}{1\ 000} = 0.2$$

第二步，计算综合资本成本率。

$$K_w = 4\% \times 0.2 + 6.5\% \times 0.2 + 10\% \times 0.1 + 14\% \times 0.3 + 13\% \times 0.2 = 9.9\%$$

5.1.6　边际资本成本

边际资本成本是指企业在进行追加筹资时所付出的代价，每一元筹资额所负担的边际资本成本即为边际成本率。

1. 边际资本成本率

在现实工作当中，有可能会出现一种情况，即当企业采用某种单一方式进行筹资时，筹资额超出一定范围后，其边际资本成本率会有所上升。此时，即便公司依旧按照原有资本结构进行筹资，其综合资本成本率也会上升。由于此种情况，边际资本成本率也被叫作随筹资数额增加而上升的加权资本成本率。

企业在进行追加筹资活动时，通常会因为其筹资数额过大而无法通过某一种筹资方式来满足其所要筹集资金的数量，此时企业经营者会通过拟定多个包含各种筹资项目在内的筹资方案来实现其筹资目标，此时边际资本成本便带有综合属性，应当按照加权平均法来进行计算。

边际资本成本率与综合资本成本率所采用的计算方法是相同的，都是以加权平均的方法来进行计算的。两者最大的区别在于计算的对象不同，边际资本成本率的计算对象仅仅是追加筹资的那一部分资金，但综合资本成本的计算对象却是企业的全部资本。

【例 5-12】ABC 旅游股份有限公司共有资金 1 000 万元，该公司的目标资本比例为：长期借款 10%，长期债券 10%，优先股 5%，普通股 40%，留用利润 35%。现经公司管理层决定，追加筹资 500 万元，并依旧按照原有资本结构进行筹资。经过财务人员测算，长期借款资本成本率为 6%，长期债券资本成本率为 8%，优先股资本成本为 10%，普通股资本成本率为 14%，留用利润资本成本率为 13%。ABC 旅游股份有限公司追加筹资的边际资本成本率测算表如表 5-1 所示。

边际资本成本率 =0.6%+0.8%+0.5%+5.6%+4.55%=12.05%

表 5-1   ABC 旅游股份有限公司边际资本成本率测算表

资本种类	目标资本比例 /%	资本价值 / 万元	个别资本成本率 /%	边际资本成本率 /%
长期借款	10	50	6	0.6
长期债券	10	50	8	0.8
优先股	5	25	10	0.5
普通股	40	200	14	5.6
留用利润	35	175	13	4.55

2. 边际资本成本率规划

企业在进行追加筹资活动时，通常伴有一定目的性，而其筹资目的随着企业经营状况的变动也会时常发生变化。所以在企业打算进行追加筹资活动之前，企业经营者会针对不同规模的筹资组合测算其边际资本成本率，以保证追加筹资活动的有效性与及时性。

【例 5-13】ABC 旅游股份有限公司共有资金 1 000 万元，其资本结构为：长期借款占比 10%，长期债券占比 10%，优先股占比 5%，普通股占比 40%，留用利润占比 35%。现因公司新项目需追加投资，公司准备筹措新资，经财务人员分析测算后，公司准备按现有资本结构进行筹资。但因资金需求量尚不明确，经营者要求财务人员根据资本成本率随企业资金需求量的变动情况，测算不同资金需求量下的边际资本成本率。ABC 旅游股份有限公司各种资本的成本率随资金需求量变动的情况见表 5-2。

表 5–2　ABC 旅游股份有限公司追加筹资测算资料表

资本种类	目标资本结构 /%	追加筹资金额变动范围 / 万元	个别资本成本率 /%
长期借款	10	30 以内（包含 30） 30 以外	6 7
长期债券	10	40 以内 40 以外	8 9
优先股	5	10 以内 10 以外	8.5 10
普通股	40	120 以内 120 以外	14 16
留用利润	35	70 以内 70 以外	13 15

在明确各个资本的成本率随筹资额变化的变动情况后，财务人员需测算公司筹资总额的分界点，其公式为

$$筹资突破点 = \frac{某种资本的成本率发生变化的筹资额分界点}{某资本在目标资本结构当中所占权重}$$

ABC 旅游股份有限公司追加筹资总额分界点测算结果见表 5–3。

表 5–3　ABC 旅游股份有限公司筹资总额范围变动表

资本种类	个别资本成本率 /%	个别资本筹资范围 / 万元	筹资总额分界点 / 万元	筹资总额范围 / 万元
长期借款	6 7	30 以内（包含 30） 30 以外	300	300 以内 300 以外
长期债券	8 9	40 以内 40 以外	400	400 以内 400 以外
优先股	8.5 10	10 以内 10 以外	200	200 以内 200 以外
普通股	14 16	120 以内 120 以外	300	300 以内 300 以外
留用利润	13 15	70 以内 70 以外	200	200 以内 200 以外

由表 5–3 可知，公司筹集资金范围可分为 200 万元以内、200 万元以上 300 万元以下、300 万元以上 400 万元以下、400 万元以上四个筹资总额范围。对这四个

筹资总额范围分别测算其加权资本成本率，即可得到各种筹资总额范围的边际资本成本率，如表 5-4 所示。

表 5-4   ABC 旅游股份有限公司边际资本成本率规划表

序号	筹资总额范围/万元	资本种类	个别资本成本率/%	资本结构/%	边际资本成本率/%	综合资本成本率/%
1	200 以内	长期借款	6	10	0.6	11.93
		长期债券	8	10	0.8	
		优先股	8.5	5	0.425	
		普通股	14	40	5.6	
		留用利润	13	35	4.5	
2	200~300	长期借款	6	10	0.6	12.75
		长期债券	8	10	0.8	
		优先股	10	5	0.5	
		普通股	14	40	5.6	
		留用利润	15	35	5.25	
3	300~400	长期借款	7	10	0.7	13.65
		长期债券	8	10	0.8	
		优先股	10	5	0.5	
		普通股	16	40	6.4	
		留用利润	15	35	5.25	
4	400 以上	长期借款	7	10	0.7	13.75
		长期债券	9	10	0.9	
		优先股	10	5	0.5	
		普通股	16	40	6.4	
		留用利润	15	35	5.25	

5.2   资本结构决策

企业资本结构的决策离不开对杠杆利益与风险的衡量。因此，为能作出合理规划，本节将研究分析营业杠杆利益与风险、财务杠杆利益与风险，以及这两种杠杆利益与风险的结合——联合杠杆利益与风险。

5.2.1   营业杠杆利益与风险

学习掌握营业杠杆利益与风险的分析，能够更好地发挥营业杠杆的作用，给企业带来更多的收益。

1. 营业杠杆原理

从营业杠杆原理入手，有助于为后续的营业杠杆的测算和利用奠定良好的基础。

1）营业杠杆的概念

营业杠杆也叫作经营杠杆或营运杠杆，是指由于企业经营成本中固定成本的存在而导致息税前利润变动率大于营业收入变动率的现象。其中，企业的经营成本是指企业所销售商品或者提供劳务的成本，包括营业成本、税金及附加和一部分期间费用等。企业经营成本可以细分为两种成本：①固定成本，即在一定的时期和业务量范围内，成本总额不受业务量增减变动的影响而能保持相对不变的成本，包括固定资产的折旧费等。②变动成本，即支付给各种变动生产要素的费用，当营业收入发生变化时，其会随之发生变动，包括购买原材料的费用、支付给工人的工资等。企业在生产经营过程中为了实现增加利润的企业目标，根据经营成本中固定成本的性质，通常会利用扩大营业收入总额的方式来达到降低每单位营业收入所需承担的固定成本的目的，营业杠杆就由此产生。如果企业营业杠杆利用得好，可能会给企业带来营业杠杆利益；相反，如果企业营业杠杆利用得不够妥当，也可能会给企业带来营业风险。

2）营业杠杆利益分析

营业杠杆利益是指在企业营业收入总额增加的条件下，由于单位营业收入所需要承担的固定成本下降而给企业增加的息税前利润（EBIT）。其中，息税前利润是指企业支付利息和所得税之前的利润水平。在一定的时期和业务量范围内，当企业的营业收入总额发生变动时，经营成本中的变动成本会随之发生变动，与变动成本不同的是，固定成本不仅不会因营业收入的增加而增加，反而会因为其不变的特质，降低单位营业收入所负担的固定成本，由此便产生了营业杠杆利益。

【例 5-14】AAA 旅游公司 20×0、20×1、20×2 三年的营业收入总额分别为 4 000 万元、4 400 万元和 5 000 万元，固定成本总额为 1 000 万元／年，变动成本率为 50%。现测算其营业杠杆利益（表 5-5）。

经过测算，AAA 旅游公司无论是 20×1 年与 20×0 年相比，还是 20×2 年与 20×1 年相比，息税前利润增长率均大于同期营业收入总额增长率，即当 AAA 旅游公司 3 年中的营业收入总额分别为 4 000 万元、4 400 万元和 5 000 万元且固定成

表 5-5   AAA 旅游公司营业杠杆利益测算表

年份	营业收入总额 / 万元	营业收入总额增长率 /%	变动成本 / 万元	固定成本 / 万元	息税前利润 / 万元	息税前利润增长率 /%
20×0	4 000		2 000	1 000	1 000	
20×1	4 400	10	2 200	1 000	1 200	20
20×2	5 000	14	2 500	1 000	1 500	25

本总额为 1 000 万元 / 年时，随着营业收入总额的增长，息税前利润以更快的速度增长。这就表明 AAA 旅游公司充分发挥了营业杠杆的作用，为公司获得了较高的营业杠杆利益。

在分析了同一公司不同时期的营业杠杆后，我们再对拥有不同营业杠杆的 3 家旅游公司进行比较分析。其中 X 旅游公司的变动成本小于其固定成本，Y 旅游公司的变动成本大于其固定成本，Z 旅游公司的固定成本是 X 公司固定成本的 2 倍。现测算 X、Y、Z 三个旅游公司的营业杠杆利益，如表 5-6 所示。

表 5-6   X、Y、Z 旅游公司营业杠杆利益测算表

项目	X 公司	Y 公司	Z 公司
营业收入总额变动前：			
营业收入总额	20 000	22 000	30 000
经营成本：			
固定成本	8 000	3 000	16 000
变动成本	3 000	8 000	4 000
息税前利润	9 000	11 000	10 000
下年度营业收入总额增长 50% 后：			
营业收入总额	30 000	33 000	45 000
经营成本：			
固定成本	8 000	3 000	16 000
变动成本	4 500	12 000	6 000
息税前利润	17 500	18 000	23 000
息税前利润增长率	94.4%	63.6%	130%

通过表 5-6，我们能看出营业杠杆对息税前利润的影响。虽然 X、Y、Z 3 家旅游公司下年度营业收入总额均增长了 50%，但由于每家的营业杠杆各不相同，

即固定成本比例不同，导致息税前利润的增长率不等。其中，Z 公司最高，为
130%；X 公司次之，为 94.4%；Y 公司最低，为 63.6%。

3）营业风险分析

营业风险也叫作经营风险，是指与企业经营有关的风险，尤其是指企业在经营活动中由于利用营业杠杆而导致息税前利润下降的风险。在营业杠杆的作用下，当营业收入总额下降时，息税前利润下降得更快，从而给企业带来营业风险。它是公司全部营业风险的一个重要组成部分。

影响营业风险的因素有很多，这些因素波动得越剧烈，公司可能要面临更大的风险、承担更多的损失；若这些因素较为稳定，公司面临的风险和损失就会相对较小，这些影响因素包括产品需求、售价等。那么为了能够更好地把控风险、减少损失，公司需要预先掌握内外部变动信息，了解相关变动因素可能产生的影响程度，从而对销售政策或成本管控等作出相应的调整以应对风险。

【例 5-15】AAA 旅游公司 20×0、20×1、20×2 三年的营业收入总额分别为
5 000 万元、4 400 万元和 4 000 万元，固定成本总额为 1 000 万元/年，变动成本率为 50%。现测算其营业风险，如表 5-7 所示。

表 5-7 AAA 旅游公司营业风险测算表

年份	营业收入总额/万元	营业收入总额降低率/%	变动成本/万元	固定成本/万元	息税前利润/万元	息税前利润降低率/%
20×0	5 000		2 500	1 000	1 500	
20×1	4 400	12	2 200	1 000	1 200	20
20×2	4 000	9	2 000	1 000	1 000	17

经过测算，AAA 旅游公司无论是 20×1 年与 20×0 年相比，还是 20×2 年与 20×1 年相比，息税前利润降低率均大于同期营业收入总额降低率，即当 AAA 旅游公司三年中的营业收入总额分别为 5 000 万元、4 400 万元和 4 000 万元且固定成本总额为 1 000 万元/年时，随着营业收入总额的下降，息税前利润下降得更快，即息税前利润的降低幅度均大于营业收入总额的降低幅度。这就表明 AAA 旅游公司没有有效地利用营业杠杆，反而产生了营业风险。

2. 营业杠杆系数的测算

营业杠杆系数（degree of operation leverage，DOL）是指在产销量平衡的假设下，

息税前利润变动率相对于销售量（或销售收入）变动率的倍数。对于所有企业来讲，经营成本中固定成本的存在意味着企业存在营业杠杆且始终发挥着作用，但是不同企业有不同的杠杆效应，甚至同一企业在销售规模不同的时期所产生的营业杠杆效应也是有区别的。因此，需要通过对营业杠杆系数进行测算，从而较为准确地衡量营业杠杆效应，更好地识别营业杠杆利益和营业风险。其测算公式为

$$DOL = \frac{\Delta EBIT/EBIT}{\Delta S/S}$$

或

$$DOL = \frac{\Delta EBIT/EBIT}{\Delta Q/Q}$$

式中，DOL 为营业杠杆系数；EBIT 为营业利润，即息税前利润；$\Delta EBIT$ 为营业利润的变动额；S 为营业收入；ΔS 为营业收入的变动额；Q 为销售数量；ΔQ 为销售数量的变动额。

为了便于计算，可将上式变换为

$$\because \quad EBIT = Q(P-V) - F$$

$$\Delta EBIT = \Delta Q(P-V)$$

$$\therefore \quad DOL = \frac{Q(P-V)}{Q(P-V) - F}$$

或

$$DOL = \frac{S-C}{S-C-F}$$

或

$$DOL = \frac{EBIT+F}{EBIT}$$

式中，Q 为销售数量；P 为销售单价；V 为单位销量的变动成本额；F 为固定成本总额；C 为变动成本总额，可按变动成本率乘以营业收入总额来确定；其他符号含义同前。

【例 5-16】AAA 旅游公司的产品销量 30 000 件，每件售价 2 000 元，营业收入总额为 6 000 万元，固定成本总额为 1 000 万元，变动成本总额为 3 600 万元，单位产品变动成本为 1 200 元，变动成本率为 60%，测算 AAA 旅游公司的营业杠杆系数。

$$DOL = \frac{30\,000 \times (2\,000 - 1\,200)}{30\,000 \times (2\,000 - 1\,200) - 10\,000\,000}$$

$$= \frac{60\,000\,000 - 36\,000\,000}{60\,000\,000 - 36\,000\,000 - 10\,000\,000} = 1.71$$

经测算，该旅游公司的营业杠杆系数为 1.71，它表示为：如果公司的营业收入总额每上涨 1%，其息税前利润会随之上涨 1.71%，此时会给公司带来营业杠杆利益；如果公司的营业收入总额每下降 1%，其息税前利润会随之下降 1.71%，此时则会给公司带来营业风险。

3. 影响营业杠杆利益与营业风险的其他因素

除了固定成本会影响营业杠杆系数以外，还有其他因素能够影响营业杠杆利益与营业风险，这些因素的影响程度列示如下。

1）产品销量的变动

产品销量越高，营业杠杆系数越小；产品销量越低，营业杠杆系数越大。

【例 5-17】承接例 5-16，如果产品的销售数量增加至 35 000 件，且其他条件保持不变，产品销量的变动会影响营业杠杆系数为

$$DOL = \frac{35\,000 \times (2\,000 - 1\,200)}{35\,000 \times (2\,000 - 1\,200) - 10\,000\,000} = 1.56$$

2）产品售价的变动

产品售价越高，营业杠杆系数越小；产品售价越低，营业杠杆系数越大。

【例 5-18】承接例 5-16，如果产品的销售单价涨价至 2 200 元，且其他条件保持不变，产品售价的变动会影响营业杠杆系数为

$$DOL = \frac{30\,000 \times (2\,200 - 1\,200)}{30\,000 \times (2\,200 - 1\,200) - 10\,000\,000} = 1.5$$

3）单位产品变动成本的变动

产品单位变动成本越高，营业杠杆系数越大；产品单位变动成本越低，营业杠杆系数越小。

【例 5-19】承接例 5-16，如果企业的变动成本率提升至 70%，且其他条件保持不变，变动成本率的变动会影响营业杠杆系数为

$$DOL = \frac{60\,000\,000 - 42\,000\,000}{60\,000\,000 - 42\,000\,000 - 10\,000\,000} = 2.25$$

4）固定成本总额的变动

在实务操作过程中，企业的固定成本总额相对保持不变是在产销规模一定的前提下实现的，一旦产销规模超出一定的限度，固定成本总额也会发生变化。产品固定成本总额越高，营业杠杆系数越大；产品固定成本总额越低，营业杠杆系数越小。

【例 5-20】承接例 5-16，如果该旅游公司营业收入总额增加至 7 000 万元，同时固定成本总额增加至 1 100 万元，其他条件保持不变。这时，AAA 公司的营业杠杆系数会变为

$$DOL=\frac{7\,000-4\,200}{7\,000-4\,200-1\,100}=1.65$$

当上述因素发生变动时，营业杠杆系数也会随之发生变化，从而对企业的营业杠杆利益或营业风险产生不同影响。

5.2.2　财务杠杆利益与风险

掌握财务杠杆利益与风险的分析，能够更好地发挥财务杠杆的作用，给企业带来更多的收益。

1. 财务杠杆原理

了解财务杠杆原理，能够为财务杠杆的测算和利用奠定基础。

1）财务杠杆的概念

财务杠杆也叫作筹资杠杆或资本杠杆，是指由于企业债务资本中固定费用（企业固定债务利息）的存在而导致普通股每股收益变动率大于息税前利润变动率的现象。企业的长期资本是指企业可以长期使用的资本，可以分成两部分：一部分是债务资本，其成本较为固定，通常在企业所得税前扣除；另一部分是股权资本，其中包含的普通股资本是变动的，通常在企业所得税的税后利润中支付。因此，股东的最终收益取决于企业的息税前利润先扣除债务资本成本，再缴纳企业所得税后得到的余额。综上，由于固定费用（债务资本成本）需要在税前扣除，可以起到抵税的作用，减少了需要缴纳的所得税，因此财务杠杆对股东的收益产生了影响，如果产生的是积极效应，将会给股东带来财务杠杆利益；反之，则会为其带来财务风险。

2）财务杠杆利益分析

财务杠杆利益也叫作融资杠杆利益，它是指企业利用债务筹资而给股权资本

带来的额外收益。在企业资本规模和资本结构固定不变的前提下，企业从息税前利润中需要支付的债务利息是相对固定的（即固定的财务费用），当息税前利润增多时，每一元息税前利润所负担的债务利息会相应地降低，扣除企业所得税后可分配给企业股权资本所有者的利润就会增加，从而给企业所有者带来额外的收益。

【例 5-21】假定 AAA 旅游公司 20×0、20×1、20×2 三年的息税前利润分别是 240 万元、300 万元和 380 万元，债务利息为 150 万元 / 年，企业所得税税率为 25%。表 5-8 是该公司的财务杠杆利益测算表。

表 5-8　AAA 旅游公司财务杠杆利益测算表

年份	息税前利润 / 万元	息税前利润增长率 /%	债务利息 / 万元	所得税（25%）	税后利润 / 万元	税后利润增长率 /%
20×0	240		150	22.5	67.5	
20×1	300	25	150	37.5	112.5	67
20×2	380	27	150	57.5	172.5	53

经过测算，AAA 旅游公司无论是 20×1 年与 20×0 年相比，还是 20×2 年与 20×1 年相比，税后利润增长率均大于同期息税前利润增长率，即当 AAA 旅游公司 3 年中的营业收入总额分别为 240 万元、300 万元和 380 万元且债务利息为 150 万元 / 年时，随着息税前利润的增长，税后利润以更快的速度增长。这就表明 AAA 旅游公司充分发挥了财务杠杆的作用，为股权资本所有者带来了较高的财务杠杆利益。

3）财务风险分析

财务风险也叫作筹资风险，是指企业经营活动中与筹资有关的风险，尤其是指在筹资活动中利用财务杠杆可能导致企业股权资本所有者收益下降甚至破产的风险。当企业的息税前利润下降时，每一元息税前利润所负担的固定费用就会增加，扣除所得税费用后分配给股权资本所有者的利润就会大幅减少，并为其带来财务风险。

因此，为了减少财务风险对企业利益的冲击，公司应合理调整债务构成和比例，充分发挥财务杠杆的作用。

【例 5-22】若 AAA 旅游公司 20×0、20×1、20×2 三年的息税前利润分别为 380 万元、300 万元和 240 万元，债务利息为 150 万元 / 年，企业所得税税率为 25%。表 5-9 是该公司财务风险测算表。

表 5-9   AAA 旅游公司财务风险测算表

年份	息税前利润/万元	息税前利润降低率/%	债务利息/万元	所得税/%	税后利润/万元	税后利润降低率/%
20×0	380		150	57.5	172.5	
20×1	300	21	150	37.5	112.5	35
20×2	240	20	150	22.5	67.5	40

经过测算，AAA 旅游公司无论是 20×1 年与 20×0 年相比，还是 20×2 年与 20×1 年相比，税后利润降低率均大于同期息税前利润降低率，即当 AAA 旅游公司 3 年中的营业收入总额分别为 380 万元、300 万元和 240 万元且债务利息为 150 万元/年时，随着息税前利润的下降，税后利润下降得更快。这就表明 AAA 旅游公司没有有效地利用财务杠杆，反而产生了财务风险，给公司股权资本所有者带来了不利影响。

2. 财务杠杆系数的测算

财务杠杆系数（degree of financial leverage，DFL）是指企业税后利润的变动率（对于股份有限公司来讲，可称为普通股每股收益变动率）相当于息税前利润变动率的倍数。财务杠杆系数作为一种指标，对于反映财务杠杆的作用程度、衡量财务杠杆利益和财务风险具有重要意义。其测算公式为

$$DFL = \frac{\Delta EAT/EAT}{\Delta EBIT/EBIT}$$

或

$$DFL = \frac{\Delta EPS/EPS}{\Delta EBIT/EBIT}$$

式中，DFL 为财务杠杆系数；ΔEAT 为税后利润变动额；EAT 为税后利润额；$\Delta EBIT$ 为息税前利润变动额；EBIT 为息税前利润额；ΔEPS 为普通股每股收益变动额；EPS 为普通股每股收益额。

为了便于计算，可将式变换为

$\because$

$$EPS = \frac{(EBIT-I)(1-T)}{N}$$

$$\Delta EPS = \frac{\Delta EBIT(1-T)}{N}$$

∴

$$DFL = \frac{EBIT}{EBIT-I}$$

式中，I 为债务年利息；T 为公司所得税税率；N 为流通在外的普通股股数；其他符号含义同前。

【例 5-23】若 AAA 旅游公司长期资本总额为 8 000 万元，息税前利润为 1 000 万元，债务资本比例为 0.4，债务年利率为 8%，公司所得税税率为 25%。则该旅游公司的财务杠杆系数为

$$DFL = \frac{1\ 000}{1\ 000 - 8\ 000 \times 0.4 \times 8\%} = 1.34$$

经测算，该旅游公司的财务杠杆系数为 1.34，它意味着如果 AAA 旅游公司的息税前利润每上涨 1%，其普通股每股收益会随之上涨 1.34%，此时会给股权资本所有者带来财务杠杆利益；如果公司的息税前利润每下降 1%，其普通股每股收益会随之下降 1.34%，此时则会给股权资本所有者带来财务风险。

一般而言，只要有固定性资本成本存在，财务杠杆系数总是大于 1。

3. 影响财务杠杆利益与财务风险的其他因素

除了企业固定债务利息外，还有许多其他因素影响着财务杠杆利益与财务风险。其他因素的影响程度如下。

1）资本规模的变动

资本规模越大，财务杠杆系数越大；资本规模越小，财务杠杆系数越小。

【例 5-24】承接例 5-23，如果该旅游公司的资本规模扩大到 8 500 万元，且其他条件保持不变，资本规模的变动会影响财务杠杆系数为

$$DFL = \frac{1\ 000}{1\ 000 - 8\ 500 \times 0.4 \times 8\%} = 1.37$$

2）资本结构的变动

资本结构中，债务比重越高，财务杠杆系数越大；债务比重越低，财务杠杆系数越小。

【例 5-25】承接例 5-23，如果该旅游公司的债务资本比例变为 0.5，且其他条件保持不变，债务资本比例的变动会影响财务杠杆系数为

$$DFL = \frac{1\ 000}{1\ 000 - 8\ 000 \times 0.5 \times 8\%} = 1.47$$

3）债务利率的变动

债务利率越高，财务杠杆系数越大；债务利率越低，财务杠杆系数越小。

【例 5-26】承接例 5-23，如果该旅游公司的债务年利率降至 7%，且其他条件保持不变，债务利率的变动会影响财务杠杆系数为

$$DFL = \frac{1\ 000}{1\ 000 - 8\ 000 \times 0.4 \times 7\%} = 1.29$$

4）息税前利润的变动

息税前利润越高，财务杠杆系数越小；息税前利润越低，财务杠杆系数越大。

【例 5-27】承接例 5-23，如果该旅游公司的息税前利润增加至 1 300 万元，且其他条件保持不变，息税前利润的变动会影响财务杠杆系数为

$$DFL = \frac{1\ 300}{1\ 300 - 8\ 000 \times 0.4 \times 8\%} = 1.25$$

综上，当上述因素发生变动时，变动程度会作用在财务杠杆系数上，从而对企业的财务杠杆利益或财务风险产生不同影响。因此，企业在作出合理的资本结构决策前，需要充分考虑财务杠杆系数指标。

5.2.3　联合杠杆利益与风险

在充分学习营业杠杆和财务杠杆后，我们能够更好地理解联合杠杆的利益与风险。

1. 联合杠杆原理

联合杠杆也叫作总杠杆，是营业杠杆和财务杠杆的综合。其中，营业杠杆是利用企业经营成本中固定成本的作用而影响息税前利润，财务杠杆是利用企业资本成本中债务资本固定利息费用的作用而影响税后利润（普通股每股收益）。在二者的共同作用下，企业的税后利润（普通股每股收益）会受到较大影响，因此联合杠杆是综合了营业杠杆和财务杠杆二者的影响。

2. 联合杠杆系数的测算

联合杠杆系数（degree of total leverage，DTL）也叫作总杠杆系数，是指普通股

每股收益变动率相当于营业收入（或销售数量）变动率的倍数。联合杠杆系数是营业杠杆系数与财务杠杆系数的乘积。为了衡量营业杠杆和财务杠杆的综合程度大小，可以使用联合杠杆系数。用公式表示为

$$DCL（或 DTL）=DOL \cdot DFL$$

$$=\frac{\Delta EPS/EPS}{\Delta Q/Q}$$

或

$$=\frac{\Delta EPS/EPS}{\Delta S/S}$$

式中，DCL（或 DTL）为联合杠杆系数；其他符号含义同前。

【例 5-28】AAA 旅游公司为了衡量其营业杠杆和财务杠杆的综合程度大小，已知其营业杠杆系数为 3，财务杠杆系数为 1.5。则该公司的联合杠杆系数为

$$DCL=3 \times 1.5=4.5$$

经测算，该旅游公司的联合杠杆系数为 4.5，它表示为：如果 AAA 旅游公司的营业收入或销售数量每增长 1%，其普通股每股收益会随之增长 4.5%，此时会给公司带来联合杠杆利益；如果公司的营业收入或销售数量每下降 1%，其普通股每股收益将下降 4.5%，此时则会给公司带来风险。

经营杠杆、财务杠杆和总杠杆三者之间具有紧密的关系，可以从杠杆效应计算表中详细观察（表 5-10）。

表 5-10 杠杆效益计算表

项目	20×1 年	20×2 年	变动率
销售收入（售价 10 元）	1 000	1 500	+50%
边际贡献（单位 4 元）	400	600	+50%
固定成本	200	200	
息税前利润（EBIT）	200	400	+100%
利息	50	50	
利润总额	150	350	+133%
净利润（税率 20%）	120	280	+133%
每股收益（200 万股，元）	0.6	1.4	+133%
经营杠杆（DOL）			2
财务杠杆（DFL）			1.33
总杠杆（DTL）			2.66

案例分析

托马斯库克旅行社

2019 年 9 月 23 日，英国最老的旅行品牌托马斯库克宣布破产。这一悲剧使全球 60 多万旅客滞留，引发英国政府实施"英国历史上最大的和平时期撤侨行动"。这场悲剧持续影响着它的员工、合作伙伴和利益相关者，将全球 2 万多工作岗位置于风险之中。

托马斯库克自 1841 年成立以来，始终在旅游行业内占领着崇高的地位，它作为全世界最受欢迎的旅行社之一，在全球拥有 105 架飞机，200 个自有品牌酒店和度假村，2.1 万名员工和 2 200 万客户，每年接待游客 1 900 万人次，是全球最大的旅游业品牌。

托马斯库克旅行社的黄金时代终结是多种因素共同作用的结果，包括地缘政治动荡、沉重的债务、互联网经济的增长以及热浪来袭，还有未取得金融救助的直接原因。其中，无论是 2018 年高达 3.89 亿英镑的债务，还是难以支付的高额租金和利息，抑或是常年的运营亏损，都使得全球第一家旅行社不堪重负，再难以维系下去。

资料来源：英国："旅行社鼻祖"濒临破产 全球 60 万游客或受影响 [EB/OL].
(2019–09–23). https://tv.cctv.com/2019/09/23/VIDESQitrADQ36yvuHiAzEhN190923.shtml.

思考：

从杠杆原理角度，如何解读托马斯库克旅行社破产事件？

5.3　资本结构决策分析

企业资本结构决策是指企业在综合考虑有关影响因素的基础上，运用适当的方法确定最佳资本结构，并在后续追加筹资中继续保持这种最佳资本结构的行为。其中，最佳资本结构是指企业在适度财务风险的条件下，使其预期的综合资本成本率最低，同时实现企业价值最大的资本结构。

5.3.1　资本结构决策的影响因素

为了能够作出最优资本结构决策，除了研究资本成本和财务风险以外，企业还需要考虑的其他影响资本结构决策的因素如下。

1. 企业财务目标的影响

企业财务目标是企业财务管理活动希望实现的结果，是评价企业财务管理活动是否合理的基本标准。目前主要的企业财务目标有利润最大化、股东财富最大化和公司价值最大化。这些财务目标各自对资本结构决策的影响有所不同。

1）利润最大化目标

资本结构决策方法中的资本成本比较法在一定程度上体现了利润最大化的目标。

利润最大化目标是指企业在财务活动中以获得尽可能多的利润作为总目标。利润是股东价值的来源，也是企业财富增长的来源。由于非股份制企业的股权资本不具有市场价值，因此它们会选择利润最大化作为企业财务目标。但是，利润最大化目标并不是财务管理通常意义上的最优目标。

利润最大化目标一经确定，为了获得更多的利润，企业需要考虑多种因素影响，在利用财务杠杆分析财务风险的基础上，控制好负债在全部资产中的比重，作出合理的资本结构决策以降低资本成本，以此提高企业利润。

2）股东财富最大化目标

资本结构决策方法中的每股收益分析法在一定程度上体现了股票价值最大化的目标。

股东财富最大化目标是指通过财务上的合理运营，为股东创造更多的财富。相较于利润最大化目标，股东财富最大化目标更完善、合理。股份公司通常更注重股权资本的利益价值，所以通常采用该目标。

股东财富最大化目标一经确定，为了提升股票价值，企业需要在财务风险适当的情况下合理安排公司债务资本比例，确定最优资本结构，尽可能地提升每股收益，累积股东财富。

3）公司价值最大化目标

资本结构决策方法中的公司价值比较法就是直接以公司价值最大化为目标的。

公司价值最大化目标是指公司在财务活动中以最大限度地提高公司的总价值作为总目标。其中，公司的总价值既包括债务资本又包括股权资本。因此，相较于前两种企业目标，公司价值最大化目标更全面，大多数普通公司都能适用。

公司价值最大化目标一经确定，为了提升公司的总价值，公司应当在适度财务风险的条件下合理确定债务资本比例，以达到公司的股权和债务价值之和最大，即公司价值最大。

2. 企业发展阶段的影响

企业的发展阶段分为初创期、成长期、成熟期和衰退期。对同一企业来说，资本结构会根据企业的发展阶段发生变化。例如在成长期，如果企业的收益在一定阶段内能够保持稳定，且能够支付必要的利息费用，在行业发展前景较为广阔的前提下，该企业在资本结构决策中可以适当增加负债比例。

3. 企业财务状况的影响

企业在进行资本结构决策时，需要了解企业目前并预测未来的负债状况、资产状况和现金流量状况等。如果一个企业的财务状况良好，就说明其更有能力偿还债务利息、拥有更强的筹资能力，同时也不会对现有发展状况产生不良影响。

4. 投资者动机的影响

一个企业的投资者包括债权投资者和股权投资者。债权投资者对企业投资的动机主要是在按期收回投资本金的条件下获取一定的利息收益。股权投资者的基本动机是在保证投资本金保值的基础上，获得一定的股利收益并使投资不断增值。企业在进行资本结构决策时必须考虑投资者的动机，安排好股权资本和债务资本的比例关系。

5. 债权人态度的影响

企业根据自己的资本结构向债务人举债时，债务人会参考信用评价机构对该公司的评价报告，作出评估后再决定借款金额，也就是说企业未必能筹集到理想金额。如果信用评价不好，有时还会损害企业自身发展。因此，企业在作出资本结构决策时，需要合理分配债务资本比例。

6. 经营者行为的影响

经营者的行为会影响企业资本结构决策。如果企业的经营者选择债务筹资方式，有时会面临按期还本付息的压力，可能还会加重财务风险；如果选择增发新股，虽不会有按期还款的压力，但会让企业的控制权旁落。因此，经营者的风险偏好与管理风格决定影响着债务资本比例。

7. 税收政策的影响

鉴于债务利息具有抵税作用，当国家发布更高税率的税收政策时，就会对企业起到激励作用，使企业更有可能去增加负债筹资比重以抵减更多的所得税费用。

8. 行业差别的影响

作为旅游企业，在衡量本企业的资本结构情况时，可以参考同行业的平均水平，以此作为调整资本结构的依据。例如，在疫情期间，旅游行业的收入不稳定，因此在特殊时期，应该适当降低负债比例。

5.3.2 资本结构的决策方法

资本结构决策有以下三种方法。

1. 资本成本比较法

1）资本成本比较法的含义

资本成本比较法是指在适度财务风险的条件下，测算可供选择的不同资本结构或筹资组合方案的综合资本成本率，并以此为标准相互比较，确定最佳资本结构的方法。

下面将就资本成本比较法在初始筹资和追加筹资的资本结构决策中的运用进行介绍。

2）初始筹资的资本结构决策

初始筹资的资本结构决策是指企业初次利用债务资本筹资时的资本结构决策。企业在进行初始筹资时会形成多种筹资方案，即有多种筹资方式可以选择。如何在众多筹资方案中选出最佳方案，可以利用资本成本比较法，通过测算各个方案的综合资本成本率，以此为标准作出比较。

【例 5-29】AAA 旅游公司为了扩大其经营能力打算进行初始筹资，所需要的筹资额度为 4 000 万元，现有三个筹资组合方案可供选择，初始筹资方案的测算表如表 5-11 所示。

表 5-11 AAA 旅游公司初始筹资组合方案测算表

筹资方式	方案 1		方案 2		方案 3	
	筹资额	资本成本率	筹资额	资本成本率	筹资额	资本成本率
长期借款	400	5%	500	5%	600	6%
债券	1 000	8%	1 200	8%	1 400	10%
优先股	600	12%	400	12%	400	12%
普通股	2 000	14%	1 900	14%	1 600	14%
合计	4 000		4 000		4 000	

方案 1 的综合资本成本率为

$$K_{W1}= \frac{400}{4\ 000} \times 5\%+ \frac{1\ 000}{4\ 000} \times 8\%+ \frac{600}{4\ 000} \times 12\%+ \frac{2\ 000}{4\ 000} \times 14\%=11.3\%$$

方案 2 的综合资本成本率为

$$K_{W2}=\frac{500}{4\,000}\times5\%+\frac{1\,200}{4\,000}\times8\%+\frac{400}{4\,000}\times12\%+\frac{1\,900}{4\,000}\times14\%=10.88\%$$

方案 3 的综合资本成本率为

$$K_{W3}=\frac{600}{4\,000}\times6\%+\frac{1\,400}{4\,000}\times10\%+\frac{400}{4\,000}\times12\%+\frac{1\,600}{4\,000}\times14\%=11.2\%$$

对表 5–11 进行测算后得知，方案 1 的综合资本成本率最高，为 11.3%；方案 3 次之，为 11.2%；方案 2 的综合资本成本率最低，为 10.88%。综合资本成本率越低，说明该筹资方案越合理，因此，AAA 旅游公司应该选择方案 2 作为初始筹资方案，实施该方案后，公司会形成更加合理的资本结构。

3）追加筹资的资本结构决策

追加筹资的资本结构决策是指企业需要追加筹集资本时的资本结构决策。在实务中，企业的筹资行为不是只有在初始时才会发生，在后续的财务活动中根据投资或者经营的具体需要也会存在追加筹资的行为，但由于时间、行业环境等因素变化的影响，若继续使用原有的筹资方案可能会导致资本结构不合理，综合资本成本无法达到较低的水平。因此，当再次产生筹资需要的时候，重新测算调整资本结构是十分必要的。

在适度财务风险的前提下，企业为了保持最优资本结构，可以运用直接测算或汇总测算的方法选择最优的追加筹资组合方案。直接测算是指直接测算各备选追加筹资方案的边际资本成本率，从中挑选最佳筹资组合方案；汇总测算是分别将各备选追加筹资方案与原有资本结构汇总，测算各个追加筹资方案下汇总资本结构的综合资本成本率。

【例 5–30】AAA 旅游公司出于扩大其经营能力的需要，拟追加的筹资额为 800 万元，现需要在两种追加筹资方案中选出最优方案，表 5–12 是该公司原有资本结构及追加筹资方案的相关资料汇总表。

方法一：直接测算追加筹资方案的边际资本成本率比较法。

方案 1 的边际资本成本率为

$$\frac{150}{800}\times6\%+\frac{150}{800}\times8\%+\frac{100}{800}\times12\%+\frac{400}{800}\times15\%=11.63\%$$

方案 2 的边际资本成本率为

表 5-12　AAA 旅游公司原有资本结构及追加筹资方案汇总表

筹资方式	原有资本结构		追加筹资方案 1		追加筹资方案 2	
	资本额	资本成本率	资本额	资本成本率	资本额	资本成本率
长期借款	500	5%	150	6%	200	6%
债券	1 200	8%	150	8%	300	10%
优先股	400	12%	100	12%	100	12%
普通股	1 900	14%	400	15%	200	15%
合计	4 000		800		800	

$$\frac{200}{800} \times 6\% + \frac{300}{800} \times 10\% + \frac{100}{800} \times 12\% + \frac{200}{800} \times 15\% = 10.5\%$$

经过测算，追加筹资方案 1 的边际成本率为 11.63%，大于方案 2 的 10.5%，边际资本成本率越低，说明该追加筹资方案越合理，因此，AAA 旅游公司为了扩大其经营能力而不给资本结构带来不利影响，可以选择方案 2 追加筹资，此时该公司的资本总额为 4 800 万元，其中长期借款 700 万元，债券 1 500 万元，优先股 500 万元，普通股 2 100 万元。

方法二：备选的追加筹资方案与原有资本结构汇总后的综合资本成本率比较法。计算时，根据股票的同股同利原则，全部股票都按新发行股票的资本成本率计算其总的资本成本率。

方案 1 的综合资本成本率为

$$\frac{500}{4\ 800} \times 5\% + \frac{150}{4\ 800} \times 6\% + \frac{1\ 200+150}{4\ 800} \times 8\% + \frac{400+100}{4\ 800} \times 12\%$$

$$+ \frac{1\ 900+200}{4\ 800} \times 15\% = 11.40\%$$

方案 2 的综合资本成本率为

$$\frac{500}{4\ 800} \times 5\% + \frac{200}{4\ 800} \times 6\% + \frac{1\ 200}{4\ 800} \times 8\% + \frac{300}{4\ 800} \times 10\% + \frac{400+100}{4\ 800} \times 12\%$$

$$+ \frac{1\ 900+200}{4\ 800} \times 15\% = 11.21\%$$

经过测算，追加筹资方案 1 的综合资本成本率为 11.4%，大于方案 2 的 11.21%，综合资本成本率越低，说明该追加筹资方案越合理，因此，AAA 旅游公司为了扩大经营能力而不给资本结构带来不利影响，应选择方案 2 追加筹资，追加筹资后的资本结构同上。

综上所述，只要企业合理运用测算方法，即使追加筹资使资本结构发生了变化，选择正确方案后依然能实现企业的最优资本结构。

4）资本成本比较法的缺点

资本成本比较法在运用时有条件限制，往往需要保证在适度财务风险的前提下才能使用，且其判断筹资方案的依据是按照各方案的资本成本率孰低的原则。这种方法适用范围也有限，一般适用于以利润最大化为财务目标的非股份制企业。

2. 每股收益分析法

1）每股收益分析法的含义

企业选择最优资本结构时，会将息税前利润和每股收益作为分析确定企业资本结构的两大要素。每股收益分析法就是将二者结合起来，利用每股收益无差别点（$\overline{EBIT}$）来进行资本结构决策的方法。其中，每股收益无差别点是指在两种不同的筹资方案下普通股每股收益相等时的息税前利润点。利用每股收益分析法，企业就能够判断出各种情况下选择哪种筹资方案进行调整资本结构最合理，从而实现企业股东财富最大化的财务目标。

2）每股收益分析法的列表测算法

【例5-31】AAA旅游公司为了扩大其经营能力，现需要追加筹资1 500万元，筹资方式既可以选择增发普通股，也可以选择增加长期债务。已知其息税前利润为1 600万元，原有资本总额为8 500万元。所得税税率为25%。原有和追加筹资的资本结构的详细资料见表5-13、表5-14。

表5-13　AAA旅游公司目前和追加筹资的资本结构资料表

资本种类	目前资本结构		追加筹资后的资本结构			
			增发普通股		增加长期债务	
	金额	比率	金额	比率	金额	比率
长期债务	1 000	0.12	1 000	0.10	2 500	0.25
普通股权益	7 500	0.88	9 000	0.90	7 500	0.75
资本总额	8 500	1.00	10 000	1.00	10 000	1.00
年债务利息额	90		90		270	
普通股股数/万股	1 000		1 300		1 000	

表 5-14　AAA 旅游公司预计追加筹资后的普通股每股收益测算表

项目	增发普通股	增加长期债务
息税前利润	1 600	1 600
减：长期债务利息	90	270
税前利润	1 510	1 330
减：所得税（25%）	377.5	332.5
税后利润	1 132.5	997.5
普通股股数 / 万股	1 300	1 000
普通股每股收益 / 元	0.87	1.00

经过测算，当 AAA 旅游公司息税前利润相等时，若选择增发普通股的方式来进行筹资，得到的普通股每股收益小于选择增发长期债务方式的普通股每股收益。因此，为了给公司股权资本所有者带来更多的收益，该公司应当选择增加长期债务的方案追加筹资。

3）每股收益分析法的公式测算法

由例 5-31 得知，在息税前利润一定的条件下不同资本结构对普通股每股收益产生的影响不同。因此，为了得到最佳筹资方案，需要通过测算每股收益无差别点的息税前利润来进行下一步决策。其测算公式为

$$\frac{(\overline{\text{EBIT}}-I_1)(1-T)-D_1}{N_1}=\frac{(\overline{\text{EBIT}}-I_2)(1-T)-D_2}{N_2}$$

式中，$\overline{\text{EBIT}}$ 表示息税前利润平衡点，即每股收益无差别点；I_1，I_2 表示两种筹资方式下的长期债务年利息；D_1，D_2 为两种筹资方案下企业的优先股股利；N_1，N_2 表示两种筹资方式下的普通股股数。

【例 5-32】AAA 旅游公司准备通过筹资来扩大其经营能力，拟追加筹资 1 000 万元，现有两种备选方案：方案 1，发行年利率为 8% 的债券；方案 2，发行 50 万股普通股，每股面值 20 元。所得税税率为 25%。公司有关资料如表 5-15 所示。

表 5-15　公司有关资料

筹资方式	原资本结构	筹资方案 1	筹资方案 2
长期借款（利率 5%）	500	500	500
发行债券：			
已发行债券（利率 6%）	1 200	1 200	1 200

筹资方式	原资本结构	筹资方案 1	筹资方案 2
方案 1 发行债券（利率 8%）		1 000	
优先股（股息率 5%）	400	400	400
普通股：			
已发行普通股（面值 20 元）	1 900	1 900	1 900
方案 2 发行普通股（面值 20 元）			1 000
普通股股数（万股）	95	95	145
合计	4 000	5 000	5 000

据表 5–15 计算每股收益无差别点：

$I_1=500 \times 5\%+1\ 200 \times 6\%+1\ 000 \times 8\%=177$（万元）

$I_2=500 \times 5\%+1\ 200 \times 6\%=97$（万元）

$D_1=D_2=400 \times 5\%=20$（万元）

$N_1=95$（万股）

$N_2=145$（万股）

$$\frac{(\overline{EBIT}-177) \times (1-25\%)-20}{95}=\frac{(\overline{EBIT}-97) \times (1-25\%)-20}{145}$$

$\overline{EBIT}=355.67$（万元）

经过测算，当息税前利润为 355.67 万元时，AAA 旅游公司无论是发行债券还是增发普通股进行筹资，结果都是相同的。每股收益计算如表 5–16 所示。

上述每股收益无差别点分析的结果还可通过图 5–1 来表示。

从图 5–1 中可以明显看出，当 AAA 旅游公司预计的息税前利润小于每股收益无差别点的息税前利润时，采用发行普通股的方式进行筹资能获得更多的收益；当预计的息税前利润大于每股收益无差别点的息税前利润时，采用发行债券的方式进行筹资能获得更多的收益。

4）每股收益分析法的缺点

每股收益分析法在运用时有一定的限制条件，往往需要在适度财务风险的前提下才能使用，且其判断筹资方案的依据是按照各方案的普通股每股收益孰高的原则。这种方法适用范围也有限，一般适用于以股东财富最大化为财务目标的股份有限公司。

表 5-16　每股收益计算

筹资方式	筹资方案 1	筹资方案 2
息税前利润	355.67	355.67
减：利息费用		
长期借款利息	25	25
已发行债券利息	72	72
方案 1 发行债券利息	80	
税前利润	178.67	258.67
减：所得税	44.67	64.67
税后利润	134	194
减：优先股股利	20	20
可供普通股分配的利润	114	174
流通在外普通股股数（万股）	95	145
每股收益	1.2	1.2

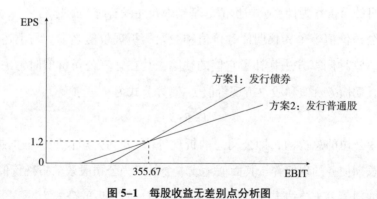

图 5-1　每股收益无差别点分析图

3. 公司价值比较法

1）公司价值比较法的含义

公司价值比较法是根据公司价值最大化的财务目标，在充分反映公司财务风险的前提下，以公司价值的大小为标准来确定公司最佳资本结构的方法。

相较于前两种资本结构决策方法，公司价值比较法充分考虑了公司的财务风险和资本成本等因素的影响，通常适用于以公司价值最大化为财务目标的资本规模较大的上市公司。

2）公司价值的测算

关于公司价值的内容和测算基础及方法，主要有三种观点。

（1）公司价值等于其未来净收益的现值。其测算公式为

$$V=\frac{\text{EAT}}{K}$$

式中，V 为公司的价值，即公司未来净收益的现值；EAT 为公司未来的年净收益，即公司未来的年税后利润；K 为公司未来净收益的折现率。

将公司价值大小直接等同于其未来净收益的现值的算法是欠妥当的。它没有考虑到公司未来净收益将受多种因素影响，因此其数值和折现率均不易确定，并且未必能保证每年的净收益都是年金。

（2）公司价值等于其股票的现行市场价值。将公司价值等同于其股票的现行市价的算法存在一些问题。这种方法认为该公司价值中除了有股票的价值外，不再存在其他价值（例如长期债务的价值）。即使这种算法可以用于资本结构决策，根据股票的价格波动情况，每个交易日都可能会产生不同的股票价值，究竟应该选择哪一日的市价作为计算公司价值的基础现在还没有统一的标准。

（3）公司价值等于其长期债务价值和股票的折现价值之和。与上述两种测算方法相比，这种测算方法弥补了它们的缺陷，其在计算公司价值时考虑得更加全面（包括长期债务价值和股票折现价值）。测算公式为

$$V=B+S$$

式中，V 为公司的总价值，即公司总的折现价值；B 为公司长期债务的折现价值，通常假设长期债务的现值等于其面值（或本金）；S 为公司股票的折现价值。

股票的现值等于公司未来净收益的折现价值，简化后的公式为

$$S=\frac{(\text{EBIT}-I)(1-T)}{K_S}$$

式中，S 为公司股票的折现价值；EBIT 为公司未来的年息税前利润；I 为公司长期债务年利息；T 为公司所得税税率；K_S 为公司股票资本成本率。

3）公司资本成本率的测算

若公司的全部长期资本由长期债务和普通股组成，则公司的综合资本成本率的测算公式为

$$K_W=K_B\cdot\frac{B}{V}(1-T)+K_S\cdot\frac{S}{V}$$

式中，K_W 为公司综合资本成本率；K_B 为公司长期债务税前资本成本率，可按公司长期债务年利率测算；K_S 为公司普通股资本成本率；其他符号含义同前。

根据前述公式，为了考虑公司筹资风险的影响，普通股资本成本率可运用资本成本定价模型来测算，即

$$K_S=R_F+\beta（R_M-R_F）$$

式中，K_S 为公司普通股投资的必要报酬率，即公司普通股的资本成本率；R_F 为无风险报酬率；R_M 为所有股票的平均市场报酬率；β 为公司股票的风险系数。

4）公司最佳资本结构的确定

以公司价值最大化为目标的公司在确定最佳资本结构时，需要运用上述方法进行测算每种资本结构下的公司价值，选出使公司价值最大的资本结构作为最佳资本结构。

【例 5-33】AAA 旅游公司当前的资本构成中仅有账目价值为 20 000 万元的普通股资本，为了形成最佳资本结构以获得更多的利益，该公司决定购回部分普通股并举借长期债务。已知公司预计息税前利润为 5 000 万元，所得税税率为 25%。如表 5-17 所示。

表 5-17　AAA 旅游公司在不同长期债务规模下的债务年利率和普通股资本成本率测算表

B/ 万元	K_B	β	R_F	R_M	K_S
0		1.2	10%	14%	14.8%
2 000	10%	1.25	10%	14%	15.0%
4 000	10%	1.3	10%	14%	15.2%
6 000	12%	1.4	10%	14%	15.6%
8 000	14%	1.55	10%	14%	16.2%
10 000	16%	2.1	10%	14%	18.4%

由表 5-17 可知，当 B=4 000 万元，β=1.3，R_F=10%，R_M=14% 时，

$$K_S=10\%+1.3\times（14\%-10\%）=15.2\%$$

其余计算同理。

运用上述方法测算在不同长期债务规模下的公司价值和公司资本成本率后，根据所得数值比较选择出最佳资本结构（表 5-18）。

表 5-18　AAA 旅游公司在不同长期债务规模下的公司价值和资本成本率测算表

B/ 万元	S/ 万元	V/ 万元	K_B	K_S	K_W
0	25 337.84	25 337.84		14.8%	14.80%
2 000	24 000	26 000	10%	15%	14.42%
4 000	22 697.37	26 697.37	10%	15.2%	14.05%
6 000	20 576.92	26 576.92	12%	15.6%	14.11%
8 000	17 962.96	25 962.96	14%	16.2%	14.44%
10 000	13 858.7	23 858.7	16%	18.4%	15.72%

在表 5-18 中，当 B=4 000 万元，K_B=10%，K_S=15.2%，EBIT=5 000 万元时，则有

$$S=\frac{(5\,000-4\,000\times10\%)\times(1-25\%)}{15.2\%}=22\,697.37（万元）$$

$$V=4\,000+22\,697.37=26\,697.37（万元）$$

$$K_W=10\%\times\frac{4\,000}{26\,697.37}\times(1-25\%)+15.2\%\times\frac{22\,697.37}{26\,697.37}=14.05\%$$

其余计算同理。

经过测算，若 AAA 旅游公司的价值中仅存在普通股资本的价值，此时 V=S= 25 337.84 万元。当 AAA 旅游公司购回部分普通股并举借长期债务后，资本结构得到了合理的调整。当 B<4 000 万元时，公司的价值上升的同时，公司资本成本率开始下降；当 B=4 000 万元时，公司的价值最大，资本成本率最低；当 B>4 000 万元时，公司的价值下降的同时，公司的资本成本率开始上升。

综上所述，当 AAA 旅游公司举借的长期债务达到 4 000 万元时，即为该公司想调整的最优资本结构。此时，AAA 旅游公司的长期资本价值总额为 26 697.37 万元，其中普通股资本价值 22 697.37 万元，占公司总资本价值的比例为 0.85（即 22 697.37/26 697.37）；长期债务资本价值 4 000 万元，占公司总资本价值的比例为 0.15（即 4 000/26 697.37）。

案例分析

国旅旅游公司

中国国际旅行社总社（简称"中国国旅"）成立于 1954 年，于 2009 年 10 月 15 日在上海证券交易所挂牌上市。中国国旅主要经营范围包括旅行服务、交通运

输和对外贸易等，它是我国规模最大、实力最强的旅游企业之一。2016 年公司品牌以 449.85 亿元的品牌价值，蝉联中国旅行社百强第一名。

表 5-19 ~ 表 5-21 展示的是根据中国国旅 2012—2016 年的财务报表数据。

表 5-19　债务比例数据

项目	2012 年	2013 年	2014 年	2015 年	2016 年
资产负债率	30.64%	25.12%	26.59%	24.40%	22.72%
产权比率	44.18%	33.54%	36.21%	32.28%	29.40%
股东权益比率	69.36%	74.88%	73.41%	75.60%	77.28%

表 5-20　负债结构与同行业对比数据

指标	2016 年		2015 年		2014 年		2013 年		2012 年	
	GL	行业	GL	行业	GL	行业	GL	行业	GL	行业
资产负债率	22.72%	44.07%	24.40%	41.46%	26.59%	39.58%	25.12%	38.91%	30.64%	37.54%
短期负债率	98.28%	71.90%	95.80%	89.59%	98.94%	90.79%	99.90%	90.43%	99.89%	90.14%
长期负债率	1.72%	28.10%	4.20%	10.41%	1.06%	9.21%	0.10%	9.57%	0.11%	9.32%

表 5-21　第一大股东持股比例对比分析表

第一大股东持股比例	2016 年	2015 年	2014 年	2013 年	2012 年
行业平均值	28.27%	29.56%	31.22%	30.24%	33.12%
公司	55.30%	55.30%	55.30%	55.30%	61.35%
差异	27.03%	25.74%	24.08%	25.26%	28.23%

资料来源：巨潮资讯网。

本章小结

理论和实践都表明，旅游企业的生存和发展都与资本息息相关，基于本章的学习，可以通过资本结构与资本成本全面反映企业的资本状况、发现企业中存在的风险，并最终通过调整企业资本结构获得利益。因此，研究资本结构与资本成本问题对旅游企业的生存发展有着重大意义。本章探讨了资本结构的概念、种类和意义，介绍了有关资本结构的主要理论和观点，以及资本成本的构成、种类和作用，讲述了个别资本成本率和综合资本成本率的测算方法，在了解了资本结构决策的影响因素及其定性分析的基础上，阐明了营业杠杆、财务杠杆和联合杠杆的作用原理，以及营业杠杆系数、财务杠杆系数和联合杠杆系数的测算方法及其应用，并介绍了资本结构决策的方法包括资本成本比较法、每股收益分析法和公司价值比较法的原理及其应用。

即测即练

 思考题

1. 为什么其他资本结构理论都是围绕 MM 理论展开的？

2. 边际资本成本率与综合资本成本率的区别有哪些？

3. 试说明财务杠杆的基本原理和财务杠杆系数的测算方法。

4. 试说明每股收益分析法的基本原理和决策标准。

5. 试分析比较资本成本比较法、每股收益分析法和公司价值比较法在基本原理和决策标准上的异同之处。

第6章　旅游企业项目投资管理

学习目标

（1）了解旅游企业项目投资的概念及特点。

（2）理解项目现金流量的构成与计算。

（3）掌握各项目投资的评价指标及其优缺点。

（4）理解项目投资决策的思路与方法。

能力目标

（1）熟练计算现金净流量。

（2）熟练掌握各项目评价指标的运用方法。

（3）根据项目评价指标作出投资决策。

思政目标

（1）培养学生的投资意识和敏锐度。

（2）引导学生要脚踏实地，不能盲目自大。

（3）培养学生的全局观和道德修养。

🔍 思维导图

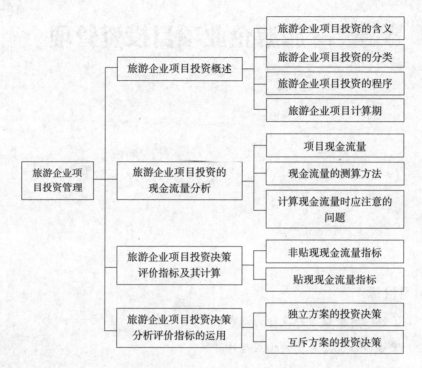

🔍 导入案例

2023 年 2 月 8 日，海合安·青岛极地海洋公园提质升级项目举行开工典礼。该项目总投资 2 亿元，预计暑假期间与广大游客见面。

据介绍，本次提质升级在原址原建筑上进行，利用现有建筑内部空间规划新产品，并重新规划周边广场、道路和绿化，增加夜间演艺、娱乐等海洋文化娱乐要素，打造近悦远来、主客共享的都会型海湾休闲文旅项目。据海合安集团高级副总裁邹晶介绍，海合安集团是安博凯直接投资基金 100% 占股的中国文旅休闲产业投资管理平台，旗下共有青岛、天津、成都、武汉 4 个主题公园。此次青岛极地海洋公园提质升级，将赋能海洋文旅产业的再转型，营造更加快乐的沉浸式亲海海洋主题公园。

资料来源：海合安·青岛极地海洋公园启动提质升级项目 [EB/OL].(2023-02-08). http://www.ctnews.com.cn/xmtz/content/2023-02-08/content_136883.html.

思考：

海合安集团为什么对青岛极地海洋公园进行更新改造而不是择址新建？旅游企业的投资方式有哪些？

6.1　旅游企业项目投资概述

旅游企业是以盈利为目的的企业，为了能够在复杂多变的市场环境中谋求发展并创造财富，需要将资金投放到多方领域当中，以此来取得相应的资金流入。如旅游企业建造办公大楼、兴建旅游景点和对酒店客房进行更新改造等。

6.1.1　旅游企业项目投资的含义

投资是指国家、企业和个人为了在未来某个时期获得预期经济利益，而在一定时期内将资本投放到特定领域内的经济行为。按出资对象的形态和性质可以分为实物投资和金融投资。实物投资是指具有物质形态的资产，如现金、厂房设备、存货等，广义的实物投资还包括无形资产。金融投资又称证券投资，如购买股票、债券、基金等。

项目投资是指企业将资金投放于内部生产经营所需的长期资产上的行为，是一种以特定建设项目为对象，直接与新建项目或更新改造项目有关的长期投资行为。旅游企业可以通过投资购买实物资产，如景区新建的游乐项目等，以此形成具体的生产经营能力，开展实质性的生产经营活动，以便获取经营利润。旅游企业项目投资是企业直接的、生产经营性的对内的实物投资，通常具有投资额度大、项目周期长、变现能力差、投资风险高等特点。

6.1.2　旅游企业项目投资的分类

因旅游企业的特殊性，其项目投资最终会形成企业的固定资产，所以旅游企业项目投资主要是指固定资产投资，主要有以下两种类型。

1. 新建项目

新建项目是以新建生产能力为目的的外延式扩大再生产。新建项目按照建造的内容又可分为单纯固定资产投资项目和完整工业投资项目。

（1）单纯固定资产投资项目。单纯固定资产投资项目简称固定资产投资，是指只涉及固定资产投资而不涉及其他长期投资和流动资金投资的项目。

（2）完整工业投资项目。完整工业投资项目是指以新增工业生产能力为目的的投资项目。此类投资项目不仅包括对固定资产的投资，也涉及流动资金投资，甚至包括对无形资产和其他资产等长期资产的投资。

2. 更新改造项目

更新改造项目是以恢复或改善生产能力为目的的内涵式扩大再生产。

旅游企业与制造企业相比，前者属于固定资产密集型行业，其对固定资产的投资额度通常要占据企业总投资额度大部分份额。由于固定资产投资的投资额度大、变现能力弱、投资风险高、回收期长，对于旅游企业而言属于资本性支出，因此旅游企业对固定资产投资的力度将直接影响企业的生存和发展。

6.1.3   旅游企业项目投资的程序

1. 提出投资方案

提出投资方案是企业进行项目投资的第一步，是立足于企业长远发展战略、根据现行市场状况和良好的投资机会，由企业董事会或高层管理人员提出的。

2. 研究投资方案的可行性

由于旅游企业对固定资产投资属资本性支出，其投资规模大、所需资金较多，因此在作出投资决策前，企业要对投资方案进行可行性研究。企业需要估算出投资方案的预期现金流量、预计未来现金流量所对应的风险、确定资本成本的一般水平等，为项目决策提供可靠依据。

3. 评价投资方案

计算相关项目投资决策评价指标。

4. 项目投资决策

项目评价完成之后，由企业董事会或高层管理人员作出是否投资的决策。

5. 执行项目投资

对于已经确定可实施的决策，企业管理部门要编制资金预算，并合理筹措与项目有关资金，积极组织投资项目的实施。在项目执行过程中，要进行监督和跟踪，确保工程质量，使之能够保质保量按时完工。

6.1.4   旅游企业项目计算期

项目计算期是指从开始投资建设到最终清理结束的全部时间，通常以"年"为单位，用 n 表示。项目计算期包括建设期和生产经营期。

1. 建设期

建设期是指从企业正式对项目进行资金投入直至项目建成达到可投入使用状

态为止所需要的时间。建设期第 1 年年初（即第 0 年）称为建设起点，建设期最后一年年末称为投产日。

2. 生产经营期

项目计算期的最后 1 年年末（第 n 年）称为终结点。从项目投产日开始到终结点之间的时间间隔称为生产经营期。如图 6-1 所示。

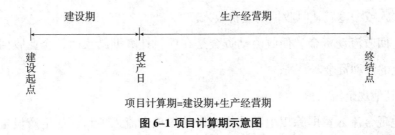

项目计算期=建设期+生产经营期

图 6-1 项目计算期示意图

【例 6-1】某五星酒店预计购建一组中央空调，空调预计使用寿命为 3 年。要求按照以下两种情况分别计算该项目的计算期。

（1）项目资金在建设起点投入并投入使用。

（2）该项目建设期为 1 年。

解：（1）项目计算期 =0+3=3（年）

（2）项目计算期 =1+3=4（年）

6.2 旅游企业项目投资的现金流量分析

6.2.1 项目现金流量

预计投资项目的现金流量是企业在进行投资决策时的首要任务。所谓现金流量，是指一个投资项目在计算期内因资金运动而引起的现金支出和现金流入的增加的数量。这里的"现金"是广义的现金，它既包括货币资金，又包括项目需要投入的非货币资金（如设备）的变现价值。

现金流量包括现金流入量、现金流出量和现金净流量三个具体概念。

1. 现金流入量

现金流入量是指旅游企业在项目计算期内因投资项目实施后所引起的企业现金流入的增加额。

1）营业收入

营业收入是指项目投产后每年增加的营业收入。

2）回收额

回收额是固定资产余值和回收流动资金的统称，指企业在项目终结点可以收回的资金。

（1）固定资产余值。固定资产余值是指固定资产达到使用年限在终结报废时的残值收入或中途转让时收回的变价收入。

（2）回收流动资金。回收流动资金是在项目计算期结束时，企业收回的投放在项目上的流动资金。

3）其他现金流入量

其他现金流入量即除以上几项指标以外的现金流入项目，如生产设备出售时的税赋损益。

2. 现金流出量

现金流出量是指旅游企业在项目计算期内因投资项目实施后所引起的企业现金流出的增加额。

（1）建设资金。建设资金是旅游企业在建设期投入的资金，包括固定资产投资（购置成本、建造成本、运输成本等）、无形资产投资。

（2）垫支的营运资金。垫支的流动资金是在项目投产后企业为开展正常经营活动而投放在流动资产（存货、应收账款等）上的营运资金。

（3）经营成本。经营成本是企业在经营期内为满足生产经营需要而支付的现金成本，又称付现成本，包括外购原材料、员工工资及福利费等。其公式为

经营成本 = 变动成本 + 付现的固定成本 = 营业成本 – 折旧额及摊销额

（4）税金及附加。税金及附加是企业在经营期内应缴纳的消费税、城市维护建设税和教育费附加。

（5）所得税额。所得税额是项目建成投入使用后，因应纳税所得额而产生的所得税。

（6）其他现金流出量。其他现金流出量即除以上几项指标以外的现金流出项目，如固定资产改良支出。

3. 现金净流量

企业在项目计算期内因投资项目而产生的现金流入量和现金流出量的差额称

为现金净流量，用 NCF 表示。

$$现金净流量（NCF）= 年现金流入量 - 年现金流出量$$

6.2.2　现金流量的测算方法

旅游企业的现金流量在项目建设初期、日常经营和项目终结点三个阶段具有不同的特点，企业在测算时需要加以区分。

1. 建设期现金净流量的测算

建设期现金流量是指项目投资初始，企业在项目建设过程中所发生的现金流量。建设期现金流量的构成如下。

（1）固定资产投资。如设备的购置费用、运输费用、安装费用等。

（2）垫支的营运资金。如对存货、原材料、在产品、产成品等流动资产的追加投资。垫支的营运资本需要在项目终结时收回。

（3）其他投资费用。如对员工的培训费、与供应商的谈判费、注册费等。

（4）原有固定资产（旧设备）的变价收入。旧设备的变价收入是指企业固定资产重置时原有设备出售的净现金流量。

（5）所得税效应。所得税效应指固定资产重置时变价收入的税负损益。

$$建设期现金净流量 =- 该年投资额$$

由于建设期只有现金流出量没有现金流入量，因此建设期的现金净流量总是为负数。企业投资额的投入方式影响到建设期现金净流量，如若投资额是在建设期一次性全部投入的，上述公式中的该年投资额就是企业的初始总投资。

2. 经营期现金净流量的测算

经营期现金流量是指在项目建成投入使用后，在生产经营过程中由于一系列的经营活动所产生的现金流量。经营期是投资项目的主要阶段，此时期既有现金流入量，又有现金流出量。经营期现金净流量的构成如下。

（1）营业收入。

（2）经营成本。

（3）税金及附加。

（4）所得税。

①不考虑所得税因素时：

$$经营期现金净流量 = 营业收入 - 经营成本 - 税金及附加$$

$$= 营业收入 - （营业成本 - 折旧额）- 税金及附加$$

$$= （营业收入 - 营业成本 - 税金及附加）+ 折旧额$$

$$= 营业利润 + 折旧额$$

式中，为简化起见，通常不考虑无形资产摊销费用等。

②考虑所得税因素时：

$$经营期现金净流量 = 营业收入 - 经营成本 - 税金及附加 - 所得税$$

$$= 营业收入 - （营业成本 - 折旧额）- 税金及附加 - 所得税$$

$$= （营业收入 - 营业成本 - 税金及附加 - 所得税）+ 折旧额$$

$$= 税后利润 + 折旧额$$

也可推导出：

$$经营期现金净流量 = 营业收入 - 经营成本 - 税金及附加 - 所得税$$

$$= 营业收入 - 经营成本 - 税金及附加 - （营业收入$$

$$- 经营成本 - 折旧额 - 税金及附加）\times 所得税税率$$

$$= （营业收入 - 经营成本 - 税金及附加）\times （1 - 所得税税率）$$

$$+ 折旧额 \times 所得税税率$$

$$= [营业收入 - （营业成本 - 折旧额）- 税金及附加]$$

$$\times （1 - 所得税税率）+ 折旧额 \times 所得税税率$$

$$= （营业收入 - 营业成本 - 税金及附加）\times （1 - 所得税税率）$$

$$+ 折旧额$$

折旧是企业的成本，但不是经营成本（付现成本），可以冲减利润，起到减少税负的作用。在不考虑所得税因素的情况下，无论企业采取何种折旧方式，都不会影响其现金净流量，因为折旧额增加或减少的数额与利润减少或增加的数额是相等的，所以折旧额的变化并不影响企业的投资价值。在考虑所得税情况下，企业计提折旧之后，导致企业成本增加、税前利润降低，从而使应纳所得税减少，进而起到减轻税负的作用。

3. 终结点现金净流量的测算

终结点现金流量是指在项目计算期结束时所发生的现金流量。终结点现金流量的构成如下。

（1）营业现金流量。

（2）固定资产余值。

（3）垫支的营运资金收回。

$$终结点现金净流量 = 营运现金净流量 + 回收额$$

【例 6-2】某连锁酒店拟购建一个游泳馆，预计总投资额为 150 万元，于建设期起点一次投入。该游泳馆预计使用寿命为 10 年，到期有 10 万元残值，采用直线法计提折旧。游泳馆建设期 1 年，预计投入使用后每年可为酒店带来营业利润 20 万元。根据上述资料，在不考虑所得税情况下计算各年的现金净流量。

解：①建设期现金净流量：

$$建设期现金净流量 =- 该年投资额$$

$NCF_0 = -150$（万元）

$NCF_1 = 0$（万元）

②经营期现金净流量：

$$经营期现金净流量 = 营业利润 + 折旧额$$

固定资产折旧额 =（150-10）÷ 10=14（万元）

$NCF_{2-10} = 20+14 = 34$（万元）

③终结点现金净流量：

$$终结点现金净流量 = 营运现金净流量 + 回收额$$

$NCF_{11} = 34+10 = 44$（万元）

【例 6-3】某景区预计投资新建一处景观，投资总额为 300 万元，其中固定资产投资 220 万元，需要 4 年建成，资金于建设起点分 4 年平均投入。为了满足日常经营活动的需要，在投产日垫支流动资金 80 万元。该景区经营期 20 年，固定资产采用直线法计提折旧，项目期满结束时有 20 万元净残值。景区投入使用后，预计前 10 年企业每年可获得 80 万元的营业收入，并发生 68 万元的营业成本和 8 万元的税金及附加；预计后 10 年企业每年可获得 120 万元的营业收入，并发生 70 万元的经营成本和 10 万元的税金及附加。在景区项目期满时，垫支的流动资金可全部收回。

要求：（1）测算该景区在项目计算期内各年的现金净流量（不考虑所得税因素）。

（2）假设所得税税率为 25%，计算该景区在项目计算期内各年的现金净流量。

解：（1）不考虑所得税因素时：

①建设期现金净流量：

$$建设期现金净流量 =- 该年投资额$$

$NCF_{0-3} = -55$（万元）

$NCF_4=-80$（万元）

②经营期现金净流量：

$$经营期现金净流量 = 营业收入 - 经营成本 - 税金及附加$$
$$= （营业收入 - 营业成本 - 税金及附加）+ 折旧额$$

固定资产折旧额 =（220-20）÷ 20=10（万元）

$NCF_{5-14}=80-68-8+10=14$（万元）

$NCF_{15-23}=120-70-10=40$（万元）

③终结点现金净流量：

$$终结点现金净流量 = 营运现金净流量 + 回收额$$

$NCF_{24}=40+20+80=140$（万元）

（2）考虑所得税因素时：

①建设期现金净流量：

$$建设期现金净流量 =- 该年投资额$$

$NCF_{0-3}=-55$（万元）

$NCF_4=-80$（万元）

②经营期现金净流量：

$$经营期现金净流量 =（营业收入 - 经营成本 - 税金及附加）×（1- 所得税税率）$$
$$+ 折旧额 × 所得税税率$$
$$=（营业收入 - 营业成本 - 税金及附加）×（1- 所得税税率）$$
$$+ 折旧额$$

固定资产折旧额 =（220-20）÷ 20=10（万元）

$NCF_{5-14}=（80-68-8）×（1-25\%）+10=13$（万元）

$NCF_{15-23}=（120-70-10）×（1-25\%）+10 × 25\%=32.5$（万元）

③终结点现金净流量：

$$终结点现金净流量 = 营运现金净流量 + 回收额$$

$NCF_{24}=32.5+20+80=132.5$（万元）

6.2.3　计算现金流量时应注意的问题

1. 不能忽视机会成本

企业在投资决策时，如果因为选择了一个投资方案而放弃其他投资项目的投资机会，那么被放弃的投资机会预计所带来的收益就是投资本项目的机会成本。例如新城公司要新建公寓式酒店，需要使用公司原有的一幢大楼。在分析投资方案可行性时，因新城公司不必动用资金去购置新的楼盘，是否可以忽视此大楼的成本？答案是否定的。因为新城公司如果不将此楼改建为公寓式酒店，则可以将它出租、出售等，并获得相应的收入。而新城公司放弃了这笔收入，将其改建为公寓式酒店，则改建公寓式酒店的机会成本就是这笔收入。假如将此楼进行出租，则可获得 60 万元的租金，那么建造酒店式公寓的机会成本就是 60 万元。机会成本不是通俗意义上的成本，它不是企业实际产生的费用或支出，而是一种潜在的放弃的收益。在进行投资决策时，不能忽视机会成本，要全面、客观、综合地评价投资项目，以便企业作出合理的选择。

2. 注意沉没成本

沉没成本是过去已经发生的、与当前投资决策无关的成本。沉没成本由于是过去的决策所产生的，因而对企业当前的投资决策没有任何影响。例如某餐饮企业在两年前购置一套烤箱，设备原价 15 万元，预计可使用 5 年，按照直线法计提折旧，使用期满无残值，目前该设备的账面净值为 9 万元。由于技术更新、科技进步，该设备已经被淘汰。在此情形下，该设备 9 万元的账面净值就属于沉没成本。故而企业在进行投资决策时，要考虑的是该投资项目能否为企业带来收益，而不是在意过去已经花掉多少钱。

3. 区分相关成本和非相关成本

相关成本是会对企业投资决策产生影响、与投资决策有关的企业不能忽视的成本，如机会成本、重置成本等。

非相关成本是不能对企业投资决策产生影响的、与投资决策无关的企业不必考虑的成本，如沉没成本、账面成本等。

企业在测算投资项目现金流量时，必须遵循只有增量现金流量才是和投资项目有关的现金流量这一原则。增量现金流量是企业实施某一项目所直接导致企业未来现金流量的波动量。若无论投资项目是否执行，现金流量都存在，则该项成本与投资决策不相关。因此为了合理测算现金流量，企业需要区分相关成本和非相关成本。

4. 考虑投资项目对公司其他部分的影响

一个新项目建成后可能会对公司其他部门和产品产生影响，这些影响所带来的现金流量变化应计入此项目的现金流量。例如，旅游企业开发了一条新的旅游线路，若该线路正式上市，可能会对公司同类型的旅游线路的销售情况产生影响。那么旅游企业在进行投资项目评价时，就不能简单地将新增旅游线路的销售收入都作为增量收入，而是应该扣除公司原有同类型旅游线路销售收入的减少量。这种情况要根据公司的新项目与原有部门是竞争关系还是互补关系而定。

5. 注意对营运资金的影响

当企业实施某新项目时，销售量的增加，必然会导致对存货、应收账款等流动资金需求的增加，必要时企业必须筹措新的资金以满足正常的运转经营的需要。新增的营运资金在项目需要时投入使用，并贯穿整个项目计算期，当项目终止时营运资金仍然可收回，作为终结点的现金流入量。因此在项目决策时，不能遗忘营运资金对现金流量的影响。

【例6-4】某酒店拟更新一套尚可使用5年的厨房旧设备。旧设备原价18万元，账面净值12万元，期满残值2万元，目前旧设备变价净收入7万元。旧设备每年为酒店带来的营业收入为20万元，经营成本和税金及附加为15万元。新设备总价款为30万元，可使用5年，预计使用新设备可为酒店每年增加营业收入5万元，并降低经营成本2万元，增加税金及附加0.4万元，期满残值3万元。所得税税率为23%。

要求：（1）不考虑所得税：①计算新旧设备各年的现金净流量；②更新方案的各年差量现金净流量。

（2）考虑所得税：①计算新旧设备各年的现金净流量；②更新方案的各年差量现金净流量。

解： 旧设备年折旧额 =（12-2）÷5=2（万元）

新设备年折旧额 =（30-3）÷5=5.4（万元）

（1）不考虑所得税。

继续使用旧设备各年的现金净流量：

NCF_0=-7（万元）（机会成本）

NCF_{1-4}=20-15=5（万元）

NCF_5=5+2=7（万元）

购买新设备各年的现金净流量：

NCF_0=-30（万元）

NCF_{1-4}=（20+5）-（15-2+0.4）=11.4（万元）

NCF_5=11.4+3=14.4（万元）

更新方案的各年差量现金净流量：

ΔNCF_0=−30−（−7）=−23（万元）

ΔNCF_{1-4}=11.4−5=6.4（万元）

ΔNCF_5=14.4−7=7.4（万元）

（2）考虑所得税。

继续使用旧设备各年的现金净流量：

旧设备账面净值 =12（万元），旧设备变价净收入 =7（万元）

若出售旧设备产生净损失 =12−7=5（万元）[计入营业外支出]

由此少缴所得税 =5×25%=1.25（万元）[现金流入]

旧设备变价净收入和由此带来的所得税效应均为机会成本

NCF_0=−7−1.25=−8.25（万元）（机会成本）

NCF_{1-4}=（20−15）×（1−25%）+2×25%=4.25（万元）

NCF_5=4.25+2=6.25（万元）

购买新设备各年的现金净流量：

NCF_0=−30（万元）

NCF_{1-4}=[（20+5）−（15−2+0.4）]×（1−25%）+5.4×25%=10.05（万元）

NCF_5=10.05+3=13.05（万元）

更新方案的各年差量现金净流量：

ΔNCF_0=−30−（−8.257）=−21.75（万元）

ΔNCF_{1-4}=10.05−4.25=5.8（万元）

ΔNCF_5=13.05−6.25=6.8（万元）

6.3 旅游企业项目投资决策评价指标及其计算

为了客观、科学地衡量和比较各种投资方案的可行性，便于企业作出最优的决策，一般需要借助多个评价指标，从不同维度分析投资项目。旅游企业项目投资属于对内投资，主要是对固定资产的投资，需要由一系列综合反映投资价值的量化指标组成，即投资决策评价指标。项目投资决策评价指标根据是否考虑货币资金的时间价值，分为非贴现现金流量指标和贴现现金流量指标。

6.3.1　非贴现现金流量指标

非贴现现金流量指标又称静态指标，是指测算时不考虑货币的时间价值，在项目计算期内的现金流量直接按照实际发生数额进行计算的指标。常用的非贴现现金流量指标包括投资利润率和投资回收期。

1. 投资利润率

1）投资利润率原理

投资利润率又称投资报酬率，是用投资项目的年平均利润额与投资总额之比来反映投资项目的获利能力的指标，一般用 ROI 来表示，计算公式为

$$投资利润率 = \frac{年平均利润额}{投资总额} \times 100\%$$

式中，分子是每年平均利润，不是现金净流量，不包括固定资产折旧额等；分母是投资项目的总投入，表示原始投资总额在整个项目计算期内的平均每年获利能力。

2）投资利润率评价标准

投资利润率评价标准是，投资项目的投资利润率越高越好，同时需要结合企业对该项目的预期收益率进行评价。当该项目的投资利润率大于或等于企业预期收益率时，该项目可行；当该项目的投资利润率小于企业预期收益率时，该项目不可行。在对多个投资方案进行比较时，在满足企业预期收益率的前提下，投资利润率最高的方案为最优方案。

【例 6-5】某企业有甲、乙两个投资方案，投资总额均为 20 万元，全部用于购买新设备，采用直线法计提折旧，预计使用寿命为 8 年，期末无残值，该企业的预期投资收益率为 5%，其他有关资料如表 6-1 所示。

表 6-1　投资方案有关资料　　　　　　　　　　　单位：元

项目计算期	甲方案		乙方案	
	利润	现金净流量	利润	现金净流量
0		（200 000）		（200 000）
1	12 000	65 000	10 000	63 000
2	12 000	65 000	12 000	66 000
3	12 000	65 000	16 000	69 000
4	12 000	65 000	19 000	71 000
合计	48 000	60 000	57 000	69 000

要求：计算甲、乙两个方案的投资利润率。

解：甲方案投资利润率 $= \dfrac{12\,000}{200\,000} \times 100\% = 6\%$

乙方案投资利润率 $= \dfrac{57\,000 \div 4}{200\,000} \times 100\% = 7.125\%$

从计算结果来看，甲、乙两个方案的投资利润率都要大于企业的预期收益率，但乙方案的投资利润率大于甲方案，因此应该选择乙方案进行投资。

3）投资利润率的优缺点

优点：投资利润率计算简单，数据资料来源方便，并且综合考虑了整体项目计算期的全部收益，在一定程度上能够反映投资项目的盈利水平。

缺点：投资利润率为非贴现指标，忽视了货币的时间价值，只是将利润总额进行了简单的平均，忽略了不同时间收益的差异。同时投资利润率只衡量了投资利润，没有考虑到资金的回收，容易使决策者作出错误的决策。

2. 投资回收期

1）投资回收期原理

投资回收期是指企业收回全部投资额所需要的时间。投资回收期是逐年对现金净流量进行简单的累计，当累计现金净流量等于初始投资总额时，其时间就是投资回收期，一般用 PP 来表示，计算公式如下：

（1）每年现金净流量相等时，计算投资回收期可直接用投资总额除以年现金净流量。

$$\text{投资回收期} = \dfrac{\text{投资总额}}{\text{年现金净流量}}$$

（2）每年现金净流量不等时，需要按照累计现金净流量与初始投资总额相等时所需的时间计算。

$$\text{投资回收期} = M + \dfrac{\text{第 } M \text{ 年的尚未收回额}}{\text{第（}M+1\text{）年的现金净流量}}$$

式中，M 为收回初始投资额的前一年。

2）投资回收期评价标准

投资回收期是以收回投资总额的时间长短作为评价标准的。一般而言，企业总是希望投资回收期越短越好，收回投资的速度越快，则说明项目投资的收益越好；投资回收期越长，收回投资的速度越慢。

【例 6-6】根据例 6-5 的资料,计算甲、乙两方案的投资回收期。

解:甲方案每年现金净流量相等,因此:

$$甲方案投资回收期 = \frac{200\,000}{65\,000} = 3.08(年)$$

乙方案每年现金净流量不相等,列表计算乙方案的累计现金净流量,如表 6-2 所示。

表 6-2   乙方案累计现金净流量计算表   单位:元

项目计算期	乙方案	
	现金净流量	累计现金净流量
1	63 000	63 000
2	66 000	129 000
3	69 000	198 000
4	71 000	269 000

从表 6-2 中可以看出,乙方案的投资回收期在第 3 年和第 4 年之间,因此:

$$乙方案投资回收期 = 3 + \frac{200\,000 - 198\,000}{71\,000} = 3.03(年)$$

从计算结果来看,乙方案的投资回收期比甲方案的投资回收期缩短了 0.05 年,降低了投资风险,所以该企业应该选择乙方案进行投资。

【例 6-7】某公园拟新建一处绿化景观,投资总额为 200 万元,预计建设期为 2 年。绿化景观建好投入使用后,预计第 1 年至第 9 年每年现金净流量均为 36 万元,第 10 年至第 12 年每年现金净流量均为 20 万元。要求:计算该绿化景观的投资回收期。

$$投资回收期 = 2 + \frac{200}{36} = 7.56(年)$$

从此例可知,投资回收期还应该包括投资建设期。

3)投资回收期的优缺点

优点:投资回收期计算简单易懂、使用便捷,对于资金紧张的企业来说,资金的回收情况是企业首先要考虑的因素。

缺点:投资回收期没有考虑货币的时间价值,忽视了收回投资之后的现金流量,只能反映收回投资额的速度,不能完整、全面地反映投资项目的盈利能力。

6.3.2 贴现现金流量指标

贴现现金流量指标又称动态指标，是指测算时考虑货币的时间价值的指标。常用的贴现现金流量指标包括净现值（NPV）、净现值率与现值指数、内含报酬率（IRR）。

1. 净现值

1）净现值原理

一个项目在项目计算期内，按照一定的贴现率将未来现金净流量现值与投资总额现值之间的差额称为净现值。由于投资项目的资金流入和资金支出发生在不同时点，这就需要考虑到货币的时间价值，用一定的贴现率将资金都折算到同一时点，这样才能准确地对收入和支出进行比较分析，从而对投资项目进行合理测算。净现值计算公式为

$$净现值 = 未来现金净流量现值 - 投资总额现值$$

（1）当经营期内各年现金净流量相等时，净现值的计算公式为

$$净现值 = 年现金净流量 × 年金现值系数 - 投资额现值$$

（2）当经营期内各年现金净流量不相等时，净现值的计算公式为

$$净现值 = \sum（经营期内某年现金净流量 × 该年复利现值系数）- 投资额现值$$

2）净现值评价标准

净现值指标的评价标准是：如果投资方案的净现值大于或等于零，说明该方案的盈利率大于或等于贴现率，此时方案可行；如果投资方案的净现值小于零，说明该方案的盈利率小于贴现率，此时方案不可行；如果多个投资方案的投资额和项目计算期均相同且净现值都大于零，那么净现值数额最大的方案为最优方案。由此可见，运用净现值指标评价投资项目时，主要看净现值数额的大小，净现值越大，说明该项目的现金流入和现金流出差额越大，经济效益也就越好。

采用净现值指标进行评价方案，一般包括以下步骤。

（1）计算各年现金净流量。

（2）计算未来报酬的现值之和。

①计算经营期内各年现金净流量现值之和。

②计算终结点现金净流量的现值。

③将经营期内各年现金净流量现值和与终结点现金净流量现值相加，得到未来报酬的现值之和。

（3）计算初始投资总额的现值之和。如果投资项目的建设期为零且资金于建设起点一次性投入，则投资现值之和即为投资总额；如果项目建设期不为零，资金分次投入项目当中，则需要将不同时间的资金投入均折算为现值，然后将这些现值相加从而得到投资总额的现值之和。

（4）用未来报酬现值之和减去投资总额现值之和。

【例 6-8】某旅游企业欲购买一辆客车，客车总额为 10 万元，预计使用 5 年，寿命期满后残值 1 万元，按照直线法计提折旧，该项目预计每年可以为企业带来 35 000 元的净利润。假设该旅游企业的最低报酬率为 15%。要求：用净现值法判断该方案是否可行。

解：（1）计算各年现金净流量。

$NCF_0 = -100\,000$（元）

$NCF_{1\text{-}4} = 35\,000 + （100\,000 - 10\,000）\div 5 = 53\,000$（元）

$NCF_5 = 53\,000 + 10\,000 = 63\,000$（元）

（2）计算未来报酬的现值之和。

①$\sum$ 经营期现金净流量现值 $= 53\,000 \times （P/A，15\%，4） = 151\,315$（元）

②终结点现金净流量现值 $= 63\,000 \times （P/F，15\%，5） = 31\,323.6$（元）

③$\sum$ 未来报酬现值 $= 151\,315 + 31\,323.6 = 182\,638.6$（元）

（3）计算初始投资总额的现值之和。

投资总额现值 $= 100\,000$（元）

（4）用未来报酬现值之和减去投资总额现值之和。

$NPV = 182\,638.6 - 100\,000 = 82\,638.6$（元）

计算结果表明净现值大于零，该方案可行。

【例 6-9】假定例 6-8 中客车投入使用后每年可获得的净利润分别是 30 000 元、32 000 元、35 000 元、36 000 元、40 000 元，其他资料不变。要求：计算该项目的净现值。

解：固定资产折旧额 $= \dfrac{100\,000 - 10\,000}{5} = 18\,000$（元）

$NCF_0 = -100\,000$（元）

$NCF_1 = 30\,000 + 18\,000 = 48\,000$（元）

$NCF_2 = 32\,000 + 18\,000 = 50\,000$（元）

$NCF_3=35\,000+18\,000=53\,000$（元）

$NCF_4=36\,000+18\,000=54\,000$（元）

$NCF_5=40\,000+18\,000+10\,000=68\,000$（元）

$NPV=48\,000×（P/F，15\%，1）+50\,000×（P/F，15\%，2）+53\,000×（P/F，15\%，3）+54\,000×（P/F,15\%,4）+68\,000×（P/F,15\%,5）-100\,000=79\,080.1$（元）

【例 6-10】某公司想要新建一项固定资产，预计总资金需求为 54 万元，采用直线法计提折旧。该固定资产预计使用 10 年，寿命期满有 4 万元残值。该项工程的建设期为 1 年，投资资金分别于建设期起点投入 24 万元，投产日投入 30 万元。预计项目投入使用后，每年可带来 15 万元的营业收入，产生 8 万元的营业成本，1 万元的税金及附加。假定不考虑所得税因素，贴现率为 9%。要求：测算该项目的净现值。

解： $NCF_0=-24$（万元）

$NCF_1=-30$（万元）

$NCF_{2\text{-}10}=15-8-1+（54-4）÷10=11$（万元）

$NCF_{11}=11+4=15$（万元）

$NPV=11×[（P/A,9\%,10）-（P/A,9\%,1）]+15×（P/F,9\%,11）-[24+30×（P/F，9\%，1）]=14.79$（万元）

由于该方案净现值大于零，所以该方案可行。

3）净现值的优缺点

优点：①净现值指标考虑了货币的时间价值，能够科学可靠地反映投资项目的真实价值，增强了其经济性的评价。②考虑了投资风险，贴现率大小与风险大小有关，投资风险越高，贴现率就越大。③通过计算投资方案的预计净收益的现值，反映了投资方案的收益情况。

缺点：①净现值指标是绝对数，不能用于比较初始投资总额不相等、投资期限不同的项目。②整个项目计算期内的现金流量和贴现率的确定具有一定难度，而这两个数值将直接影响净现值的测算。

2.净现值率与现值指数

1）净现值率与现值指数原理

上述净现值是一个绝对数指标，不能准确衡量不同投资规模和期限的投资项目。为此，在进行方案对比时，我们可以借助与其相对应的相对数指标来进行分析判断，即净现值率和现值指数。净现值率是投资项目的净现值与投资现值之比，用 NPVR 来表示；现值指数又称获利指数，是投资项目的未来现金净流量现值与投资现值之比，用 PI 来表示。两指标的计算公式为

$$净现值率 = \frac{净现值}{投资现值}$$

$$现值指数 = \frac{未来现金净流量现值}{投资现值}$$

净现值率与现值指数有如下关系：

$$现值指数 = \frac{未来现金净流量现值}{投资现值} = \frac{净现值 + 投资现值}{投资现值} = 净现值率 + 1$$

2）净现值率与现值指数评价标准

净现值率小于零，现值指数小于 1，说明该项目的投资报酬率小于贴现率，收益低于投资成本，方案不可行；净现值等于零，现值指数等于 1，说明该项目的投资报酬率等于贴现率，收益等于投资成本，方案可行；净现值率大于零，现值指数大于 1，说明该项目的投资报酬率大于贴现率，收益高于投资成本，方案可行。因此，净现值率和现值指数越大，说明投资方案的收益水平越高，方案越好。

【例 6-11】根据例 6-8 的资料，计算该投资方案的净现值率和现值指数。

解：净现值率 $= \dfrac{82\,638.6}{100\,000} = 0.826$

现值指数 $= \dfrac{53\,000 \times（P/A，15\%，4）+63\,000 \times（P/F，15\%，5）}{100\,000} = 1.826$

现值指数 = 净现值率 +1=0.826+1=1.826

3）净现值率与现值指数的优缺点

优点：净现值率与现值指数两指标可以从动态角度反映项目投入资金与净产出之间的比例关系，在具备净现值指标优点的同时，又弥补了净现值在不同投资规模和期限的方案中难以抉择的缺陷。

缺点：与净现值指标相似，难以确定贴现率，不能准确反映实际的投资报酬率。

3. 内含报酬率

1）内含报酬率原理

内含报酬率又称内部收益率，是使投资方案未来现金净流量现值恰好等于原始投资额现值时的贴现率，即使投资方案净现值等于零时的贴现率。内含报酬率

的计算过程一般分为两种情况。

（1）经营期内各年现金净流量相等，且全部投资均于建设起点一次投入，建设期为零。

计算内含报酬率分以下三步进行。

①计算净现值为零时的年金现值系数。

$$净现值 = 年现金净流量 \times 年金现值系数 - 投资额现值 = 0$$

$$年金现值系数（P/A，IRR，n）= \frac{投资现值}{年现金净流量}$$

②据计算出来的年金现值系数与已知年限 n，查询年金现值系数表，找到与上述系数相邻的两个系数所对应的贴现率。

③用内插法计算出内含报酬率。

【例 6-12】某酒店购入一台总价为 3 万元的 LED（发光二极管）显示屏，按直线法计提折旧，该显示屏预计使用寿命为 6 年，期末无残值。预计显示屏投入使用后每年可为酒店带来净利润 0.4 万元，要求：计算该方案的内含报酬率。

解：① $NCF_0 = -3$（万元）

　　　$NCF_{1-6} = 0.4 + 3/6 = 0.9$（万元）

　　　令 $0.9 \times （P/A，IRR，6）- 30\ 000 = 0$

　　　得 $（P/A，IRR，6）= 3.333\ 3$

②现已知 LED 显示屏使用年限为 6 年，即 $n=6$、系数为 3.333 3 时，经查询年金现值系数表，可知项目对应的贴现率在 18%～20%。

$i=18\%，（P/A，i，6）=3.497\ 6$

$i=IRR，（P/A，i，6）=3.333\ 3$

$i=20\%，（P/A，i，6）=3.325\ 5$

③用内插法计算

$$\frac{IRR-18\%}{20\%-IRR} = \frac{3.333\ 3 - 3.497\ 6}{3.325\ 5 - 3.333\ 3}$$

可得：$IRR=19.91\%$

（2）经营期内各年现金净流量不相等。

①估计一个贴现率，计算此时项目的净现值。

如果计算出净现值大于零，说明该项目的实际报酬率大于估计的贴现率，此时应该提高预估的贴现率再进一步测算；如果计算出的净现值小于零，说明该项目的实际报酬率小于估计的贴现率，此时应该降低贴现率再进一步测算。如此反复测算，直至找到使净现值由正到负或由负到正且接近零的两个贴现率。

②根据上述相邻的两个贴现率用内插法求出该方案的内含报酬率。

由于逐步测试法是一种近似方法，因此相邻的两个贴现率不能相差太大，否则误差会很大。

【例 6-13】某酒店购入一台总价为 3 万元的 LED 显示屏，按直线法计提折旧，该显示屏预计使用寿命为 6 年，期末无残值。预计显示屏投入使用后每年可获得净利润分别为 0.3 万元、0.3 万元、0.4 万元、0.4 万元、0.5 万元、0.6 万元。要求：计算内含报酬率。

解： 固定资产年折旧额 =3÷6=0.5（万元）

$NCF_0 = -3$（万元）

$NCF_1 = 0.3 + 0.5 = 0.8$（万元）

$NCF_2 = 0.3 + 0.5 = 0.8$（万元）

$NCF_3 = 0.4 + 0.5 = 0.9$（万元）

$NCF_4 = 0.4 + 0.5 = 0.9$（万元）

$NCF_5 = 0.5 + 0.5 = 1$（万元）

$NCF_6 = 0.6 + 0.5 = 1.1$（万元）

令 $i=16\%$，则

$NPV = 0.8 \times (P/F, 16\%, 1) + 0.8 \times (P/F, 16\%, 2) + 0.9 \times (P/F, 16\%, 3) + 0.9 \times (P/F, 16\%, 4) + 1 \times (P/F, 16\%, 5) + 1.1 \times (P/F, 16\%, 6) - 3$

$= 0.285\,6$（万元）

令 $i=18\%$，则

$NPV = 0.8 \times (P/F, 18\%, 1) + 0.8 \times (P/F, 18\%, 2) + 0.9 \times (P/F, 18\%, 3) + 0.9 \times (P/F, 18\%, 4) + 1 \times (P/F, 18\%, 5) + 1.1 \times (P/F, 18\%, 6) - 3$

$= 0.109\,1$（万元）

令 $i=20\%$，则

$NPV = 0.8 \times (P/F, 20\%, 1) + 0.8 \times (P/F, 20\%, 2) + 0.9 \times (P/F, 20\%, 3) + 0.9 \times (P/F, 20\%, 4) + 1 \times (P/F, 20\%, 5) + 1.1 \times (P/F, 20\%, 6) - 3$

$= -0.052\,3$（万元）

说明该项目的内含报酬率在 18% ~ 20%，利用内插法进行计算：

i=18%，NPV=0.109 1

i=IRR，NPV=0

i=20%，NPV=−0.052 3

$$\frac{IRR-18\%}{20\%-18\%}=\frac{0-0.109\ 1}{-0.052\ 3-0.109\ 1}$$

可得：IRR=19.35%

2）内含报酬率评价标准

当投资项目的内含报酬率大于或等于企业最低报酬率时，该方案可行；当投资项目内含报酬率小于企业最低报酬率时，该方案不可行；当有多个投资方案的内含报酬率均大于企业最低报酬率时，则应选择内含报酬率最高的方案。

3）内含报酬率的优缺点

优点：内含报酬率反映的是投资方案自身的获利能力，易于被企业决策者理解。

缺点：计算时需要逐步测试数值，比较复杂烦琐，不易直接衡量投资方案的风险大小。

4. 贴现现金流量指标之间的关系

净现值、净现值率、现值指数和内含报酬率之间存在以下关系：

当净现值＞0时，净现值率＞0，现值指数＞1，内含报酬率＞企业最低报酬率，则方案可行，处于盈利状态；

当净现值=0时，净现值率=0，现值指数=1，内含报酬率=企业最低报酬率，则方案可行，处于盈亏平衡状态；

当净现值＜0时，净现值率＜0，现值指数＜1，内含报酬率＜企业最低报酬率，则方案不可行，处于亏损状态。

6.4　旅游企业项目投资决策分析评价指标的运用

6.3 节主要介绍了在项目投资决策中常用到的评价指标及其计算方法，计算项目评价指标的目的是给旅游企业管理者提供可靠的决策依据。这些指标中，非贴现现金流量指标通常用于项目初期评价，而企业最终作出项目决策时，往往还需要借助贴现现金流量指标来进行评价与优选。

6.4.1　独立方案的投资决策

独立方案指的是一组相互独立、互不排斥的项目。在独立方案中，选择某一项目并不排斥选择其他项目。例如某旅行社拟进行几项投资活动，这一组投资方案有扩建办公大楼、开发新的旅行线路、购置新型客车等。这一组投资方案中各个方案相互分离、互不排斥，并不存在选择一个方案就不能考虑采纳和实施另外几个项目的情况。酒店既可以选择扩建办公大楼，也可以同时开发新的旅行线路。独立方案的成本和收益不会因为企业投资其他项目而受到影响，方案是否被采纳只取决于项目本身的经济价值。

对于独立方案的评判，只需要评价其在财务上是否可行即可。常用到的评价指标有净现值 NPV、净现值率 NPVR、现值指数 PI、内含报酬率 IRR 和投资回收期 PP，在评价方案的财务可行性时需要掌握以下要点。

1. 完全具备财务可行性

当一个投资方案的所有评价指标均同时满足以下条件，则可以判定该方案具有财务可行性，应该采纳此方案。这些条件包括：

（1）净现值 NPV $\geq$ 0。

（2）净现值率 NPVR $\geq$ 0。

（3）现值指数 PI $\geq$ 1。

（4）内含报酬率 IRR $\geq$ i（行业平均或基准折现率）。

（5）投资回收期 PP $\leq$ $n/2$（即项目计算期的一半）。

2. 完全不具备财务可行性

当一个投资方案的所有评价指标均不满足上述条件，即同时发生以下情况，则可以判定该方案不具有财务可行性，应该放弃此方案。这些情况包括：

（1）净现值 NPV $<$ 0。

（2）净现值率 NPVR $<$ 0。

（3）现值指数 PI $<$ 1。

（4）内含报酬率 IRR $<$ i（行业平均或基准折现率）。

（5）投资回收期 PP $>$ $n/2$（即项目计算期的一半）。

3. 基本具备或基本不具备财务可行性

当主要评价指标（净现值、净现值率、现值指数、内含报酬率）与辅助评价指标（投资利润率、投资回收期）在评价方案可行性时发生冲突，应当以主要指标的结论为准。

如果净现值 NPV ≥ 0，净现值率 NPVR ≥ 0，现值指数 PI ≥ 1，内含报酬率 IRR ≥ *i*，但投资回收期 PP > *n*/2，则可判定该方案基本具有财务可行性；

如果净现值 NPV < 0，净现值率 NPVR < 0，现值指数 PI < 1，内含报酬率 IRR < *i*，但投资回收期 PP ≤ *n*/2，则可判定该方案基本不具有财务可行性。

【例 6-14】某酒店拟投资一项固定资产，初始投资额为 2 000 万元，项目计算期为 7 年，无建设期，基准贴现率为 14%。有关投资评价指标如下：

该项目投资回收期为 4.5 年，净现值为 133.6 万元，净现值率为 6.68%，现值指数为 1.066 8，内含报酬率为 24.5%。

要求：评价该项目的财务可行性。

解： 因为该方案的净现值大于零，净现值率大于零，现值指数大于 1，内含报酬率大于基准贴现率，尽管投资回收期 4.5 年大于整个项目计算期的一半（7/2），但项目投资方案的主要评价指标均达到相应标准，则可判定该项目基本具备财务可行性，可以采纳该方案。

6.4.2　互斥方案的投资决策

互斥方案是指相互关联又相互排斥的方案。在同一组项目中，接受实施某个投资项目时就不能同时再进行其他的项目，因为互斥方案具有排他性。互斥方案进行投资决策的前提是每个入选方案都具备财务可行性，在此前提下，互斥方案利用具体决策方法比较各个方案的优劣，主要运用的方法有净现值法、差额法和年等额净现值法。

1. 净现值法

净现值法适用于投资额和项目计算期均相同的互斥方案的比较决策，净现值指标最大的方案即为最优方案。

【例 6-15】有甲、乙、丙、丁四个互斥项目可供选择，四个项目的初始投资额均为 300 万元，项目计算期都为 5 年。贴现率为 12%，经计算：

甲方案的净现值 =24.162（万元）

乙方案的净现值 =36.485（万元）

丙方案的净现值 =-6.713（万元）

丁方案的净现值 =30.983（万元）

要求：评价四个项目并决策。

解： 因为丙方案净现值为 –6.713 万元，小于零，不具备财务可行性，应首先被排除。又因为甲、乙、丁三个方案净现值均大于零，所以这三个方案都具备财务可行性，且 $NPV_乙 > NPV_丁 > NPV_甲$，所以乙方案为最优方案，丁方案次之，甲方案最差。

2. 差额法

差额法适用于投资不相等，但项目计算期相等的互斥方案的比较决策。所谓差额法，是在两个初始投资总额不同方案的差额现金净流量（记作 ΔNCF）的基础上，计算出差额净现值（记作 ΔNPV）或内含报酬率（记作 ΔIRR），并据此判断方案是否可行的方法。

在使用差额法时，一般用初始投资总额大的方案减去投资总额小的方案，当 $\Delta NPV \geq 0$ 或 $\Delta IRR \geq i$（基准收益率）时，初始投资总额大的方案要优于投资总额小的方案；反之，则投资总额小的方案较优。

ΔNPV 和 ΔIRR 的计算步骤与技巧同净现值和内含报酬率完全一样，只是差额法的计算依据是 ΔNCF。

【例 6–16】 有甲、乙两个项目计算期均为 8 年的互斥项目。甲项目的投资总额为 300 万元，项目计算期内每年现金净流量为 78 万元；乙项目的投资总额为 200 万元，项目计算期内每年现金净流量为 55 万元。基准收益率为 18%。

要求：用差额内含报酬率法进行比较投资。

解： $\Delta NCF_0 = -300 - (-200) = -100$（万元）

$\Delta NCF_{1-8} = 78 - 55 = 23$（万元）

令 NPV=0，则

$23 \times (P/A, \Delta IRR, 8) = 100$

$(P/A, IRR, 8) = 4.347\,8$

现已知两个项目计算期为 8 年，即 $n=8$、系数为 4.347 8 时，经查询，年金现值系数表，可知项目对应的贴现率在 15% ~ 16%。

$i=15\%, (P/A, i, 8) = 4.487\,3$

$i=\Delta IRR, (P/A, i, 8) = 4.347\,8$

$i=16\%, (P/A, i, 8) = 4.343\,6$

利用内插法可得 $\Delta IRR=15.97\%$，由于内含报酬率小于基准收益率 18%，因此企业应该投资乙项目。

【例 6-17】某公司有一台价值为 20 万元设备，于 8 年前购入，预计仍然可以使用 12 年，采用直线法计提折旧，现账面价值为 12 万元，期末无残值。这台设备可为公司每年取得 40 万元的销售收入，年付现成本为 30 万元。现在市面上出现了一种新兴替代设备，新设备售价 44 万元，使用寿命为 12 年，期末残值为 8 万元。若购入新设备，可得到 6 万元的旧设备变价收入，每年能够为企业带来 50 万元的销售收入，每年还可节约付现成本 2 万元。假设贴现率为 12%，所得税率为 25%。要求：用差额净现值法试算设备是否需要更新。

解：旧设备年折旧额 =200 000/20=10 000（元）

NCF_0=−60 000−（120 000−60 000）×25%=−45 000（元）

NCF_{1-6}=（400 000−300 000）×（1−25%）+10 000×25%=77 500（元）

新设备年折旧额 =（440 000−80 000）/12=30 000（元）

NCF_0=−440 000（元）

NCF_{1-5}=（500 000−300 000+20 000）×（1−25%）+30 000×25%=172 500（元）

NCF_6=172 500+80 000=252 500（元）

ΔNCF_0=−440 000−（−45 000）=−395 000（元）

ΔNCF_{1-5}=172 500−77 500=95 000（元）

ΔNCF_6=252 500−77 500=175 000（元）

ΔNPV=95 000×（P/A，12%，5）+175 000×（P/F，12%，6）−395 000
　　　　=36 111（元）

因为 $\Delta NPV>0$，则更换新设备可行。

【例 6-18】根据例 6-17 资料，要求：用差额内含报酬率法试算设备是否需要更新。

解：令 i=15%，则：

ΔNPV=95 000×（P/A，15%，5）+175 000×（P/F，15%，6）−395 000
　　　　=10 469（元）>0

再令 i=16%，则：

ΔNPV=95 000×（P/A，16%，5）+175 000×（P/F，16%，6）−395 000
　　　　=−12 121.5（元）<0

利用内插法：

$i=15\%$，$NPV=10\ 469$

$i=\Delta IRR$，$NPV=0$

$i=16\%$，$NPV=-12\ 121.5$

$$\frac{IRR-15\%}{16\%-15\%}=\frac{0-10\ 469}{-12\ 121.5-10\ 469}$$

可得 $\Delta IRR=15.46\%$，由于 ΔIRR 大于贴现率为 12%，则企业应该更换新设备。

3. 年等额净现值法

年等额净现值法适用于初始投资额和项目计算期均不相等的互斥方案。所谓年等额净现值法，是指通过比较所有投资方案的年等额净现值指标的大小来确定最优方案。在此方法下，年等额净现值最大的方案为最优方案。

年等额净现值法的计算步骤如下：

（1）计算各互斥方案的净现值。

（2）计算各方案的年等额净现值。若贴现率为 i，项目计算期为 n，则

$$年等额净现值\ A=\frac{净现值}{年金现值系数}=\frac{NPV}{(P/A,\ i,\ n)}$$

【例6-19】某旅行社预计组建一支车队，现方案有：甲方案的初始投资总额为 1 400 万元，项目计算期为 5 年，净现值为 1 002 万元；乙方案的初始投资总额为 2 100 万元，项目计算期为 8 年，净现值为 -9 万元；丙方案的初始投资总额为 2 900 万元，项目计算期为 12 年，净现值为 2 100 万元。现行业基准收益率为 12%。

要求：（1）判断三个方案是否可行。

（2）用年等额净现值法进行投资决策。

解：甲方案和丙方案的净现值均大于零，方案具有财务可行性；乙方案的净现值小于零，不具备财务可行性。

$$年等额净现值_甲=\frac{1\ 002}{(P/A,\ 12\%,\ 5)}=277.96（万元）$$

$$年等额净现值_丙=\frac{2\ 100}{(P/A,\ 12\%,\ 12)}=339.02（万元）$$

因为甲方案的年等额净现值小于丙方案的年等额净现值，因此丙方案优于甲方案。

【例 6-20】某企业有两个投资方案，其现金净流量如表 6-3 所示。

表 6-3　投资方案资料

单位：元

项目计算期	甲方案现金净流量	乙方案现金净流量
0	（280 000）	（120 000）
1	160 000	55 000
2	190 000	55 000
3		55 000

要求：假设企业最低报酬率为 12%，请在两个方案中进行决策。

解：（1）计算两方案净现值。

$\text{NPV}_{甲}=160\ 000 \times (P/F,12\%,1)+190\ 000 \times (P/F,12\%,2)-280\ 000=14\ 332（元）$

$\text{NPV}_{乙}=55\ 000 \times (P/A,\ 12\%,\ 3)-120\ 000=12\ 099（元）$

（2）计算年等额净现值。

$$年等额净现值_{甲}=\frac{14\ 332}{(P/A,12\%,2)}=8\ 479.97（元）$$

$$年等额净现值_{乙}=\frac{12\ 099}{(P/A,\ 12\%,\ 3)}=5\ 037.47（元）$$

因为甲、乙两方案净现值均大于零，都具备财务可行性，但甲方案的年等额净现值大于乙方案，所以甲方案要优于乙方案。

🔍 本章小结

本章主要介绍了四个方面的内容：①旅游企业项目投资概述，即企业将资金投放于内部生产经营所需的长期资产上的行为，项目计算期包括建设期、经营期和终结点。②旅游企业现金流量分析，包括对现金流入量、现金流出量和现金净流量的分析和计算。③项目投资决策的评价指标，分为贴现指标和非贴现指标，其中贴现指标为主要评价指标，非贴现指标为辅助评价指标。④项目评价指标的应用，对于独立方案只需评价其在财务上是否可行，而互斥方案则根据不同投资额度和项目计算期采用不同的评价方式。

即测即练

 思考题

1. 项目建设期、经营期和终结点的现金流量构成分别有哪些?

2. 所得税对计算现金净流量的影响是怎样的?

3. 在项目投资决策中,为什么贴现现金流量指标要比非贴现现金流量指标重要?

4. 什么是内含报酬率?

5. 互斥方案应该怎样进行项目评价?

第7章 旅游企业营运资金管理

学习目标

（1）理解旅游企业营运资金的概念及日常管理基本要求。

（2）了解企业持有货币资金的动机。

（3）了解应收账款的功能和相关成本。

（4）理解信用政策。

（5）理解存货的管理目标和相关成本。

能力目标

（1）掌握最佳货币资金持有量的确定方法。

（2）掌握信用条件的定量分析方法。

（3）掌握存货经济批量管理。

思政目标

（1）培养学生"一带一路"思想。

（2）强化学生的准则意识。

（3）贯彻依法治国精神。

思维导图

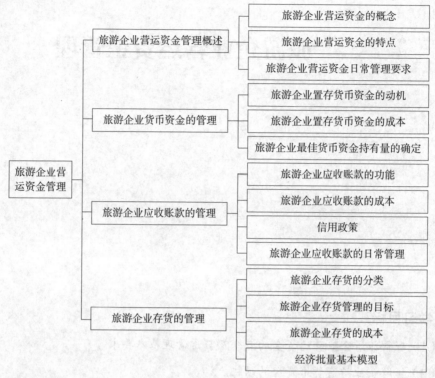

导入案例

三棵树的应收账款之困

三棵树涂料股份有限公司（以下简称"三棵树"）创立于 2003 年，是一家致力于家装涂料、建筑涂料等的研发、生产和销售的大型涂料企业，于 2016 年上市，2019 年上榜"胡润中国民营企业 500 强"榜单，2020 年成为北京 2022 年冬奥会和冬残奥会官方涂料独家供应商。但随着房地产融资政策逐步收紧，上游房企艰难度日，三棵树也不得不面对增长停滞、流动性风险加剧等诸多风险。

2021 年上半年，三棵树的应收账款为 32.82 亿元，同比增长 77.58%，占总资产比例高达 30.51%。除应收账款占资产比例较高外，三棵树的应收账款周转天数也由 2018 年的 63.21 天增加至 2019 年的 68.75 天，2020 年又进一步增加至 94.02 天，到 2021 年年中，已经上升至 116.39 天。针对应收账款回收风险，三棵树表示，近年来，公司的工程墙面涂料销售收入金额持续增长，而产品的客户主要为大型房地产开发商，单一客户采购规模较大。公司按照房地产开发行业采购特点制定了工程墙面涂料客户信用政策，给予该类客户较高的信用额度和较长的信用账期。如果该类客户受房地产行业波动出现经营困难，公司将面临应收账款无法及时回收的风险。

资料来源：苏杭 . 三棵树营收 47 亿扣非净利仅 1247 万，背靠房地产大树难乘凉 [EB/OL].(2021–08–11). https://www.shangyexinzhi.com/article/4099469.html.

思考：

企业是如何产生应收账款的？当应收账款过多时，企业应该如何应对？

7.1　旅游企业营运资金管理概述

7.1.1　旅游企业营运资金的概念

营运资金又称营运资本，是指企业在生产经营过程中投放到流动资产上的资金，有广义和狭义之分。广义的营运资金又称毛营运资金，是指一个企业的流动资产总额；狭义的营运资金又称净营运资金，是指流动资产扣除流动负债之后的余额，通常是企业维持日常经营所需的资金。本书所讲的是狭义的营运资金概念。

其中，流动资产是指可以在 1 年或超过 1 年的一个营业周期内变现或耗用的资产，主要包括货币资金、应收账款、交易性金融资产和存货等。流动负债是指需要在 1 年或超过 1 年的一个营业周期内偿还的债务，主要包括短期借款、应付账款和应交税费等。

营运资金因具有较强的流动性而成为衡量企业短期偿债能力的重要指标，是企业资金总体中的一个重要组成部分，因此企业持有一定量的营运资金是十分必要的。

因旅游企业的行业性质不同于工业企业，其流动资产的占用形态各不相同。旅游企业基本没有生产车间和物资储备，其流动资金除了必要的费用和员工工资外，大部分都是货币资金和结算资金。酒店和餐饮类的旅游企业的流动资产占用主要是食品类原材料、设施用品和工资费用等；旅游汽车企业的流动资产占用主要是汽车及配件、维修费和工资等费用。

7.1.2　旅游企业营运资金的特点

1. 短期性

旅游企业的营运资金一般都可在 1 年或超过 1 年的一个营运周期内收回，投资回收期快，对企业影响时间比较短。正是由于营运资金的周转时间短，企业可以通过短期借款、商业信用等短期筹资方式来解决资金问题。

2. 流动性

相对于固定资产来说，流动资产的具体形态处于不断变化的过程中，这就是流动性。企业的营运资金每次都要经历供产销的周转过程，一般先从货币资金转化为原材料，然后依次形成半成品、商品，并最终再恢复为货币形态。如果遇到突发情况，企业出现资金短缺问题，其存货、短期有价证券等非现金形态的流动资产可迅速变卖，以获取现金。这一点对公司应对临时性的资金需求有重要意义。

3. 数量波动性

受企业内外环境的影响，营运资金在数量上的波动性比较大。由于旅游企业大多属于季节性企业，营运资金的需用量起伏较大，因季节性需求而呈现出强烈的波动性。

4. 来源多样性

营运资金的来源主要通过短期筹资方式来解决，其筹资渠道有短期借款、商业信用、票据贴现等多种方式。

7.1.3 旅游企业营运资金日常管理要求

通过有效地管理营运资金，可以在满足企业日常周转的前提下，一方面缩短企业营运资金的周转时间，减少因持有资金而产生的成本，降低投资风险；另一方面也能促进资金流动，提高偿债能力，进而增强企业的筹资能力。

1. 确定合理的资金需要量

旅游企业的营运资金需要量取决于季节、外部市场环境因素和流动资产周转速度等的影响，企业要认真分析、综合考虑各种因素，合理确定资金需要量。使流动资金既能满足企业经营的需要，又能减少因资金储备量过多而造成的浪费。

2. 节约资金成本

企业营运资金的来源方式多种多样，应力求以最小的代价来获取最高的收益，并做到筹资能力与偿债能力相匹配，合理安排流动资产与流动负债的比例关系，保证企业有足够的短期偿债能力。

3. 提高资金利用率

企业应当适度加速存货周转、缩短应收账款的收账周期、延长应付账款的付款周期，以加速营运资金的周转，提高资金的使用效率。

7.2　旅游企业货币资金的管理

货币资金是企业流动性最强的资产,是在企业生产经营过程中以货币形态储存的资金,可以用来支付企业日常开支,保证按时偿还借款和履行纳税义务。在所有资产中,货币资金的流动性和变现能力最强,但盈利能力较弱。货币资金包括库存现金、银行存款、银行本票和银行汇票等。

7.2.1　旅游企业置存货币资金的动机

企业置存一定数量的货币资金是为了满足交易性动机、预防性动机和投机性动机的需要。

1. 交易性动机

交易性动机是指企业为了维持日常运转及正常商业活动而持有的资金储备。通常情况下,企业为了支付工资、购买物料和缴纳税金等,必须置存一定数额的货币资金。同时,由于经济业务的发生,企业的收入和支出不能同频同量地发生,因此为了保证日常交易的连续性,企业必须置存适当的货币资金。

在供销业务往来中,企业提供给客户的商业信用条件和供应商提供给企业的信用条件并不相同,这种情况下企业就必须持有货币资金。例如旅行社由于行业的竞争压力,为了吸引更多的游客,给消费者提供了40天的信用期限,而酒店提供给旅行社的信用期限仅为30天。此时,企业必须保留能够满足10天正常运转的货币资金。

2. 预防性动机

预防性动机是指企业为了应付意外事件的发生而持有的现金。这些意外事件是企业意想不到的、临时性的开支。旅游企业在经营运转过程中,可能会遇到很多意外事件的发生,进而给企业正常业务的开展带来诸多困难。如水灾、地震等自然灾害;重大设备出现故障;市场环境不景气等。这些情况下的现金流量往往难以预测,而现金需要量的不确定性越大,预防性资金的储备量应该越多;相反,公司的现金流量预测越准确,预防性资金的储备量也就越少。

3. 投机性动机

投机性动机是企业为了抓住转瞬即逝的获利机会而持有的资金储备,如购买低价出售的空调设施等。投机性动机可有效提高企业在竞争中的灵活性。

由此可见,旅游企业必须持有一定的货币资金。如果企业置存的货币资金不足，不仅将难以维持日常运转的支出，还会错过良好的获利机会。但是，基于货币资金较弱的盈利能力，倘若企业资金置存量过多，势必会闲置部分资金，从而加重资金成本。因此货币资金管理的目的就是使企业资金收支平衡，在使用时间上相互衔接，提高资金的使用效率。

7.2.2 旅游企业置存货币资金的成本

企业持有货币资金通常会产生四种成本，即机会成本、交易成本、短缺成本和管理成本。

1. 机会成本

机会成本是企业因持有一定量的货币资金而放弃了其他投资机会可能获得的最大收益。它与货币资金持有量成正比例关系，持有的货币资金越多，机会成本越大；反之就越小。

2. 交易成本

交易成本又称转换成本，是指企业因对有价证券的购入与转让而支付的固定性交易费用，如证券过户费、委托买卖佣金等。交易成本的大小与交易金额无关，而与交易次数呈正比例关系。在现金需要量一定的情况下，企业现有的货币资金数量越多，需要由有价证券转换为货币资金的数量越少，证券的转换次数也随之较少，交易成本相应的也就越小。

3. 短缺成本

短缺成本是企业因货币资金持有量不足而又无法及时通过有价证券变现加以补充而给企业造成的损失，包括直接损失和间接损失。比如因资金短缺不能及时支付货款而造成的信誉损失、停工损失等。货币资金的短缺成本与货币资金持有量成反比例关系，即随着货币资金置存量的增加而降低，随着货币资金置存量的减少而上升。

4. 管理成本

管理成本是指企业因持有一定量的货币资金而发生的管理费用，如管理人员的工资、安全措施费等。管理费用一般是固定费用。

7.2.3 旅游企业最佳货币资金持有量的确定

最佳货币资金持有量就是指使相关成本之和最小的货币资金持有数量。确定货币资金最佳持有量的方法有很多，本书主要介绍成本分析模式和存货分析模式两种方法。

1. 成本分析模式

成本分析模式是根据货币资金的相关成本（包括机会成本、短缺成本、管理成本），分析预测其总成本最低时货币资金持有量的一种方法。在此分析模式下，不予考虑交易成本。

$$相关总成本 = 机会成本 + 短缺成本 + 管理成本$$

机会成本因与货币资金持有量呈正比例变动，计算公式如下：

$$机会成本 = 平均货币资金持有量 \times 有价证券利率$$

$$平均货币资金持有量 = 最佳货币资金持有量 \div 2$$

短缺成本与货币资金持有量呈反比例变动，当货币资金持有量达到一定数额时，短缺成本为零。

管理成本是一项固定费用，与货币资金持有量没有明显的比例关系。

货币资金持有量同相关成本之间的关系如图 7-1 所示。

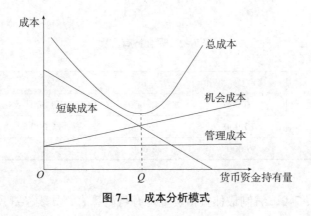

图 7-1　成本分析模式

从图 7-1 可以看出，由于成本分析模式下的三个相关成本与货币资金持有量呈现出不同的变动关系，总成本曲线呈抛物线形状，抛物线最低点即为总成本最低点，该点对应的横坐标就是最佳货币资金持有量。

利用成本分析模式确定最佳货币资金持有量的过程如下。

（1）根据不同现金持有量测算并确定有关成本数值。

（2）按照不同现金持有量及其有关成本资料编制最佳货币资金持有量测算表。

（3）在测算表中找出相关总成本最低时的现金持有量，即为最佳现金持有量。

【例 7-1】某酒店有三种现金持有方案，经测算，有关数据如表 7-1 所示。

表 7-1　某酒店现金持有分析表

单位：万元

方案	甲	乙	丙
平均现金持有量	120	160	180
机会成本	12	16	18
管理成本	1	1	1
短缺成本	8	6	1
相关总成本	21	23	20

对比上述三个方案可知，丙方案的相关总成本最低，即该酒店平均持有 180 万元时的总成本最低，因此 360 万元为最佳货币资金持有量。

【例 7-2】某旅行社有 A、B、C、D 四种现金持有方案，有关成本数据如表 7-2 所示。该旅行社的资本收益率为 13%。要求：利用成本分析模式测算企业最佳货币资金持有量。

表 7-2　现金持有方案

单位：元

方案	A	B	C	D
平均现金持有量	20 000	45 000	70 000	100 000
管理成本	15 000	15 000	15 000	15 000
短缺成本	6 000	2 600	1 700	1 000

解：根据表 7-2，编制最佳货币资金持有量测算表，如表 7-3 所示。

表 7-3　最佳货币资金持有量测算表

单位：元

方案及平均现金持有量	机会成本	管理成本	短缺成本	相关总成本
A（20 000）	2 600	15 000	6 000	23 600
B（45 000）	5 850	15 000	2 600	23 450
C（70 000）	9 100	15 000	1 700	25 800
D（100 000）	13 000	15 000	1 000	29 000

经过测算以上四个方案的相关总成本，分析得出 B 方案总成本最低，即该旅行社平均持有 45 000 元现金时的总成本最低，因此 90 000 元为最佳货币资金持有量。

2. 存货分析模式

存货分析模式是依据存货管理的经济批量模型原理来确定最佳货币资金持有量的一种方法。此方法同样是寻找使相关总成本最低时的货币资金持有量，即为最优持有量。运用存货分析模式进行测算时，有如下假设条件。

（1）企业在未来某一时期内的需求量是稳定且可预测的。

（2）企业现金流入不是连续发生，而是定期间隔发生且金额相等。

（3）企业现金流出是在一定时间段内均匀流出，直至现金持有量为零。

（4）企业通过买卖有价证券来调节持有的货币资金，且有价证券的利率是稳定可知的。

（5）不考虑管理成本和短缺成本。

当企业持有货币资金不足时，就需要转让有价证券来换取现金，用于日常周转，直至下次现金余额为零，企业再次抛售有价证券进行补充，如此循环往复。

此模式下只有两种相关成本，即机会成本和交易成本。机会成本是企业丧失的潜在收益，与货币资金持有量成正比例关系；交易成本与现金和有价证券的转换次数成正比例关系。如果每次转换的有价证券金额较大，导致资金持有量增多，从而加大了机会成本，同时也减少了转换次数进而降低交易成本；相反，如果每次转换的有价证券金额较小，导致资金持有量较少，降低了机会成本，同时增加了转换次数从而加大了交易成本。存货分析模式的计算公式为

$$相关总成本 = 机会成本 + 交易成本$$

即

$$TC = \frac{C}{2} \times i + \frac{T}{C} \times b$$

式中，TC 为存货分析模式下相关总成本；C 为货币资金持有量；i 为有价证券收益率；T 为一个周期内货币资金总需求量；b 为有价证券每次转换成本。

推导可得

$$最佳货币资金持有量\ C^* = \sqrt{\frac{2 \times T \times b}{i}}$$

$$相关总成本最小值 TC^*=\sqrt{2 \times b \times T \times i}$$

【例7-3】某旅游企业预计半年内需要30万元现金，准备用有价证券取得，有价证券每次抛售的交易成本为10元，有价证券的市场年利率为12%。

要求：计算该区域最佳货币资金持有量及最小相关成本。

解：最佳货币资金持有量 $C^*=\sqrt{\dfrac{2Tb}{i}}=\sqrt{\dfrac{2 \times 300\,000 \times 10}{12\% \div 2}}=10\,000（元）$

最小相关成本 $TC^*=\sqrt{2 \times b \times T \times i}=\sqrt{2 \times 10 \times 300\,000 \times 12\% \div 2}=600（元）$

【例7-4】某企业近年货币资金的收支情况较为良好，预计全年的货币资金需要量为400万元，有价证券的市场年利率为10%，有价证券与货币资金每次转换的交易成本为20元。

要求：（1）计算该企业最佳货币资金持有量和最小相关成本。

（2）计算最佳货币资金持有量的机会成本和交易成本。

（3）计算有价证券的转换次数。

解：（1）最佳货币资金持有量 $C^*=\sqrt{\dfrac{2Tb}{i}}=\sqrt{\dfrac{2 \times 4\,000\,000 \times 20}{10\%}}$

$$=40\,000（元）$$

最小相关成本 $TC^*=\sqrt{2 \times b \times T \times i}=\sqrt{2 \times 20 \times 4\,000\,000 \times 10\%}=4\,000（元）$

（2）机会成本 $=\dfrac{C}{2} \times i=\dfrac{40\,000}{2} \times 10\%=2\,000（元）$

$$交易成本 =\dfrac{T}{C} \times b=\dfrac{4\,000\,000}{40\,000} \times 20=2\,000（元）$$

交易成本 = 最小相关成本 − 机会成本 =4\,000−2\,000=2\,000（元）

（3）有价证券转换次数 = 资金总需求量 ÷ 最佳持有量 =4\,000\,000 ÷ 40\,000=100（次）

7.3　旅游企业应收账款的管理

应收账款是企业对外赊销产品、材料、提供劳务等原因，应向购货方或接受劳务的单位收取的款项。近年来，旅游企业行业竞争压力愈加激烈，许多企业为了提升销售业绩、吸引更多客户，在结算方式上采用赊销的形式，因而就形成了应收账款。

7.3.1　旅游企业应收账款的功能

1. 增加销售

企业销售商品可以采用现销方式，也可以采用赊销方式。现销方式是最受企业欢迎的一种形式，它既能保证企业及时收回资金，又能确保不发生坏账损失。但是在市场经济条件下，同行竞争不可避免，完全依赖现销方式是不可行的。因此，赊销就变成一种促销手段，可以扩大销售规模、降低商品库存、提高资金周转次数，对于企业销售和开拓市场具有重要意义。企业通过赊销，在销售商品的同时也为购货方提供了可在一定期限内无偿使用的资金。

2. 减少存货

赊销可以加速将商品售卖出去，促进了商品向销售收入转变的进程，进而降低了商品库存，有利于减少因保管商品而产生的仓储费、管理费和保险费等支出。因此，当企业库存商品较多时，企业往往会释放较为优惠的信用条件，招徕顾客进行赊销，以期尽快将商品转化为应收账款，从而减少库存、费用支出以及存货变质等损失，加速资金周转，提高企业收益。

7.3.2　旅游企业应收账款的成本

旅游企业为了促进销售、增加营业额、减少库存、加速资金周转而采用赊销方式的同时，势必会形成应收账款，企业因持有应收账款而产生了机会成本、管理成本和坏账成本。

1. 机会成本

机会成本是企业因应收账款占用资金而放弃其他潜在收益，如将资金购买有价证券而取得的利息收入等。应收账款机会成本的大小通常与其占用的资金数额大小、占用时间的长短和资本成本率有关系。其计算公式为

应收账款机会成本 = 应收账款占用资金额 × 资金成本率

式中，资金成本率一般可以按照有价证券的利率来进行计算。具体的计算步骤如下。

（1）计算应收账款平均余额。

$$应收账款平均余额 = 年赊销额 \div 360 天 \times 平均收款天数$$

$$= 日赊销平均余额 \times 平均收款天数$$

（2）计算应收账款占用资金额。

$$应收账款占用资金额 = 应收账款平均余额 \times （变动成本 \div 销售收入）$$

$$= 应收账款平均余额 \times 变动成本率$$

（3）计算应收账款机会成本。

$$应收账款机会成本 = 应收账款占用资金额 \times 资金成本率$$

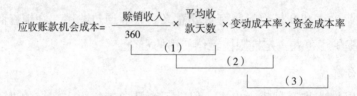

【例 7-5】 某酒店估计全年赊销额为 270 000 元，应收账款平均收款天数为 40 天，变动成本率为 65%，资金成本率为 11%。要求：计算应收账款的机会成本。

解： 应收账款平均余额 =270 000 ÷ 360 × 40=30 000（元）

应收账款占用资金额 =30 000 × 65%=19 500（元）

应收账款机会成本 =19 500 × 11%=2 145（元）

2. 管理成本

管理成本即对应收账款进行日常管理而发生的费用支出，主要包括对客户的资信调查费用、应收账款记录分析费用、催收账费用等。当应收账款的数额在一定范围内时，管理成本一般为固定性费用。

3. 坏账成本

坏账成本是应收账款不能及时收回而令企业发生的损失。坏账成本数额的大小一般与应收账款的多少为同方向变动，即应收账款越多，坏账成本越大。据此，企业为了避免因发生坏账而带来的不利影响，应合理提取坏账准备。

7.3.3 信用政策

上述表明，应收账款一方面可以为企业增加营业额、提高销售利润；另一方面也给企业增加了相应的成本。要想对应收账款进行管理，就要对由应收账款带来的利润增量和其导致的成本增加进行对比分析，最终达到增加旅游企业利润的目的。旅游企业一般通过制定有效信用政策来实现对利润和成本的权衡。

应收账款的信用政策是旅游企业为了对应收账款进行控制和管理而制定的基本原则与行为规范，具体包括信用标准、信用条件和收账政策。

1. 信用标准

信用标准是客户获得企业商业信用应具备的最低标准，通常以坏账损失率作为判断标准。假设客户不能达到旅游企业设定的最低标准，将不能享受企业赊销的优惠政策。假设企业制定了较高的信用标准，说明企业只愿意与信用卓越的客户合作。此时，虽然企业面临坏账损失的可能性比较小，但同时，由于信用要求过高而会失去一定的潜在客户。相反，假设企业的信用标准较为松懈，尽管会吸引部分客户，扩大了销售额，提高了市场竞争力，但也会增加企业的应收账款和坏账损失。所以，合理的信用标准可以对客户进行分类，予以不同类型客户不同的信用标准。通常，同行业竞争企业状况、企业承担风险的能力和客户的资信程度都影响着企业的信用标准。旅游企业主要通过以下三个步骤来确定信用标准。

（1）确定信用等级评价标准。企业依据对顾客信用资料的分析和调查，确定评价信用优劣的数量标准，以一组具有代表性，能够反映企业付款能力和财务状况的若干比率作为信用风险指标。这些比率如流动比率、应收账款平均收款天数、存货周转率、赊购履约情况等。根据数年内最坏年景的情况，分别找出信用好和信用差两类客户的上述比率的平均值，以此作为衡量其他客户的信用标准。

（2）重新评判客户信用状况。根据原有客户和潜在客户的财务报表数据，重新计算上述比率，并与确定的信用标准进行比对。比对的方法是：假如某客户的某项指标小于或等于最低信用标准，则该客户的坏账损失率增加 10 个百分点；假如某客户的某项指标处于中间值，则该客户的坏账损失率增加 5 个百分点；假如某客户的某项指标大于或等于最高信用标准，则将该客户的这一指标定义为无坏账损失风险。最终，把客户各项指标的坏账损失率累计相加，作为该客户发生坏账损失的总比率。

（3）进行风险排队。对客户总坏账损失比率进行从小到大依次排序，结合企业自身承受违约风险的能力和市场竞争的需要，为客户划分信用等级。比如，累计坏账损失率在 5% 以内的为一级信用客户、在 5%～10% 之间的为二级信用客户等。对于不同信用等级的客户企业要采取不同的信用政策，以及予以不同的信用优惠条件等。

2. 信用条件

信用标准评判的是客户的信用等级额，决定了企业是否给予客户信用优惠，而信用条件则是在企业接受客户信用订单时所提出的付款要求。信用条件主要包括信用期限、折扣期限和现金折扣。信用条件的基本表现方式为"3/15，$n/40$"，表达的是，如果客户在开出发票 15 日内付款，将享受 3% 的现金折扣；如果选择放弃现金折扣，则必须在 40 天内全额支付款项。其中，40 天为信用期限，15 天为折扣期限，3% 为现金折扣。

1）信用期限

信用期限是指企业允许客户从购货到支付货款的时间间隔。通常，公司产品销量与信用期限的长短之间存在一定的依存关系。延长信用期限可以刺激销售、扩大营业额，但不合理地延长信用期限会增加企业的应收账款数额，加大机会成本和坏账损失，不利于资金回笼。缩短信用期限能使应收账款尽快回收，从而减少坏账的发生，但对客户来说不具吸引力，不利于企业销售和竞争。因此，企业对于信用期限的确定，要结合自身资金管理及需求，联系市场外部的竞争环境，考察因延长信用期限而增加的利润能否抵过由此增加的成本。

【例 7-6】某旅游企业在对信用期限进行预测：预计信用期限为 30 天，可产生 60 万件的销量；预计信用期限为 50 天，则销量可达到 75 万件。假设该旅游企业的资金成本率为 10%，产品单价为 5 元，其他资料如表 7-4 所示。要求：企业应该如何抉择。

表 7-4　信用期限有关资料

单位：万元

信用期限	30 天	50 天
销售额	300	375
变动成本	72	90
固定成本	20	20
毛利润	208	265
收账费用	24	30
坏账损失	4	6

解：考查因延长信用期限而增加的利润能否抵过由此增加的成本。

（1）增加的毛利润 =265-208=57（万元）

（2）增加的成本：

增加的机会成本 $= \dfrac{375}{360} \times 50 \times \dfrac{90}{375} \times 10\% - \dfrac{300}{360} \times 30 \times \dfrac{72}{300} \times 10\% = 0.65$（万元）

增加的管理成本（收账费用）=30-24=6（万元）

增加的坏账成本 =6-4=2（万元）

增加的总相关成本 =8.65（万元）

（3）增加的收益 =57-8.65=48.35（万元）

由上述结果可知，企业应当选择 50 天信用期限。

2）现金折扣和折扣期限

现金折扣是企业为了促使客户提前支付款项而在销售收入上的扣减，即规定客户在一定时间内偿还款项可以享受一定比率的优惠。折扣期限是客户享受现金折扣的期限，如果客户在该期限内不能支付款项，则意味着其放弃了现金折扣，必须在信用期限内足额将款项付清。如上文提到的"3/15，n/40"，其中，40 天为信用期限，15 天为折扣期限，3% 为享受的现金折扣。同延长信用期限类似，采用现金折扣在促进销售的同时，也会给企业带来额外的成本，即因给予现金折扣而产生的折扣成本。企业是否给客户提供现金折扣，也要进行成本收益分析。若公司向客户提供现金折扣，客户能在折扣期限内付款，这不仅缩短了应收账款的平均收账期，也减少了坏账损失，但同时也减少了销售收入。因此企业要考查因提供现金折扣而增加的利润是否能超过增加的相关总成本（包括机会成本、管理成本、坏账成本和折扣成本）。

现金折扣成本 = 赊销净额 × 折扣期限内付款的销售额比例 × 现金折扣率

【例 7-7】根据例 7-6 的资料。假设企业在采用 50 天的信用期限的同时，向客户提供（2/20，n/50）的现金折扣。预计将有占销售额 60% 的客户选择在折扣期内付款，而收账费用和坏账损失均比信用期限为 50 天的方案下降 9%。

要求：判断该企业是否应向客户提供现金折扣。

解：（1）增加的毛利润 =0（万元）[销量无变化，对比的是是否采用现金折扣]

（2）增加的成本：

享受现金折扣的应收账款平均收账期 =20×60%+50×40%=32（天）

增加的机会成本 $=\dfrac{375}{360}\times 32\times\dfrac{90}{375}\times 10\%-\dfrac{300}{360}\times 30\times\dfrac{72}{300}\times 10\%=-0.05$（万元）

增加的管理成本 $=30\times（-9\%）=-2.7$（万元）

增加的坏账成本 $=6\times（-9\%）=-0.54$（万元）

增加的折扣成本 $=375\times 60\%\times 2\%=4.5$（万元）

增加的总相关成本 $=（-0.05）+（-2.7）+（-0.54）+4.5=1.21$（万元）

（3）增加的收益 $=0-1.21=-1.21$（万元）

由计算结果可知，企业不应该选择现金折扣。

【例 7-8】某旅行社新推出一项商品，单位售价为 500 元。某客户使用后感觉效果较好，预计向酒店追加订单 1 200 件，该酒店尚有剩余生产能力。但是该客户提出信用期为 40 天的付款方式，假如在 15 天内付款，将享受 2% 的现金折扣，客户承诺将有 20% 的货款在折扣期内支付。该旅行社经过调查发现，该客户的坏账损失率达 15%。旅行社变动成本率为 60%，资金成本率为 10%，收账成本为赊销收入的 3%。

要求：判断该旅行社是否应该接受追加订单。

解：【计算追加的 1 200 件商品对应的利润和成本】

增加的利润 $=500\times 1\,200-500\times 60\%\times 1\,200=240\,000$（元）

增加的机会成本 $=\dfrac{500\times 1\,200}{360}\times（15\times 20\%+40\times 80\%）\times 60\%\times 10\%=3\,500$（万元）

增加的管理成本 $=500\times 1\,200\times 3\%=18\,000$（元）

增加的坏账成本 $=500\times 1\,200\times 15\%=90\,000$（元）

增加的折扣成本 $=500\times 1\,200\times 20\%\times 2\%=2\,400$（元）

增加的净收益 $=240\,000-3\,500-18\,000-90\,000-2\,400=126\,100$（元）

经计算可知，该旅行社应该接受追加订单。

3. 收账政策

收账政策是当客户违反信用条件时企业采取的收账措施。如果企业采取较为积极的收账措施，可能会缩短应收账款平均收账期、降低坏账成本，但会增加收账成本。如果采取比较消极的收账措施，则可能面临坏账损失增加的风险，但会减少收账成本。因此企业在制定收账政策时，要在坏账损失和相关成本间进行利弊分析。

7.3.4　旅游企业应收账款的日常管理

对于旅游企业来说，应收账款是产销一体的，企业既想要凭借应收账款来扩大销售、增强企业竞争力，同时又企图防止由应收账款的存在而给企业带来的坏账损失等缺陷。

1. 加强客户信用资质调查

对客户的资信评价是应收账款管理中最重要的环节，只有正确评价客户信用等级，才能执行合适的信用政策。一般可从以下几个方面获得客户的信用资料。

1）财务报告

客户近期的财务报告是信用资料的首要来源，并且较容易取得。企业根据财务报告中的数据，计算信用风险指标，以便判断客户的偿债能力和信用状况。

2）评估客户信用等级

在评估信用等级方面，常用方法是 5C 分析法和信用评分法。

5C 分析法是通过重点分析客户的品德（character）、能力（capacity）、资本（capital）、抵押品（collateral）和条件（conditions）来判断客户的信用情况的方法。

信用评分法是从数量分析角度来评价客户信用的方法。一般来说，信用良好的客户评分在 80 分以上，信用一般的客户评分在 60 分到 80 分之间，信用较差的客户评分低于 60 分。

3）企业自身经验

企业自身经验是判断客户资质优劣的一个重要依据。通过分析客户过去的付款行为，以及企业内部收账人员的经验，基本能判断出客户的信用情况。

2. 编制应收账款账龄分析表

应收账款账龄分析表是应收账款账龄结构的分析，是一种筛选活动。账龄结构是指各账龄应收账款的余额占应收账款总计余额的比重，一般通过编制应收账款账龄分析表进行分析。通常来讲，账龄越长，收款难度越大，发生坏账损失的风险也就越大；相反，账龄越短，收款难度越小，发生坏账损失的风险越小。

3. 建立坏账准备金制度

只要企业进行赊销，产生商业信用，就会发生坏账损失，这是不可避免的。因此，事先对坏账损失的可能性进行预估，建立坏账准备金制度，可以更好地管理应收账款。

7.4　旅游企业存货的管理

存货是指企业在经营过程中为销售或耗用而储备的物资。旅游企业特别是餐饮类企业，投放在存货中的流动资金是比较大的。由于存货较强的流动性，经常处于不断销售、耗用和重置之中，因此加强对存货的管理是旅游企业提高资金效率的关键。

7.4.1　旅游企业存货的分类

1. 原材料

原材料主要是指餐饮、旅游企业用于加工生产的各种原材料，如食品原料、调味料、配料等。

2. 燃料

燃料主要是指企业所储存的固体、液体和气体燃料，如煤、石油和液化气等。

3. 低值易耗品

低值易耗品是指旅游企业不作为固定资产核算的用具和工具，如玻璃器皿、包装容器、工具等。

4. 物料用品

物料用品是指除原材料、燃料和低值易耗品以外的经营用品，如为游客准备的茶品、小食、办公用品、零配件等。

5. 商品

商品主要指旅游企业直接向外出售的产品。

7.4.2　旅游企业存货管理的目标

旅游企业如果能按照经营需要即时购入原材料或物料用品等物资，就不需要储存货物。但在实际工作中，旅游企业往往有存储物资的需要，并占用部分流动资金。首先，企业要保证销售经营的需要。即使在物资供应比较充裕的情况下，企业也很少按现需即时购买物资。这是因为物资需要运输，而在运输过程中可能会出现意想不到的问题。一旦出现物料短缺，旅游企业的经营活动就会被迫停止，从而给企业带来经济和信誉上的损失。为了避免出现停工待料、停业待货等现象，企业必须储备存货。其次，大批量购入物资能够享受较为优惠的价格。由于物资的零售价格往往要高于批发价格，因此企业适当整批购买存货会减少部分资金支出。

企业储备存货就会占用较多资金，并增加管理费用、维护费用和工资费用等各项支出。存货管理的目标就是尽力使存货成本和存货效益达到最佳的平衡状态。

7.4.3　旅游企业存货的成本

1. 购置成本

购置成本是指存货本身的价值，即存货单价与数量的乘积。在没有商业折扣的情况下，购置成本与采购次数无关，是存货决策的无关成本。

2. 订货成本

订货成本是企业为了订购货物而发生的成本，如采购部门的差旅费、电话费、办公费等支出。订货成本与订货次数有关，可分为固定性订货成本和变动性订货成本两类。固定性订货成本是与订货次数无关的成本，如采购部门的基本开支；变动性订货成本与采购次数有关，如差旅费、电话费、邮资费等。

3. 储存成本

储存成本是存货在储备过程中发生的仓库保管费、保险费、仓库员工工资等。储存成本根据是否与存货数量有关也分为固定性储存成本和变动性储存成本两类。固定性储存成本是指与存货数量无关的成本，如仓库租金、折旧和员工工资等；变动性储存成本与存货数量有关，如存货占用资金的利息、存货的保险费等。

4. 短缺成本

短缺成本是指由于存货不足而对企业造成的损失。如由原材料供应中断造成的停工损失、因商品库存不足延迟交货而丧失的销售收益和信誉、紧急采购而发生的额外支出等。

7.4.4　经济批量基本模型

在确定存货金额之后，企业如何取得、管理和使用存货，才能使其相关成本最小，收益最大，这就是存货控制。存货日常管理控制的方法有很多，如经济批量模型、商业折扣模型、存货 ABC 控制法等，这里主要介绍经济批量基本模型。

如上所述，持有存货就会产生相应的费用支出。根据存货管理的目标及存货成本类型，企业需要通过确定合理的一次进货量和进货时间，使相关总成本降到最低，这个每次进购量就称为经济批量。经济批量模型，是在保持企业生产经营活动需要的情况下，能使企业一定时期存货相关总成本最低的经济订货量。

1. 经济批量模型的假设条件

（1）一定时期内，存货的需求总量可以确定。

（2）每日存货的需求均匀稳定。

（3）企业提出订货时，能够立即到货。

（4）不允许缺货。

（5）每次订货可以集中到货，而不是陆续供应。

（6）存货价格稳定，不存在数量折扣。

2. 基本模型

存货的相关总成本包括购置成本、固定性订货成本、变动性订货成本、固定性储存成本、变动性储存成本、缺货成本。在经济批量模型假设条件成立情况下，可知：①购置成本为常数。②固定性订货成本和固定性储存成本为常数。③缺货成本为零。则存货总成本可以简化为

$$存货年相关总成本 = 变动订货成本 + 变动储存成本$$

$$TC = P \times \frac{A}{Q} + C_1 \times \frac{Q}{2}$$

式中，TC 为存货年相关总成本；P 为每次订货的变动性订货成本；Q 为每次订货量；A 为存货年需要量；C_1 为存货年单位变动性储存成本。

经计算推导可得：

$$经济进货批量 \ Q^* = \sqrt{\frac{2 \times A \times P}{C_1}}$$

$$最小相关总成本 \ TC^* = \sqrt{2 \times A \times P \times C_1}$$

$$经济进货批量平均占用资金 = 进货单价 \times \frac{经济进货批量}{2}$$

$$最佳进货次数 = \frac{年需要量}{经济进货批量}$$

$$最佳进货周期 = \frac{360}{最佳进货次数}$$

【例 7-9】某企业每年耗用某种材料 3 600 千克，该材料单位变动成本 10 元，年单位变动存储成本为 2 元，一次变动订货成本 25 元。

要求：计算①经济订货量；②最小相关总成本；③订货次数；④订货间隔期。

解：

$$经济进货批量\ Q* = \sqrt{\frac{2 \times A \times P}{C_1}} = \sqrt{\frac{2 \times 3\,600 \times 25}{2}} = 300（千克）$$

$$最小相关总成本\ TC* = \sqrt{2 \times A \times P \times C_1} = \sqrt{2 \times 3\,600 \times 25 \times 2} = 600（元）$$

$$最佳进货次数 = \frac{年需要量}{经济进货批量} = \frac{3\,600}{300} = 12（次）$$

$$最佳进货周期 = \frac{360}{最佳进货次数} = \frac{360}{12} = 30（天）$$

即最佳订货间隔期为 1 个月。

 本章小结

　　本章主要介绍了旅游企业营运资金的实务问题，主要包括货币资金的管理、应收账款的管理和存货的管理。货币资金管理的重点在于了解相关成本都有哪些，即机会成本、管理成本和短缺成本，以及在相关成本最低时，如何确定货币资金最佳持有量；应收账款管理的重点是制定行之有效的信用政策，在增加营业收入的同时，尽量减少收账费用和坏账损失；存货管理的目标在于企业尽力使存货成本和存货效益达到最佳的平衡状态。

 即测即练

 思考题

1. 旅游企业置存现金的目的是什么？

2. 旅游企业应收账款日常该怎样管理？

3. 旅游企业应该怎样确定信用等级评价标准？

4. 旅游企业存货的管理目标是什么？

5. 旅游企业货币资金、应收账款和存货的相关成本分别包括什么？

第 8 章　旅游企业成本管理

🔍 学习目标

（1）了解旅游企业成本管理的原则。

（2）了解旅游企业成本费用的分类。

（3）掌握成本性态分析法。

（4）掌握本量利分析的原理与假设。

（5）了解旅游企业成本控制的基本方法。

🔍 能力目标

（1）学会使用高低点法和一元直线回归法进行成本性态分析。

（2）掌握旅游企业保本点和保利点的计算方法。

（3）掌握旅游企业日常成本控制的方式与手段。

🔍 思政目标

（1）培养学生进行成本管理的实践能力和创新能力。

（2）引导学生正确的消费观念。

（3）养成良好的职业道德观念与社会主义价值观念。

思维导图

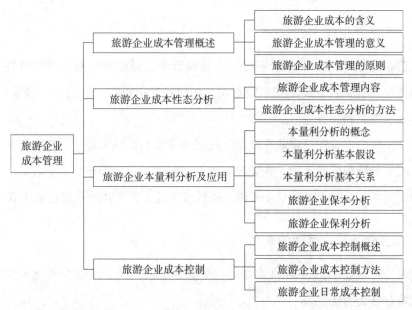

导入案例

小米雷军：我用这五个办法管控成本，创造价值！

小米科技有限责任公司（以下简称"小米"）成立于 2010 年 3 月 3 日，是一家专注于智能硬件和电子产品研发的全球化移动互联网企业。2018 年 7 月 9 日，小米在港交所敲钟上市！创立仅仅 8 年，小米就从一家仅有 13 人的小公司发展成了估值 543 亿美元的上市企业。小米能够成长得如此迅速，离不开其在产品技术层面的不断精益，也离不开雷军极强的成本费用控制意识。雷军经过在小米的实践总结出了五个办法：第一，建立全员成本意识，老板要以身作则，成本意识要从公司创建时开始建立；第二，该花的钱一定要花，不该花的钱一分钱都不能花；第三，把费用分成固定费用和变动费用两块；第四，严管应收款和库存两个基本点；第五，省钱有技巧要靠群策群力。在雷军的带领下，小米非常重视成本管控，才得以为"感动人心，厚道价格"的口号提供坚实的支撑。

资料来源：小米雷军：我用这五个办法管控成本，创造价值！ [EB/OL].(2018-08-13). https://www.sohu.com/a/246815407_100139567.

思考：

企业的成本管理目标是什么？为什么要对成本进行管理和控制？企业成本管理有哪些方法？

8.1   旅游企业成本管理概述

8.1.1   旅游企业成本的含义

旅游企业成本是企业向顾客提供产品和劳务过程中发生的各项资产耗费与直接费用支出，包括营业成本和期间费用。如向顾客提供客房、购物、餐饮、娱乐、游览等旅游产品和服务。

旅游企业成本管理是企业在经营运转过程中实行的成本规划、成本核算、成本控制、成本分析和成本考核。企业想要提高利润额，不仅要增加营业收入，还需要降低营业成本，而对于旅游企业来说，降低成本的主要方式就是进行成本管理。

8.1.2   旅游企业成本管理的意义

成本是反映企业经营活动效果的一项重要指标，因此加强企业成本管理对企业来说具有极大的意义。

（1）加强企业成本管理可以提升竞争力。现代企业处于复杂多变的市场环境中，同类型企业竞争在所难免，优胜劣汰是大势所趋。对于企业竞争而言，产品竞争首当其冲。尽管影响产品竞争的因素有很多，诸如价格、质量和服务等，但价格是最主要的因素。而价格的高低又取决于成本的多少，因此，加强成本管理，控制生产耗用，节约费用支出，可以合理降低成本，提升企业的竞争力。

（2）良好的成本管理是增加利润的有效途径。企业的经营目标就是获取利润，在一定条件下，减少成本费用的支出，可以增加利润。所以，良好的成本管理是增加利润的有效途径。

（3）有效的成本管理可以提高企业管理水平。成本是企业在经营过程中的一种耗用，资金的运用、费用支出的多少等都会通过成本管理指标反馈给企业。通过成本的分析和管理，能够及时发现企业管理中存在的问题和漏洞，进而采取有效措施，有助于提高企业的管理水平。

8.1.3   旅游企业成本管理的原则

1. 严格划分成本类型

旅游企业要在国家法律法规规定的成本开支范围内，根据各项支出的不同用途，列支相关成本费用，不得随意扩大开支范围。根据法律规定，以下支出不得列入成本费用范围：为购置资产而发生的支出；对企业外部进行投资；给投资者分配利润；被没收的财务损失；支付的各种滞纳金、罚金罚款、捐赠支出；其他不得列入成本的开支。

旅游企业成本按照与产品的关系可以分为直接成本和期间费用。

直接成本为主要用于顾客的费用，计入"主营业务成本"账户，如餐饮成本、洗涤成本、交通费、客房费、劳务费等。

期间费用是在一定会计期间发生、与生产经营没有直接关系的费用，不计入"主营业务成本"账户，包括销售费用、管理费用和财务费用。如包装费、广告费、租赁费、差旅费、物料消耗、工会经费、劳动保险费、咨询费、税金、坏账损失、业务招待费、利息支出、汇兑损失等。

2. 低成本费用高质量服务

旅游企业要力争在降低成本的同时，保持甚至提高服务质量。旅游企业是服务型企业，"服务"有别于一般的有形商品，不存在退换的可能。因此，服务质量的高、低、好、坏将对企业的声誉有着至关重要的影响。如果企业一味地降低成本，而置服务质量于不顾，即使努力地把成本降下来，也丧失了降低成本的意义。旅游企业应该正确处理产品成本和服务质量的关系，在寻求减少成本途径的同时，努力挖掘内在潜力，提升服务质量，继而为企业树立良好的形象和口碑。

3. 全面实行成本管理

旅游企业成本管理是一个全面而持续的综合性管理，应该以业务模式为基础，全员、全层级、全过程、全方位、全环节地进行成本管理，建立成本管理责任制，将成本计划落实到责任人。只有人人都关注、参与和重视成本的降低，企业的成本才能真正地得到控制。

8.2　旅游企业成本性态分析

8.2.1　旅游企业成本管理内容

1. 主营业务成本

主营业务成本是指旅游企业在经营过程中发生的与顾客有关的各项支出，主要包括餐饮企业主营业务成本、旅行社主营业务成本、旅游汽车企业主营业务成本。

（1）餐饮企业主营业务成本。其主要包括食品原材料成本、劳动力成本、房屋租金成本、设备折旧成本、水电燃料成本。

（2）旅行社主营业务成本。旅行社主营业务成本指公司为接待游客所支付的费用，主要包括服务成本、团体外联成本、劳务成本、票务成本、地游及加项成本、其他成本。

（3）旅游汽车企业主营业务成本。旅游汽车企业指以载客或车辆运输和提供劳务为主要业务的公司，其成本包括载客或车辆运输和提供劳务过程中发生的有关支出，主要包括直接参与车辆运输活动的人员工资薪酬、耗用的物料及营运过程中产生的各项支出。

2. 期间费用

（1）销售费用。销售费用指各部门在经营过程中产生的各项费用，主要包括包装费、保管费、水电费、广告宣传费、展览费、物料消耗、清洁卫生费及其他营业费用。

（2）管理费用。管理费用指企业因管理经营活动而发生的费用，主要包括工会经费、保险费、劳动保护费、咨询费、排污费、税金、修理费及其他管理费用。

（3）财务费用。财务费用指企业经营期间发生的利息净支出、金融机构手续费以及为企业筹集资金而发生的费用。

8.2.2　旅游企业成本性态分析的方法

1. 成本性态

成本性态又称成本习性，是总成本和特定业务量二者在数量上的依存关系，反映的是成本与业务量之间的内在联系。业务量可以是生产量、销售量，也可以是直接人工工时、机器工时，泛指生产量、销售量。

2. 成本按性态分类

成本按其性态可以分为固定成本、变动成本和混合成本三大类。

1）固定成本

固定成本是指在一定时期和一定业务量范围内，其总额不随业务量的变化而变化，而是一直保持不变的成本。一般包括工资、租金、保险费等。虽然固定成本总额不会随着业务量的增加而变动，但是单位固定成本却会随着业务量的增加而减少，即企业在一定时期和一定业务量范围内的固定成本总额不变，其单位固定成本与业务量呈反比例变动。在平面直角坐标系上，固定成本曲线和单位固定成本曲线如图 8-1、图 8-2 所示。

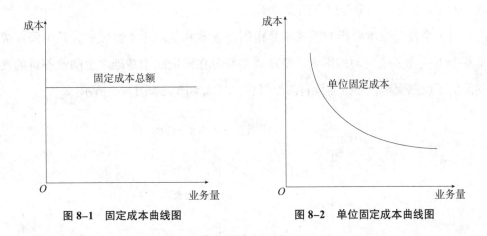

图 8-1　固定成本曲线图　　　　　　　　图 8-2　单位固定成本曲线图

2）变动成本

变动成本是指在一定时期和一定业务量范围内，其总额会随着业务量的变化而成正比例变化的成本，一般包括餐饮成本、燃料费、洗涤成本等。虽然变动成本与业务量呈正比例变动，但是单位变动成本却不会随着业务量的增减变动而变动。这是因为每单位耗用的成本是不变的，如旅游汽车在营运过程中每公里耗用的燃料费用是固定的，即单位变动成本是固定的，汽车在营运结束后总的燃料耗用即变动成本总额是呈比例变化的。在平面直角坐标系上，变动成本曲线和单位固定成本曲线如图 8-3、图 8-4 所示。

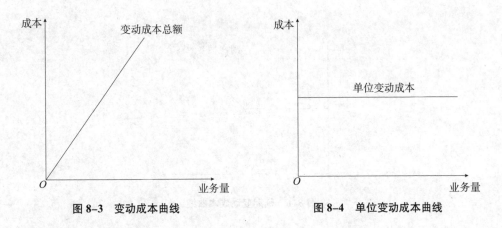

图 8-3　变动成本曲线　　　　　　　　图 8-4　单位变动成本曲线

3）混合成本

混合成本是指成本总额虽然会随着业务量的变动而发生变化，但并不与其呈正比例变动的成本，即总成本中既有固定成本又包含变动成本。一般包括企业电话费、出租车费、维修保养费等。混合成本与业务量之间的关系比较复杂，按照成本的变动趋势，可分为以下四类。

（1）半变动成本。半变动成本是由固定成本和变动成本组成的，其中固定成本部分不受业务量变动的影响，变动成本部分在固定成本基础之上随业务量的变动发生正比例变动，如机器设备的维修费。其成本曲线如图8-5所示。

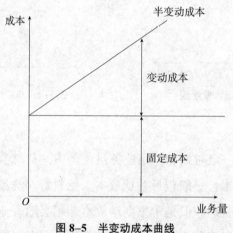

图8-5　半变动成本曲线

（2）延期变动成本。延期变动成本是指在一定业务量范围内的成本总额保持不变，超过该业务量成本总额会随着业务量的变动发生正比例变动，如电话费、出租车费用等。其成本曲线如图8-6所示。

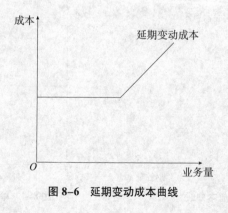

图8-6　延期变动成本曲线

（3）阶梯成本。阶梯成本也称半固定成本，是指成本总额随业务量的变动呈阶梯式变化的成本，如企业质检员、货运员的工资等。其成本曲线如图8-7所示。

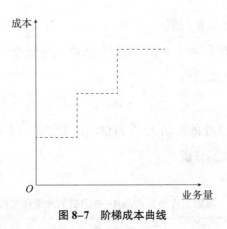

图 8-7　阶梯成本曲线

（4）曲线式混合成本。曲线式混合成本是指总成本与业务量之间不存在线性关系，而是随着业务量的变动而呈曲线变动。

3.成本性态分析方法

成本性态分析是指在成本按性态分类的基础上，按照一定的方法和程序，将全部成本最终区分为固定成本和变动成本两大类，并建立相应的成本函数模型。通过对企业进行成本性态分析，可以掌握成本与业务量相互依存关系和变动规律，也为进行本量利分析奠定基础。常用的成本性态分析方法有历史资料分析法、技术测定法和直接分析法等。

1）历史资料分析法

历史资料分析法是根据过去实际发生的业务量与成本的相关资料，运用一系列数学手段进行分析计算，最终确定固定成本和变动成本的数值，然后建立业务量与成本的函数方程的一种定量分析方法。这种方法适用于资料齐全、生产条件水平稳定的企业，具体可以运用高低点法和一元直线回归法来进行分析。

（1）高低点法。高低点法是从一组在相关范围内的历史成本数据中，选出最高业务量和最低业务量及各自对应的成本，根据这两组数据分解出固定成本总额和单位变动成本的一种方法。计算步骤如下。

第一，确定高低点坐标：

$$高点（x_{高}, y_1），低点（x_{低}, y_2）$$

第二，计算单位变动成本 b 的值：

$$根据高低点坐标求出 b = \frac{y_1 - y_2}{x_{高} - x_{低}}$$

第三，计算固定成本 a 的值：

根据 $a=y-bx$，此时 b 为已知量，通过代入高点或低点数值求出 a。

第四，建立成本性态模型：

$$y=a+bx$$

【例8-1】某旅游企业的产品1—5月份的产量和总成本资料如表8-1所示，运用高低点法进行成本性态分析。

表8-1　某旅游企业的产品1—5月份的产量和总成本资料

月份	产量/件	总成本/元
1	300	4 500
2	320	4 800
3	400	5 500
4	380	5 300
5	310	4 700

解：①确定高低点坐标：

高点（400，5 500）　　低点（300，4 500）

②计算 b 值：

$$b=\frac{5\,500-4\,500}{400-300}=10（元）$$

③计算 a 值：

将高点坐标（400，5 500）代入 $a=y-bx$　　$a=5\,500-10\times400=1\,500（元）$

④成本性态模型：

$$y=a+bx=1\,500+10X$$

高低点法简便易行、便于理解，但由于不管拥有多少历史成本数据点，只采用两组数据作为计算依据，使得建立起来的成本性态模型可能存在较大误差，这种方法只适用于成本变化趋势比较稳定的企业。

（2）一元直线回归法。一元直线回归法是利用过去实际发生的若干期业务量和成本的数据，运用最小二乘法原理建立起的回归直线方程的一种方法，又称最小二乘法。计算步骤如下。

①根据历史资料计算 n，$\sum x$，$\sum y$，$\sum xy$，$\sum x^2$。

②计算固定成本 a 和单位变动成本 b。

$$b=\frac{n\sum xy-\sum x\sum y}{n\sum x^2-(\sum x)^2}$$

$$a=\frac{\sum y-b\sum x}{n}$$

③建立成本性态模型:

$$y=a+bx$$

【例 8-2】根据例 8-1 的资料,运用最小二乘法进行成本性态分析。

解: 最小二乘法成本性态分析表见表 8-2。

表 8-2 最小二乘法成本性态分析表

月份	产量(x)	总成本(y)	xy	X^2
1	300	4 500	1 350 000	90 000
2	320	4 800	1 536 000	102 400
3	400	5 500	2 200 000	160 000
4	380	5 300	2 014 000	144 400
5	310	4 700	1 457 000	96 100
合计	1 710	24 800	8 557 000	592 900

计算固定资产 a 和单位变动成本 b 的值:

$$b=\frac{n\sum xy-\sum x\sum y}{n\sum x^2-(\sum x)^2}=\frac{5\times 8\,557\,000-1\,710\times 24\,800}{5\times 592\,900-1\,710^2}=9.33（元）$$

$$a=\frac{\sum y-b\sum x}{n}=\frac{24\,800-9.33\times 1\,710}{5}=1\,769.14（元）$$

建立成本性态模型 $y=1\,769.14+9.33x$

一元直线回归法的计算结果较为准确,但计算量大,较为复杂。

2)技术测定法

技术测定法是利用生产过程中的投入与产出的关系来区分固定成本和变动成本的一种分析方法。它把与产量有关的成本定义为变动成本,把与产量无关的成本定义为固定成本。这种测定方法虽然计算比较准确,但比较复杂,工作量较大。

3）直接分析法

直接分析法是对每项成本的具体性态都进行分析,认为其比较接近固定成本就将这类成本判定为固定成本,认为其比较接近变动成本就将这类成本判定为变动成本。此方法属于定性分析法,需要掌握所有成本的性态,使用价值较高,但工作量较大。

8.3 旅游企业本量利分析及应用

8.3.1 本量利分析的概念

本量利分析是在成本性态分析基础上,运用数学模型与图形来分析成本、业务量、利润三者之间的依存关系,挖掘其变动规律,为企业进行预测、计划和控制等活动提供依据的一种方法。本量利分析中的"本"指的是成本,包括变动成本和固定成本;"量"指的是业务量;"利"指的是营业利润。对于旅游企业来说,本量利分析主要用来分析保本点和目标利润。

8.3.2 本量利分析基本假设

在进行本量利分析时,为了更加方便地运用数学模型和图形,需要建立一系列假设条件。有了这些前提假设,能够比较清晰地反映成本、业务量和利润之间的关系,便于认识和掌握。这些基本假设如下。

1. 成本性态假设

假设企业的所有成本都可以按照性态分为固定成本和变动成本,并建立相应的成本分析模型。

2. 线性关系假设

假设在一定时期和业务量范围内,产品单价保持不变,销售收入与销售量保持完全线性关系。

3. 产销平衡假设

假设企业每期生产的产品在当期都能全部销售出去,达到产销平衡状态,忽略存货对利润的影响。

4. 产品结构不变假设

假设企业同时生产多种产品,在产销平衡状态下,各种产品的销售额占全部产品销售总额的比重始终保持不变，即产品结构不变。

5. 变动成本法假设

假设产品成本是按照变动成本法计算的，并且只有变动成本，所有的固定成本均作为期间成本计入当期损益。

8.3.3 本量利分析基本关系

1. 利润

$$利润 = 销售收入 - 总成本$$
$$= 销售收入 - （变动成本 + 固定成本）$$
$$= 单价 \times 销售量 - 单位变动成本 \times 销售量 - 固定成本$$
$$= 销售量 \times （单价 - 单位变动成本）- 固定成本$$

2. 变动成本率

变动成本率是变动成本总额占销售额的百分比。

$$变动成本率 = \frac{变动成本总额}{销售收入总额} \times 100\% = \frac{单位变动成本}{单价} \times 100\%$$

3. 边际贡献

边际贡献指销售收入与变动成本之间的差额。

$$边际贡献 = 销售收入 - 变动成本$$
$$= 销售量 \times 单价 - 销售量 \times 单位变动成本$$
$$= 销售量 \times （单价 - 单位变动成本）$$

4. 单位边际贡献

单位边际贡献是指每增加一个单位的业务量所得到的营业收入扣除变动成本之后的余额。

$$单位边际贡献 = \frac{边际贡献}{销售量} = 单价 - 单位变动成本$$

5. 边际贡献率

$$边际贡献率 = \frac{边际贡献}{销售收入总额} = \frac{单位边际贡献}{单价}$$

由以上公式可得

$$利润 = 边际贡献 - 固定成本$$
$$边际贡献率 =1- 变动成本率$$

8.3.4 旅游企业保本分析

保本是指企业在一定时期内收入总额和支出总额相等，利润为零的状态。保本分析也称盈亏平衡分析，主要是分析企业在不赚不亏时的业务量与成本之间的关系。

1. 保本点

保本点是企业处于盈亏平衡时的业务量，即企业边际贡献等于固定成本时的业务量。当业务量与保本点持平时，企业处于不盈不亏状态，此时利润为零；当业务量低于保本点时，企业处于亏损状态，此时利润为负数；当业务量高于保本点时，企业处于盈利状态，此时利润为正数。保本点就是企业盈亏的临界点。

在进行本量利分析时，可以借助本量利关系图（图 8-8）进行分析。从本量利关系图中可以清晰地观察到相关因素的变动对于利润的影响，从而有助于企业管理者作出决策。

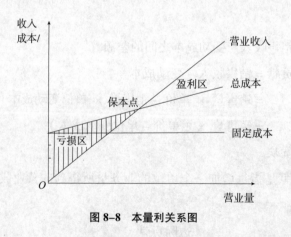

图 8-8　本量利关系图

（1）平行于横轴的直线为固定成本线，它不会随着业务量的变动有所改变。

（2）从纵轴非零起点斜向上倾斜的直线为总成本线，总成本线与固定成本线之间的区域为变动成本，变动成本与业务量呈正比例关系。

（3）从纵坐标零起点向上倾斜的直线为销售收入线，由单价和业务量乘积得来。

（4）销售收入线与总成本线的交叉点为企业保本点，保本点横坐标对应的是保本点销售量，纵坐标对应的是保本点销售额。

（5）保本点左侧销售收入线与总成本线相夹的区域为亏损区，保本点右侧销售收入线与总成本线相夹的区域为盈利区。

2. 旅游企业保本点计算

旅游企业在财务管理中进行保本点预测是为了掌握企业经营状况、提高管理水平、增加企业经济效益。从财务上讲，保本是企业经营活动的最低目标，而保本分析的重点在于保本点的确定。保本点是企业利润为零时的业务量，即是企业一定时期内营业收入等于总成本时对应的业务量。保本点有两种表现形式：保本销售量和保本销售额。

根据本量利分析基本关系可知：

$$利润 = 销售量 × （单价 - 单位变动成本）- 固定成本$$

当企业利润为零时，

$$保本点销售量 = \frac{固定成本}{单价 - 单位变动成本} = \frac{固定成本}{单位边际贡献}$$

$$保本销售额 = 单价 × 保本点销售量$$

$$= 单价 × \frac{固定成本}{单位边际贡献} = \frac{固定成本}{边际贡献率} = \frac{固定成本}{1 - 变动成本率}$$

从保本点计算公式可以看出，企业要想降低保本点所对应的业务量，主要可以从降低固定成本、降低单边变动成本和提高单价三个方面入手。

由于旅游企业各部门经营业务不同，在进行保本点预测时也会略有不同，因此下面将分别介绍。

1）客房部保本点计算

客房出租率是酒店非常关注的综合经营效果指标，能够直观地反映出酒店客房的经营状况。客房保本出租率计算公式为

$$客房保本出租率 = \frac{客房保本出租量}{可供出租客房数量 × 计算期天数} × 100\%$$

【例 8-3】某酒店拥有 400 间客房，每天分摊的固定成本为 30 000 元，每间客房的平均价格为 360 元，单位变动成本为 60 元。

要求：计算每月客房保本出租量、保本出租额和每月保本出租率。

解：

$$保本点销售量 = \frac{固定成本}{单价 - 单位变动成本} = \frac{30\,000 \times 30}{360 - 60} = 3\,000（间）$$

$$保本销售额 = 单价 \times 保本点销售量 = 360 \times 3\,000 = 1\,080\,000（元）$$

$$客房保本出租率 = \frac{客房保本出租量}{可供出租客房数量 \times 计算期天数} \times 100\% = \frac{3\,000}{400 \times 30} \times 100\% = 25\%$$

经计算可得，当客房出租率每月达到25%时，酒店就处于保本状态，此时客房每月的销量为3\,000间，销售额为1\,080\,000元。当酒店的客房出租率大于25%时，企业才能获得利润。

2）餐饮部保本点计算

由于餐饮部门菜肴种类较多，影响价格的因素比较复杂，在对餐饮部门进行保本测算时，可直接计算保本销售额。

$$保本点销售额 = \frac{固定成本}{边际贡献率} = \frac{固定成本}{1 - 变动成本率}$$

食品材料成本属于典型的变动成本，此外，餐巾纸、一次性餐具、水电燃气费用等也属于变动成本。

$$毛利 = 营业收入 - 食品原料成本$$

$$边际贡献 = 销售收入 - 变动成本$$

$$毛利率 = 毛利 \div 营业收入$$

$$边际贡献率 = 边际贡献 \div 营业收入$$

一般地，常用毛利率代替边际贡献率计算保本点。所以，餐饮部门的保本点销售额可以调整为

$$保本点销售额 = \frac{固定成本}{毛利率}$$

【例8-4】某餐厅年固定成本为200万元，毛利率为40%，则

保本点销售额 = 200 ÷ 40% = 500（万元）

3）旅行社保本点计算

旅行社开展的是游客团体接待业务，保本分析可以从以下两个指标进行。

$$保本销售额 = \frac{固定成本}{每人每天边际利润} \times 每人每天拨款标准$$

$$保本接待人次 = \frac{保本销售额}{每人每天拨款标准 \times 人均停留天数}$$

【例 8-5】某旅行社每天接待一位客人的边际利润是 20 元，每人每天的拨款标准为 180 元，该旅行社人均停留 5 天，全年固定成本为 180 万，则

$$保本销售额 = \frac{固定成本}{每人每天边际利润} \times 每人每天拨款标准$$

$$= \frac{1\,800\,000}{20} \times 180 = 16\,200\,000（元）$$

$$保本接待人次 = \frac{保本销售额}{每人每天拨款标准 \times 人均停留天数} = \frac{16\,200\,000}{180 \times 5} = 18\,000（人次）$$

8.3.5　旅游企业保利分析

保本是企业处于盈亏平衡、利润为零的状态，是企业安全经营的前提。但企业是以盈利为目的的组织，其经营目标是追求利润，所以保利才是企业经营的真正目的，也只有在盈利的情况下，才能更加充分地揭示成本、业务量、利润三者之间的关系。

1. 保利点

保利点是为了达到一定目标利润而应该达到的业务量和销售额。其计算公式如下：

$$保利销售量 = \frac{固定成本 + 目标利润}{单价 - 单位变动成本} = \frac{固定成本 + 目标利润}{单位边际贡献}$$

$$保利销售额 = 保利销售量 \times 单价 = \frac{固定成本 + 目标利润}{边际贡献率}$$

2. 旅游企业保利点计算

1）客房部保利点计算

【例 8-6】根据例 8-3 的资料，假如酒店要求客房部实现 300 万的目标利润，则

$$保利销售量 = \frac{固定成本 + 目标利润}{单价 - 单位变动成本} = \frac{30\,000 + 3\,000\,000}{360 - 60} = 10\,100（间）$$

$$保利销售额 = 保利销售量 \times 单价 = 10\,100 \times 360 = 3\,636\,000（元）$$

$$客房保利出租率 = \frac{客房保利出租量}{可供出租客房数量 \times 计算期天数} \times 100\% = \frac{10\,100}{400 \times 30} \times 100\%$$

$$= 84.17\%$$

经计算可得，当客房出租率每月达到 84.17% 时，酒店就可以完成目标利润，此时客房每月的销量为 10 100 间，销售额为 3 636 000 元。

2）餐饮部保利点计算

【例 8-7】根据例 8-4 的资料，如果企业想要实现目标利润 20 万元，则

$$保利销售额 = \frac{固定成本 + 目标利润}{边际贡献率} = \frac{200+20}{40\%} = 550（万元）$$

8.4 旅游企业成本控制

8.4.1 旅游企业成本控制概述

企业成本控制是指企业在一定时期内依据事先建立的成本管理目标，在发生经营耗费的全过程中对影响成本的因素进行监督、把控，以及采取一系列预防措施，以保证实现企业目标的管理行为。

旅游企业的生产和消费具有同一性，只有当顾客进行消费时，旅游企业的生产才正式开始，在此之前，企业一直处于待客的准备阶段。据此，旅游企业只有对成本从形成、发生到转化的全过程进行监督和指导，才能真正达到成本管理控制的目的。

8.4.2 旅游企业成本控制方法

1. 标准成本法

标准成本法是以标准成本为基础，将实际发生的成本与标准成本进行对比，分析成本差异产生的原因和责任，从而采取调整措施，对成本进行有效控制的一种管理方法。

标准成本法是在正常的生产技术和管理水平下，企业通过一系列手段可以达到的产品成本标准。标准成本有理想标准成本和正常标准成本两种类型，其中理想标准成本是一种理论标准，指在生产全过程中无任何损耗的假设下制定的成本标准；正常标准成本是企业综合考虑各种耗费、损失和故障等，通过自身努力可

以达到的成本标准。尽管理想成本标准要低于正常成本标准，但由于理想成本标准过于严苛，正常标准成本比较客观、可实现，因此在实践工作中，正常标准成本应用较为广泛。

2. 制度控制法

制度控制法是利用国家及旅游企业内部各项成本管理制度来控制成本开支的一种管理方法。旅游企业内部应制定各项支出审批制度，日常考勤制度，原材料采购、验收、保管、领用制度，成本考核奖惩制度等，只有建立健全公司内部管理制度，才能调动起员工节约成本的主动性和积极性。

3. 责任成本管理

责任成本管理是将企业内部划分为若干成本责任中心，明确各自的责任成本，并根据责任中心的权责利关系来考核工作业绩的一种成本管理模式。责任中心也叫责任单位，是企业内部具有一定权利并承担相应责任的部门。责任中心根据不同的职责范围，可划分为成本中心、利润中心和投资中心三个子中心。

责任成本管理的流程：①要划分出责任成本中心，明确各个部门、岗位的责任范围。②要制定责任考核标准，实行奖惩分明制度。③跟踪记录信息，监督各岗位责任人执行情况。④要评价工作业绩，编制责任报告，查缺补漏。

8.4.3　旅游企业日常成本控制

1. 客房部成本控制

客房业务作为旅游企业的主要项目，其租金收入和客房成本在整体收入与总成本中占比较大，因此，加强客户部成本控制，对减少旅游企业成本费用支出具有重大意义。客房成本主要包括客房折旧费、清洁卫生费、物料消耗费、水电费等，根据成本习性可分为固定成本和变动成本，客房成本的多少与出租率的高低有直接关系。固定成本如折旧费，其总额恒定不变，但每间客房分摊的固定成本却随着客房出租率的提升而降低；变动成本如物料消耗费，其总额与客户出租率呈正比例变动，而每间客房的变动成本却是稳定不变的。因此，可以从固定成本和变动成本这两方面来控制客房部的成本支出。

1）降低单位固定成本

如前所述，单位固定成本与客房出租率呈反比例变动，因此要想控制客房部成本支出，可以通过增加客房出租数量来降低每间客户分摊的固定成本。

客房出租率 = 计算期实际出租客房数量 ÷ 计算期可供出租客房数量

企业为了提高客房出租率，往往采用降低价格的方式招揽顾客，但过度依赖降低价格，尽管提升了客房出租率、降低了单位固定成本，但也有可能加大其他方面的成本支出，结果是得不偿失的。

2）控制单位变动成本

这种方式主要是通过控制客房消耗品的标准费用来控制单位变动成本，即消耗品定额。消耗品定额必须按照酒店的不同星级，制定消耗品的配备数量和配备规定。对一次性消耗品的配备数量，要按照客房的出租情况逐级落实到基层岗位，并划分清楚每个人的职责范围。对于非一次性用品的消耗，要按照酒店的档次和正常磨损的要求确定耗用量，尽量减少因使用不当而造成的损耗。此外，对于客户用品的分发和领用要做好登记，以便对每位员工所辖的消耗品数量进行对比和考核，并根据考核结果予以适当的惩罚和奖励。

2. 餐饮部成本控制

餐饮业务也是旅游企业的重要经营项目。由于客房出租数量是有限度的，而餐饮业务不论是就餐人数还是消费水平，相对于客房业务都具有较大的灵活性，因而餐饮业务在降低经营成本方面的潜力也相对较大。制定严格、有效的餐饮成本控制制度，对于减少资源浪费、降低成本、提高企业经济效益具有重要作用。餐饮企业要实行全过程成本控制，可以通过以下几个环节进行。

1）采购

原材料成本是餐饮成本中最大的支出，也是餐饮成本控制的首要步骤。《中华人民共和国食品安全法》规定：食品生产者采购食品原料、食品添加剂、食品相关产品，应当查验供货者的许可证和产品合格证明；对无法提供合格证明的食品原料，应当按照食品安全标准进行检验。因此企业要依据法律规定，制定严格的采购标准，包括质量标准、数量标准和价格标准。

质量标准规定了应采购何种规格、等级的原材料，这不仅有助于提高原材料的使用效率，减少了原料损耗，也能够为库房验收员作出接收或拒收原料的决策提供有力依据。

数量标准可以通过经济订货批量模型来完成，使得采购成本和订货成本总额最低。

对于价格标准的制定，企业要严格执行询价制度，密切关注市场环境变化，对供应商进行评级管理，及时调整价格标准。

2）验收入库

原料入库之前要由库房验收员逐一清点核对材料数量、质量和价格，对于符合采购标准的原料直接入库，不符合标准的原材料验收员有权拒收。

3）仓储保管

仓储保管是餐饮成本控制的重要环节。仓储保管的基本任务是保证原材料的数量安全、质量保证、信息提供。在日常工作中要做到以下几点：①原材料要分类摆放，防止原料受潮变味。②要秉持先进先出的原则，合理码放原材料。③实行保质期控制，发现材料临近保质期，要及时将相关信息反映给生产部门，以便及时消化存放时间较久的原料。④保证存放安全，防止不安全事故发生，减少损失和浪费。

为了保证仓储工作能够高质量完成，企业除了日常盘点以外，还要进行临时盘点，对在盘点过程中发现的问题进行分析并及时处理。

4）材料领出

材料领出是控制原材料出库的环节。企业要严格执行领料发料制度，健全领发料凭证，未经批准不得领料。对于不同批次入库的原材料，企业要选择合适的领料方式，如先进先出法、加权平均法和个别计价法等。对于餐饮企业而言，由于要保证原材料的新鲜程度和质量安全，选择先进先出法较为适宜。

5）生产

餐饮部门要制定标准化操作体系，明确规定每道菜所需原料、配料、调味料的数量、制作成本、烹饪方法与技巧、菜肴价格等，加强原材料加工全过程成本控制。加强烹饪过程中的管理，提倡一锅一菜、专菜专做，尽量减少因菜肴口味问题退菜的发生。

6）销售

销售包括领发菜、进餐服务和收银等。此环节要在保证服务质量的同时优化人员配置，降低人工成本。领发菜环节要注意控制菜品质量和上菜速度，降低投诉率；进餐服务环节要按标准服务程序提供服务，提高客户满意度；收银环节要健全客户账单控制体系，防止漏账和逃账。餐饮部门要建立餐厅台账，编制营业日报表。

3. 旅行社成本控制

旅行社的成本主要发生在旅游产品设计开发、产品销售以及旅游接待等方面。同样地，旅行社也要对费用形成的全过程进行控制和监督，尽量降低非必要成本、减少经营成本，提升旅行社的市场竞争能力。

（1）旅行社要进行标准成本控制。企业要根据外部市场环境和企业自身水平，确定各旅游产品标准成本，通过标准成本与实际成本的对比分析，总结标准成本与实际成本产生差异的原因，以便企业及时调整策略。

（2）旅行社要实施责任成本控制制度。企业要根据工作职责，划分不同的责任中心，明确各自的责任成本，以提高部门和员工节约成本的积极性。

（3）旅行社应建立成本控制系统。成本控制系统包括成本量化模块、监督控制模块和分析预测模块。这三个模块组成一个监管系统，能够起到传递与反馈信息的作用，成为旅行社成本控制的有效手段。

本章小结

本章主要介绍了旅游企业成本管理相关问题，主要包括成本性态分析、本量利分析和旅游企业日常成本控制。旅游企业成本按性态可分为固定成本、变动成本和混合成本，可以利用高低点法和一元直线回归法来进行成本性态分析；本量利分析是在掌握相关指标和前提假设的基础上，计算盈亏平衡时的保本点和目标利润下的保利点；在日常成本管理时，要根据不同业务部门采用不同的控制方法。

即测即练

思考题

1. 企业进行成本管理的原则是什么？

2. 成本性态分析为什么要强调在一定时期内和一定业务量范围内？

3. 旅游企业成本控制基本方法是什么？

4. 对于餐饮企业而言应该怎样进行日常成本管理？

5. 旅游企业保本点和保利点有什么不同？

第 9 章　旅游企业收益分配管理

学习目标

（1）了解有代表性的几种股利分配理论。

（2）熟悉收入管理的内容及利润分配程序。

（3）熟悉股利支付形式与程序。

（4）掌握常见的四种股利政策。

能力目标

（1）结合旅游企业实际进行销售预测分析。

（2）为公司制定合适的股利政策。

（3）运用股利政策合理有效地进行利润分配。

思政目标

（1）培养学生的社会责任感。

（2）培养学生的创新能力。

（3）培养学生的使命感。

思维导图

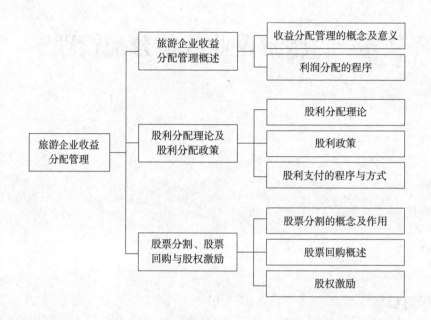

导入案例

安徽九华山旅游发展股份有限公司 2021 年度合并财务报表实现归属于公司股东的净利润为 60 523 299.71 元，按公司章程规定提取法定盈余公积金 5 064 948.20 元，年末累计未分配利润为 735 142 564.50 元。经公司第八届董事会第一次会议审议通过，公司 2021 年年度拟以实施权益分派股权登记日登记的总股本为基数分配利润。本次利润分配方案如下：公司拟向全体股东每 10 股派发现金红利 1.70 元（含税）。截至 2021 年 12 月 31 日，公司总股本 110 680 000 股，以此计算合计拟派发现金红利 18 815 600 元（含税），占 2021 年度合并报表属于上市公司普通股股东净利润的比例为 31.09%。本次利润分配不进行资本公积转增股本，不进行其他形式利润分配。本次利润分配方案尚需提交股东大会审议。

资料来源：九华旅游：九华旅游关于 2021 年度利润分配方案公告 [EB/OL].
(2022-03-29).https://vip.stock.finance.sina.com.cn/corp/view/vCB_AllBulletinDetail.
php?stockid=603199&id=7924975.

思考：

股利分配的形式有哪几种？安徽九华山旅游发展股份有限公司采用的是哪一种？

9.1　旅游企业收益分配管理概述

9.1.1　收益分配管理的概念及意义

1. 收益分配管理的概念

收益分配管理是对旅游企业收益与分配的主要活动及其形成的财务关系的组织与调节，是企业将一定时期内所创造的经营成果合理地在企业内、外部各利益相关者之间进行有效分配的过程。企业的收益分配有广义和狭义两种概念。广义的收益分配是指对企业的收入和净利润进行分配，包含两个层次的内容：第一层次是对企业收入的分配；第二层次是对企业净利润的分配。狭义的收益分配则仅仅是指对企业净利润的分配。本章所指收益分配采用狭义的收益分配概念，即对企业净利润的分配。

2. 收益分配管理的意义

收益与分配管理作为现代企业财务管理的重要内容之一，对于维护旅游企业与各相关利益主体的财务管理、提升旅游企业价值具有重要意义。对于旅游企业收益与分配管理的意义表现在以下三个方面。

1）收益分配集中体现了企业所有者、经营者与职工之间的利益关系

企业所有者是企业权益资金的提供者，按照谁出资、谁受益的原则，其应得的投资收益须通过企业的收益分配来实现，而获得投资收益的多少，取决于企业盈利状况及利润分配政策。通过收益分配，投资者能实现预期的收益，提高企业的信誉程度，有利于增强企业未来融通资金的能力。

企业的债权人在向企业投入资金的同时也承担了一定的风险，企业的收益分配应体现出对债权人利益的充分保护。除了按时支付到期本金、利息外，企业在进行收益分配时也要考虑债权人未偿付本金的保障程度，否则将在一定程度上削弱企业的偿债能力，从而降低企业的财务弹性。

职工是价值的创造者，是企业收入和利润的源泉。薪资的支付以及各种福利的提供可以提升职工的工作热情，为企业创造更多价值。因此，为了正确、合理地处理好企业各方利益相关者的需求，就必须对企业所实现的收益进行合理分配。

2）收益分配是企业再生产的条件以及优化资本结构的重要措施

企业在生产经营过程中所投入的各类资金，随着生产经营活动的进行不断地发生消耗和转移，形成成本费用，最终构成商品价值的一部分。销售收入的取得，

为企业成本费用的补偿提供了前提，为企业简单再生产的正常进行创造了条件。通过收益分配，企业能形成一部分自行安排的资金，可以增强企业生产经营的财力，有利于企业适应市场需要扩大再生产。

此外，留存收益是企业重要的权益资金来源，收益分配的多少，影响企业积累的多少，从而影响权益与负债的比例，即资本结构。企业价值最大化的目标要求企业的资本结构最优，因而收益分配便成了优化资本结构、降低资本成本的重要措施。

3）收益分配是国家建设资金的重要来源之一

在企业正常的生产经营活动中，职工不仅为自己创造了价值，还为社会创造了一定的价值，即利润。利润代表企业的新创财富，是企业收入的重要构成部分。除了满足企业自身的生产经营性积累外，通过收益分配，国家财政也能够集中一部分企业利润，由国家有计划地分配使用，实现国家政治职能和经济职能，发展能源、交通和原材料基础工业，为社会经济的发展创造良好条件。

9.1.2　利润分配的程序

根据《公司法》的规定，公司进行利润分配时涉及的项目包括盈余公积和股利两部分。公司利润分配的程序如下。

1. 弥补以前年度亏损

根据资本充实原则，公司可以用法定公积金弥补上一年度的亏损。公积金不足以弥补的，在本年度有盈余的情况下，在提取法定公积金之前，应当先用当年税前利润弥补亏损。根据《中华人民共和国企业所得税法》的规定，公司纳税年度发生的亏损，准予向以后年度结转，用以后年度的所得弥补，但结转年限最长不得超过 5 年。超过规定年限的，只能用税后利润抵补，或用盈余公积金补亏。

2. 提取法定盈余公积金

根据《公司法》的规定，法定盈余公积的提取比例为当年税后利润（弥补亏损后）的 10%，法定盈余公积金已达注册资本的 50% 时可不再提取。法定盈余公积可用于弥补亏损、扩大公司生产经营或转增资本，但公司用盈余公积金转增资本后，法定盈余公积金的余额不得低于转增前公司注册资本的 25%。

3. 提取任意盈余公积金

根据《公司法》的规定，公司从税后利润中提取法定公积金后，经股东会或者股东大会决议，还可以从税后利润中提取任意公积金。任意公积金的提取与否、提取比例及用途由股东大会根据公司发展的需要和盈余情况决定，法律不做强制规定。

4. 向股东分配股利

根据《公司法》的规定，公司弥补亏损和提取公积金后所余税后利润，可以向股东（投资者）分配股利（利润），其中有限责任公司股东按照实缴的出资比例分取红利，全体股东约定不按照出资比例分取红利的除外；股份有限公司按照股东持有的股份比例分配，但股份有限公司章程规定不按持股比例分配的除外。

根据《公司法》的规定，股东大会或者董事会违反相关规定，在公司弥补亏损和提取法定公积金之前向股东分配利润的，股东必须将违反规定分配的利润退还公司。另外，公司持有的本公司股份不得分配利润。

【例 9-1】H 旅游公司是一家股份有限公司，2022 年实现利润 600 万元，所得税税率为 25%。2021 年该公司亏损 100 万元。经股东大会充分讨论后决定，按照 5% 的比例提取任意盈余公积金，用于景区设施改造，并按照每股 0.3 元发放股利。2022 年年末公司发行在外的普通股股数为 500 万股。

根据上述资料，A 公司 2018 年的利润分配情况如表 9-1 所示。

表 9-1　A 公司 2018 年的利润分配表　　　　单位：万元

项目	行次	本年实际
一、利润总额	1	600
减：以前年度亏损	2	100
所得税费用	3	125
二、可供分配利润	4	375
减：提取法定盈余公积金	5	37.5
提取任意盈余公积金	6	18.75
三、可供投资者分配的利润	7	318.75
减：支付普通股股利	8	150
四、未分配利润	9	168.75

9.2　股利分配理论及股利分配政策

9.2.1　股利分配理论

股利分配理论是指人们对股利分配的客观规律的科学认识与总结，其核心问题是股利政策与公司价值的关系问题。具有代表性的股利分配理论主要有股利无关论和股利相关论两种观点。

1. 股利无关论

股利无关论是由美国财务专家米勒（Miller）和莫迪利亚尼（Modigliani）于1961 年提出的，因此又被称为"MM 理论"。股利无关论认为股利政策对公司的市场价值（或股票价格）不会产生任何影响，公司市场价值的高低是由公司投资决策的获利能力决定的，与公司的利润分配政策无关。

需要说明的是，这一理论建立在这样一些假定之上：①不存在个人或企业所得税。②不存在任何筹资费用（包括发行费用和各种交易费用）。③公司的投资决策与股利政策彼此独立（即投资决策不受股利政策的影响）。④完善的市场竞争，即任何一位证券交易者都没有足够的能力通过其交易活动对股票的现行价格产生明显的影响。⑤股东对股利收入和资本增值之间并无偏好。上述假定描述的是一种完美无缺的市场，因而股利无关论又被称为完全市场理论。

2. 股利相关论

股利相关论认为，企业的股利政策会影响股票价格，其主要观点包括以下几种。

1）"在手之鸟"理论

"在手之鸟"理论认为，用留存收益再投资带给投资者的收益具有很大的不确定性，并且投资风险随着时间的推移将进一步增大，因此，投资者更喜欢现金股利，而不大喜欢将利润留给公司。这是因为：对投资者来说，现金股利是"抓在手中的鸟"，是实在的，而留存收益则是"躲在林中的鸟"，随时都可能飞走。在投资者的眼里，股利收入要比由留存收益带来的资本利得更可靠，所以，投资者宁愿现在收到较少的股利，也不愿意待未来再收回风险较大的较多的股利。根据这种理论，公司需要定期向股东支付较高的股利，公司分配股利越多，公司的市场价值也就越大。

2）信号传递理论

信号传递理论认为，在信息不对称的情况下，公司可以通过股利政策向市场传递有关公司未来盈利能力的信息。一般来说，预期未来盈利能力强的公司往往愿意通过相对较高的股利支付率，把自己同预期盈利能力差的公司区别开来，以吸引更多的投资者。对市场上的投资者来说，最有政策的差异或许是反映公司预期盈利能力差异的极有价值的信号，如果在可预见的未来，公司能够保持较为稳定的股利支付率，那么，投资者就可能对公司未来的盈利能力与现金流量抱有较为乐观的预期。

3）代理理论

代理理论认为，股利政策有利于减少管理者和股东之间的代理冲突，概括说，股利政策相当于协调股东与管理者之间代理关系的一种约束机制，股利政策对管理者的约束作用体现在两个方面：一方面，从投资角度看，当企业存在大量自由现金时，管理者通过股利发放不仅减少了因过度投资而浪费的资源，而且有助于减少管理者潜在的代理成本，从而增加企业的价值（这样可解释宣告股利增加与股价变动正相关的现象）；另一方面，从融资角度看，企业发放股利减少了内部融资，导致进入资本市场寻求外部融资，从而可以经常接受资本市场的有效监督，这样通过加强资本市场的监督而减少代理成本。高水平股利支付政策有助于降低企业的代理成本，但同时也增加了企业的外部融资成本。因此，最优的股利政策应使两种成本之和最小。

4）差别税收理论

差别税收理论认为，由于普遍存在的税率的差异及纳税时间的差异，资本利得收入比股利收入更有助于实现收益最大化目标，企业应当采用低股利政策。由于股利收入和资本利得收入是不同类型的收入，所以在很多国家，对它们征收所得税的税率不同，一般来说，对资本利得收入征收的税率低于对股利收入征收的税率。另外，股利收入纳税和资本利得收入纳税在时间上也存在差异，投资者对资本利得收入的纳税时间选择更具有弹性，可以自由选择资本利得收入的纳税时间，从而可以获得延迟纳税带来的收益。因此，在其他条件不变的情况下，投资者更偏好资本利得收入而不是股利收入。

9.2.2　股利政策

股利政策是指在法律允许的范围内，企业是否发放股利、发放多少股利，以及何时发放股利的方针及对策。企业的净收益可以支付给股东，也可以留存在企业内部，股利政策的关键问题是确定分配和留存的比例。股利政策不仅会影响股东的利益，而且会影响企业在资本市场上的形象及企业股票的价格，更会影响企业的长短期利益，因此，合理的股利政策对企业及股东来讲是非常重要的。企业应综合考虑各种影响因素，结合自身的实际情况，对各种股利政策权衡利弊得失，从优选择。公司经常采用的股利政策主要有以下几种。

1. 剩余股利政策

剩余股利政策是指公司生产经营所获得的净收益首先应满足公司的资金需求，如果还有剩余，再派发股利；如果没有剩余，则不派发股利。剩余股利政策的理论依据是股利无关论。剩余股利政策的具体实施步骤是：①根据公司的投资计划确定公司的最佳资本预算。②根据公司的目标资本结构及最佳资本预算预计公司资金需求中所需要的权益资本数额。③尽可能地使用留存收益来满足资金需求中所需增加的股东权益数额。④留存收益在满足公司股东权益增加需求后，如果有剩余，再用来派发股利。

剩余股利政策的主要优点是：留存收益优先保证再投资的需要，从而有助于降低再投资的资本成本；保持最佳的资本结构，实现公司价值的长期最大化。其存在的缺陷是：完全遵照执行剩余股利政策，将使股利发放额每年随投资机会和盈利水平的波动而波动、不利于投资者安排收入与支出，也不利于公司树立良好的形象，剩余股利政策一般适用于公司初创阶段。

【例 9-2】A 公司 2023 年度实现净利润 6 000 万元，2024 年度计划投资所需资金 5 000 万元，公司的目标资本结构为自有资金占 50%，借入资金占 50%。则按照目标资本结构的要求，公司投资方案所需的自有资金数额为

$$5\,000 \times 50\% = 2\,500（万元）$$

公司采用剩余股利政策，则 A 公司 2023 年度可向投资者分红（发放股利）的数额为

$$6\,000 - 2\,500 = 3\,500（万元）$$

2. 固定或稳定增长的股利政策

固定或稳定增长的股利政策是公司将每年派发的股利额固定在某一特定水平或是在此基础维持某一固定比率逐年稳定增长。只有当公司对未来利润增长确有把握时，才会宣布实施固定或稳定增长的股利政策。近年来，为了避免通货膨胀对股东收益的影响，最终达到吸引投资的目的，很多公司开始实行稳定增长的股

利政策。

固定或稳定增长股利政策的优点是：①固定或稳定增长的股利政策能将公司未来获利能力强、财务状况稳定以及管理层对未来充满信心等信息传递出去，这有利于公司树立良好的形象，增强投资者对公司的信心，进而有利于稳定公司股票价格。②固定或稳定增长的股利政策，有利于吸引那些打算做长期投资的股东。这部分股东希望其投资的获利能够成为其稳定的收入来源，以便安排各种经常性的支出。

固定或稳定增长股利政策的缺点是：①公司股利支付与公司盈利相脱离，造成投资的风险与投资的收益不对称。②公司盈利较低时仍要支付较高的股利，容易引起公司资金短缺，导致财务状况恶化，甚至侵蚀公司留存收益和公司资本。

因此，采用固定或稳定增长的股利政策，要求公司对未来的盈利能力和支付能力准确地作出判断。这种股利政策一般适用于经营比较稳定或正处于成长期的公司，且很难被长期采用。

3. 固定股利支付率政策

固定股利支付率政策是公司确定固定的股利支付率，并长期按此比率从净利润中支付股利的政策。各年股利随公司经营的好坏而上下波动，获得较多盈余的年份股利额高，获得盈余少的年份股利额低。采用此政策，由于公司的盈利能力在年度间是经常变动的，所以每年的股利也随着公司收益的变动而变动。固定股利支付率政策只能适用于稳定发展的公司和公司财务状况较稳定的阶段。

固定股利支付率政策的优点是：①使股利与公司盈余紧密结合，以体现多盈多分、少盈少分、不盈不分的原则。②由于公司的盈利能力在年度间是经常变动的，所以每年的股利也应随着公司收益的变动而变动，保持股利与利润间的一定比例关系，体现投资风险与收益的对等。

固定股利支付率政策的缺点是：①股利波动容易使外界产生公司经营不稳定的印象，不利于股票价格的稳定与上涨。②容易使公司面临较大的财务压力，公司实现的盈利越多，支付的股利越多，如果公司的现金流量状况并不好，很容易对公司造成较大的财务压力。③公司每年按固定比例从净利润中支付股利，缺乏财务弹性。④确定合理的固定股利支付率难度很大。

4. 低正常股利加额外股利政策

低正常股利加额外股利政策是公司事先设定一个较低的经常性股利额，一般情况下，公司每期都按此金额支付股利，只有公司盈利较多时，再根据实际情况发放额外股利。

低正常股利加额外股利政策的优点是：①低正常股利加额外股利政策具有较大的灵活性。由于平常股利发放水平较低，故在公司净利润很少或需要将相当多的净利润留存下来用于再投资时，公司仍旧可以维持既定的股利发放水平，避免股价下跌的风险，股东不会有股价跌落感；而公司一旦拥有充裕的现金，就可以通过发放额外股利的方式，将其转移到股东的手中，也有利于股价的提高，使股东增强对公司的信心。②它既可以在一定程度上维持股利的稳定性，又可以根据公司的具体情况，选择不同的股利水平，以完善公司的资本结构，进而实现公司的财务目标。

低正常股利加额外股利政策的缺点是：①股利派发仍然缺乏稳定性，额外股利随盈利的变化而变化，时有时无，给人漂浮不定的印象。②如果公司较长时期一直发放额外股利，股东就会误认为这是"正常股利"，一旦取消，极易造成公司财务状况恶化的负面影响，股价下跌在所难免。

需要指出的是，实务中并没有一个严格意义上的最为科学的股利政策，往往是多种股利政策的结合利用。企业在进行收益分配时，应充分考虑各种政策的优缺点和企业的实际情况，选择合适的股利分配政策。

9.2.3　股利支付的程序与方式

1. 股利支付程序

公司发放股利必须遵守相关的要求，按照日程安排来进行。一般情况下，先由董事会提出分配预案，然后提交股东大会决议，股东大会决议通过分配预案后，向股东宣布发放股利的方案并确定股权登记日、除息日和股利发放日。

（1）股利宣告日，即股东大会决议通过并由董事会将股利支付情况予以公告的日期。公告中将宣布每股应支付的股利、股权登记日、除息日及股利支付日。

（2）股权登记日，即有权领取本期股利的股东资格登记截止日期。凡是在此指定日期收盘之前取得公司股票，成为公司在册股东的投资者都可以作为股东享受公司分派的股利。在这一天之后取得股票的股东则无权领取本次分派的股利。

（3）除息日，即领取股利的权利与股票分离的日期。在除息日之前购买股票的股东才能领取本次股利，而在除息日当天或是以后购买股票的股东，则不能领取本次股利。由于失去了付息的权利，除息日的股票价格会下跌。

（4）股利发放日，即公司按照公布的分红方案向股权登记日在册的股东实际支付股利的日期。

2. 股利支付方式

股利支付形式主要有以下两种。

（1）现金股利。现金股利是以现金支付的股利，它是股利支付的常见方式。

（2）股票股利。股票股利是股份公司以股份形式向股东支付的股利，实务中称其为"红股"。与现金股利相比，股票股利不会导致现金的流出。从会计角度看，股利只是资金在股东权益账户之间的转移，只会改变股东权益的构成。股票股利会增加流通在外的股票数量，同时降低股票的每股价值；但它不会改变公司权益总额，也不会改变每位股东的持股比例。

公司在进行股票股利分配时，通常将应付给股东的股利转入资本，发行同等数额的新股，并按照股东的持股比例进行分配。一般来说，普通股股东分配给普通股，优先股股东分配给优先股。这样，就不能改变公司股东的结构和比例而要增加股份数量。股票股利分配的计算通常以百分比来表示，如 10% 和 20%，这表示可以分配给每股的新股比例。如果计算结果少于 1 股，则可以将零股转换为现金分配给股东，也可以将零股一并出售，所得金额将在零股股东之间进行分配。采取股票股利形式的必要条件：公司分配的利润必须由股东大会决定，并符合发行新股的有关规定。由于股票交易价格通常高于票面价值，对股东而言，支付股票股利可能比现金股利获得更多的投资收益；但过多的股票分红会增加公司股份总额，影响公司未来的分红水平和股票市场价格，不利于公司市场形象的改善和流动资金的增加。

【例 9-3】A 上市公司在 2022 年发放股票股利前，其资产负债表上的股东权益账户情况如表 9-2 所示。

表 9-2　A 公司发放股票股利前股东权益账户情况　　单位：万元

普通股（面值 1 元，发行在外 4 000 万股）	4 000
资本公积	3 000
盈余公积	5 000
未分配利润	4 000
股东权益合计	16 000

假设 A 公司宣布发放 5% 的股票股利，现有股东每持有 10 股，可获赠 1 股普通股。若该股票当时市价为 8 元，那么随着股票股利的发放，需从"未分配利润"账户划转出的资金为

$$4\,000 \times 5\% \times 8 = 1\,600 （万）$$

由于股票面值（1 元）不变，发放 400（4 000÷10×1）万股，"普通股"账户只增加 400（400×1）万元，其余的 1 200 万元应作为股本溢价转至"资本公积"账户，而公司的股东权益总额并未发生改变，仍是 16 000 万元。发放股票股利后资产负债表上的股东权益账户情况如表 9-3 所示。

表 9-3　A 公司发放股票股利前股东权益账户情况　　单位：万元

普通股（面值 1 元，发行在外 4 400 万股）	4 400
资本公积	4 200
盈余公积	5 000
未分配利润	2 400
股东权益合计	16 000

假设此公司某股东在公司派发股票股利之前持有公司普通股 40 万股，那么他所拥有的股权比例为 40÷4 000×100%=1%，派发股利之后，他所拥有的股票数量为 40+40÷10×1=44 万股，股份比例为 44÷4 400=1%。

发放股票股利虽不直接增加股东的财富，也不增加公司的价值，但对股东和公司都有特殊意义。

对股东来讲，股票股利的优点主要如下。

（1）发放股票股利后，理论上每股市价会成比例下降，但实务中这并非必然结果。因为市场和投资者普遍认为，发放股票股利往往预示着公司会有较大的发展和成长，这样的信息传递公司会稳定股价或使股价下降比例减少甚至不降反升，股东便可以获得股票价值相对上升的好处。

（2）由于股利收入和资本利得税率的差异，如果股东出售股票，还会获得资本利得纳税上的好处。

对公司来讲，股票股利的优点主要如下。

（1）发放股票股利不需要向股东支付现金，在再投资机会较多的情况下，公司就可以为再投资提供成本较低的资金，从而有助于公司的发展。

（2）发放股票股利可降低公司股票的市场价格，既有利于促进股票的交易和流通，又有利于吸引更多的投资者成为公司股东，进而使股权更为分散，有效地防止公司被恶意控制。

（3）发放股票股利可以传递公司未来发展前景良好的信息，从而增强投资者的信心，在一定程度上稳定股票价格。

股票股利的缺点是：由于股票股利会增加公司的股本规模，所以将为公司后续发放现金股利带来较大的财务负担。因此，国外公司一般很少发放股票股利。

3. 负债股利

负债股利是以负债方式支付的股利，通常以公司的应付票据支付给股东，有时也以发放公司债券的方式支付股利。例如，旅游上市公司甲以公司的应付票据作为股利支付给股东就属于负债股利。

4. 财产股利

财产股利是以现金以外的其他资产支付的股利，主要是以公司所拥有的其他公司的有价证券，如债券、股票等，作为股利支付给股东。

9.3　股票分割、股票回购与股权激励

9.3.1　股票分割的概念及作用

1. 股票分割的概念

股票分割又称拆股，即将一股股票拆分成多股股票的行为。例如，原来的 1 股股票拆分成 6 股股票。

股票分割不属于某种股利支付方式，但其产生的效果与发放股票股利近似。股票分割一般只会增加公司发行在外的股票总数，每股股票代表的账户价值降低，但不会对公司的资本结构、资产账目价值、股东权益各账户产生任何影响。股票分割与股票股利都是在不增加股东权益的情况下增加股份的数量，不同的是，股票股利虽不会引起股东权益总额的改变，但股东权益的内部结构会发生变化，而股票分割之后，股东权益总额及其内部结构都不会发生任何变化，变化的只是股票面值。

【例 9-4】A 公司将原来发行在外的 100 万股普通股分割成 200 万股，每股 1 元。股票分割前后股东权益各项目的金额对比见表 9-4。

表 9-4 股票分割前后对比

股票分割前		股票分割后	
项目	金额	项目	金额
普通股（100 万股，每股 1 元）	100	普通股（200 万股，每股 0.5 元）	100
资本公积	200	资本公积	200
留存收益	500	留存收益	500
股东权益合计	800	股东权益合计	800
股票分割前后股东权益总额以及结构均没有发生变化			

2. 股票分割的作用

（1）降低股票价格。股票分割会使每股市价降低、买卖该股票所需资金量减少，从而促进股票的流通和交易。流通性的提高和股东数量的增加，会在一定程度上加大对公司股票恶意收购的难度。此外，降低股票价格还可以为公司发行新股做准备，因为股价太高会使许多潜在投资者力不从心而不敢轻易对公司股票进行投资。

（2）传递长期发展良好的信号。股票分割往往是成长中的公司所为，企业进行股票分割会向市场和投资者传递"公司发展前景良好"的信号，这种利好消息会影响股票价格，有助于提升投资者对公司股票的信心，而公司股东就能从股份中获得相对收益。

（3）为公司发行新股做准备。公司股票价格太高，会使许多潜在投资者力不从心而不敢轻易对公司的股票进行投资。在新股发行之前利用股票分割降低股票价格可以促进新股发行。

（4）股票分割有助于公司并购政策的实施，增强对被并购方的吸引力。

（5）股票分割带来的股票流通性的提高和股东数量的增加会在一定程度上加大对公司股票恶意收购的难度。

另外，如果公司认为其股票价格过低，不利于其在市场上的声誉和未来的再筹资。

9.3.2 股票回购概述

1. 股票回购的定义

股票回购是指上市公司出资将其发行在外的普通股以一定价格购买回来予以注销或转为库存股的一种资本运作方式。一般来说，公司不得随意收购本公司的股份，只有满足相关法律规定的情形才允许进行股票回购。

2. 股票回购的动机

在证券市场上，股票回购的动机主要有以下几种。

（1）现金股利的替代。股票回购不会对公司产生未来的派现压力，当公司有富余资金时，通过回购股东所持股票将现金分配给股东。这样，股东就可以根据自己的需要选择继续持有股票或出售获得现金。

（2）改变公司的资本结构。无论是现金回购还是举债回购股份，都会提高公司的财务杠杆水平、改变公司的资本结构。公司认为权益资本在资本结构中所占比例较大时，为了调整资本结构而进行股票回购，可以在一定程度上降低整体资本成本。

（3）传递公司信息。由于信息不对称和预期差异，证券市场上的公司股票价格可能被低估，而过低的股价将会对公司产生负面影响。一般情况下，投资者会认为股票回购是公司认为其股票价值被低估而采取的应对措施。

（4）基于控制权的考虑。控股股东为了保证其控制权，往往采取直接或间接的方式回购股票，从而巩固既有的控制权。另外，股票回购使流通在外的股份数变少，股价上升，从而有效地防止敌意收购。

（5）提高每股收益。减少股票的供应，相应地提高每股收益及每股市价。

（6）防止敌意收购。回购可以使公司流通在外的股份数变少，股价上升，从而使收购方要获得控制公司法定股份比例变得更为困难。

（7）满足认股权的行使。在企业发放认股权证的情况下，认股权证持有人行使认股权时，企业必须提高股价，购回股票可以满足认股权行使的要求。

（8）满足企业兼并与收购的需要。回购的股票可以在并购时换取并购企业股东的股票，从而使企业以较小的代价取得对并购企业的控股权。

3. 股票回购的影响

（1）对上市公司的影响。股票回购对上市公司的影响主要有：股票回购需要大量的资金，容易造成公司资金紧张，对发展不利；股票回购容易引发操纵股份行为，这就会对信息不对称的中小股东的权益造成损害；股票回购的结果会使股东权益下降，削弱了公司资本的安全性，对债权人利益有一定程度损害；股票回购虽然需要消耗大量现金，但可以降低发行在外的流通股，提高每股股价，有利于防范潜在的恶意收购者，特别是觊觎公司大量现金存量的恶意收购者对公司的恶意收购行为。

（2）对股东的影响。对股东而言，股票回购具有更多的优势。股东分得现金股利需要缴纳个人所得税，而股票回购不仅可以避税，还可供股东在继续持有与出售股票之间自由选择，更加尊重股东的意愿。股票回购可以刺激股票市价的提升，这对股东而言是利好现象。

9.3.3　股权激励

股权激励是企业拿出部分股权用来激励企业高级管理人员或优秀员工的一种方法。一般情况下都是附带条件的激励，如员工需在企业干满多少年，或完成特定的目标才予以激励，当被激励的人员满足激励条件时，即可成为公司的股东，从而享有股东权利。

创业公司发展早期，资金都比较紧张，而资金不足带来最大的一个问题就是人员流失，尤其是团队的高级管理人员、核心员工，他们的流失会对创业公司造成不可估量的影响。为提高团队凝聚力，用有限的薪资留住管理层及核心员工，企业家们绞尽脑汁，慢慢研究出了以公司股权为标的，向公司的高级管理人员及核心员工在内的其他成员进行长期激励的制度，即股权激励。

本章小结

收益与分配管理作为现代企业财务管理的重要内容之一，对于维护企业与各相关利益主体的财务管理、提升企业价值具有重要意义。企业的收益分配有广义和狭义两种概念。本章所指收益分配采用狭义的收益分配概念，即对企业净利润的分配。根据《公司法》的规定，公司进行利润分配时涉及的项目包括盈余公积和股利两部分。具有代表性的股利分配理论主要有股利无关论和股利相关论两种观点。股利无关论认为股利政策对公司的市场价值（或股票价格）不会产生任何影响，公司市场价值的高低是由公司投资决策的获利能力决定的，与公司的利润分配政策无关。股利相关论认为，企业的股利政策会影响股票价格。企业应综合考虑各种影响因素，结合自身的实际情况，对各种股利政策权衡利弊得失，从优选择。股票分割又称拆股，即将一股股票拆分成多股股票的行为。股票回购是指上市公司出资将其发行在外的普通股以一定价格购买回来予以注销或转为库存股的一种资本运作方式。股权激励是企业拿出部分股权用来激励企业高级管理人员或优秀员工的一种方法。

即测即练

思考题

1. 制约企业制定股利分配政策的因素有哪些？

2. 股利分配政策有哪些类型？其优缺点，各自适用范围是什么？

3. 企业为什么要进行股票回购？

4. 股票分割对企业有哪些影响？

5. 如何制定股利分配方案？

第 10 章　旅游企业财务报表分析

 **学习目标**

（1）了解财务分析的基本含义、目的以及方法。

（2）掌握财务报表分析的具体方法，能够利用偿债能力、盈利能力、营运能力、发展能力等方面的财务指标以及上市公司特殊指标进行分析。

（3）熟悉财务综合分析方法及应用。

 **能力目标**

（1）能够了解财务分析的主要方法，根据实际情况选用适当财务分析方法。

（2）能够计算并掌握各项财务指标的经济意义，运用财务指标对企业进行偿债能力、盈利能力、营运能力和成长能力分析。

（3）能够熟悉财务综合分析的方法，根据企业实际情况进行财务综合分析。

 **思政目标**

（1）了解理论对实践的指导作用。

（2）熟悉财务分析知识体系，提高财务综合素养。

（3）掌握财务报表分析知识，增强自主学习能力。

🔍 思维导图

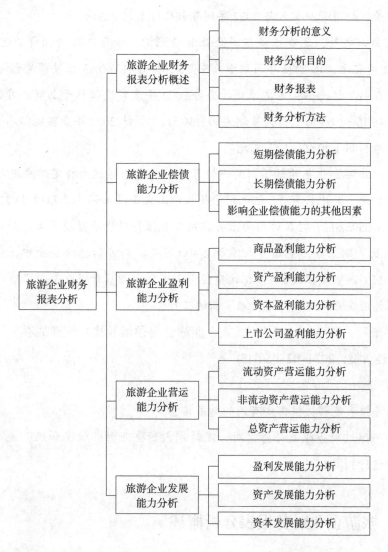

🔍 导入案例

2024 年 2 月，多个上市旅游企业发布了业绩预告。长白山（603099.SH）、丽江股份（002033.SZ）、三峡旅游（002627.SZ）、祥源文旅（600576.SH）等上市旅游公司纷纷预告 2023 年业绩预增，扭亏为盈已经板上钉钉。

2023 年旅游市场的复苏速度是惊人的。一整年的市场火热，推动了上市旅游企业业绩翻红。

2024 年 1 月 19 日，长白山发布业绩预告，预计 2023 年度经营业绩将出现扭亏为盈，实现归属于上市公司股东的净利润约为 1.36 亿元到 1.46 亿元。2022 年同期亏损 5 738.56 万元。2023 年长白山景区接待游客数量与 2022 年同期相比有较大幅度的增长，公司营业收入与 2022 年同期相比增长约 4.34 亿元。

除长白山之外，还有很多旅游企业业绩预增。如丽江股份预计 2023 年盈利 2.15 亿~2.40 亿元，比 2022 年同期增长 5 735.10%~6 413.60%；三峡旅游预计 2023 年盈利 1.3 亿~1.7 亿元；祥源文旅预计公司 2023 年度实现归属于上市公司股东的净利润为 1.45 亿~1.65 亿元；天目湖（603136.SH）预计 2023 年度实现归属于母公司所有者的净利润 1.40 亿~1.55 亿元。

同时，旅游企业也开始了新的一轮募资，长白山通过向特定对象发行 A 股股票募集 5 亿元，其中将有 3.5 亿元用于及长白山火山温泉部落二期项目的建设。大连圣亚（600593.SH）则在近期向上海浦东发展银行股份有限公司大连分行申请流动资金借款展期业务，金额为人民币 2 400 万元。南方的旅游企业中，黄山旅游（600054.SH）则宣布拟投资 1.5 亿元建设黄山国际大酒店升级改造工程项目。

各家旅游企业大刀阔斧地开始了新的工作。

资料来源：陈雪波，卢志坤.旅企业绩普遍预增趁热打铁迎战春节旅游高峰 [N].中国经营报，2024-02-05(B13).

思考：

1.财务报表能够提供哪些有用的财务信息？

2.如何通过财务报表分析，对一定时期内的企业财务状况和经营成果及未来发展潜力进行判断？

10.1 旅游企业财务报表分析概述

财务报表分析是企业财务管理的重要内容之一。作为独立经营者，旅游企业在面对激烈的市场竞争时，必须对自身的经营能力、财务状况和发展趋势有清醒的认识和正确的判断，以便及时调整企业的发展经营策略，并且对企业管理进行不断改进，增强企业在市场中的竞争力。财务分析作为对企业理财活动过程和结果进行观察与控制的手段，能够准确地描绘一个企业，帮助企业在会计准则允许的范围内作出合理的选择和判断，可以用来探讨企业整体的财务战略管理，也可以为其他的信息使用者提供可靠的决策依据。

10.1.1　财务分析的意义

财务分析是以财务报表和其他会计资料为依托，以专业、合理的方法为手段，对某一分析对象的财务状况和经营成果进行分析与评价的一项经济管理活动。借助财务分析，可以对企业过往的经营业绩进行评价判断，对其当下的财务状况进行衡量，也可以对其日后的发展趋势作出大致的预测。财务分析在财务管理的体系架构里，既可以体现承接历史的经营成果，也可以为企业未来的发展态势和发展方向提供思路，在企业经营和管理工作方面具有不可忽视的重要意义，主要体现在以下三个方面。

（1）财务分析可以作为客观评估企业财务状况的基础。以各种综合的会计核算材料为依据，充分地对企业总体的和各细分财务项目进行了解，进而全面、科学地评价其资产的周转情况等各种指标是否正常、合理，用来判断、评价企业的营运能力和其他综合能力如何，便于企业管理者及其他报表使用人了解企业财务状况和经营成果，发现问题并找出可借鉴的经验或可吸取的教训。

（2）财务分析可以作为衡量企业盈利能力的依据。实现企业价值最大化是进行财务管理的努力方向，企业是否具有良好和持续的盈利能力是判断一个企业综合素质的基本表现。企业要生存和发展，就要求企业必须能够获得较高的利润，从而在激烈的市场竞争中立于不败之地，财务分析应从整体、部门和不同项目对企业盈利能力做深入分析和全面评价，为投资决策提供必需的信息。

（3）财务分析可以作为判断企业未来潜力和持续发展的手段。一个企业的未来潜力和持续发展能力，不仅关系到企业的命运，更与各方利益相关者的自身利益具有紧密的关联性。可以通过透彻的综合财务分析实现对企业未来发展趋势的预测。探索企业在未来的发展过程中存在的薄弱环节，为管理人员决策提供重要依据，避免由于决策失误对企业造成重大损失。

10.1.2　财务分析目的

从不同的财务分析主体看，财务分析的目的主要可以分为以下几类。

1. 从投资者角度看

投资者对企业进行投资，企业的投资回报水平和风险水平是投资者普遍关注的焦点，他们需要使用财务分析这一手段，对企业的业绩指标、获利程度、发展能力、竞争能力和筹资情况等指标进行评价，以作出是否继续投资、是否转让股份和如何制定股利分配政策等重要决策。投资者关注投资收益如何，最关注盈利能力，即能不能赚钱，同时也涉及偿债能力，即是否有很大偿债风险导致收不回本金，财务分析可以为股权投资者的财务决策提供支持。

2. 从债权人角度看

债权人将资金借给企业，其目的是能够按期收取固定利息并且到期能够及时收回本金。因此，债权人会关心企业的偿债能力，关心企业的负债比例以及企业长短期负债的结构是否恰当。需要根据财务分析，了解贷款的报酬和风险、掌握企业盈利状况和资本结构。长期来讲，偿债能力的基础是拥有良好的盈利能力，所以长期债权人也比较重视盈利能力。

3. 从经营管理人员角度看

经营管理人员受投资者委托，是企业财产的经营者，代表股东和利益相关者的利益，其经营、理财的基本动机是追求企业价值最大化，使企业的资本得以保值和增值。为满足不同利益相关者的需要，协调各方利益关系，企业需要展开内部的财务分析，分析角度更加全面多样，需要对企业经营的全部信息进行详尽的了解，以便信息使用者全面掌握企业经营目标的实现情况。不同行业对资金的占用所遵循的规律各不相同，经营者进行财务分析以掌握企业生产经营的规律，及时采取相应的措施，改善各个环节的管理工作，科学地进行经营决策。此外，通过财务分析也可以评价经营管理人员的经营效率，作为他们业绩考核的基本评价依据。

4. 从政府机构角度看

对企业具有监管职能的政府机构主要有市场监督管理、税务、财政和审计部门等，其财务分析的目的是判断企业的纳税情况是否符合法律规定、其各项经营活动有没有依照国家出台的相应政策和法律法规进行开展，以及统计员工收入情况和为社会提供的就业岗位情况等。例如，企业的会计报告可能报给国资委、税务部门、审计部门等，由监管部门分析。

5. 从其他角度看

第三方审计机构为减少审计风险，需要评估公司的营利性和破产风险，同时，为确定审计重点，需要分析财务数据的异常变动；供应商和客户如果要进行合作或赊销产品，会考虑客户信用程度和业绩如何；员工为自身职业发展和经济报酬考虑，会通过盈利能力判断企业的发展前景如何，是否适合自己职业规划。

10.1.3　财务报表

财务报表，是对企业财务信息的结构性表述，可以反映企业的财务状况、经营成果和现金流量。通常而言，财务报表包含资产负债表、利润表、现金流量表、所有者权益变动表以及附注（即四表一注）。

1. 资产负债表

资产负债表是一种静态报表，它用来反映企业在某一特定日期（月末、季末或年末）财务状况。它是利用企业的资产、负债及所有者权益这三大会计要素的联系，根据相应的分类标准和顺序，将企业在报告期内的这三大会计要素的各个项目进行合理的排列，再对日常会计数据分类汇总后编制而成。编制依据为

$$资产 = 负债 + 所有者权益$$

报表使用者可以利用资产负债表，了解在特定日期的资产总值和其构成情况，这可以揭示企业所拥有或控制的资源及其分布情况，使报表使用者了解企业资产的分布状况和资金营运情况是否合理，分析企业资本来源及其构成比例是否正常；报表使用者也可以掌握报告期的负债总额及其结构，为预测企业偿债能力和资本变现能力提供了依据。

国内企业通常采用账户式结构的资产负债表，这种资产负债表分为左右两侧，左侧为资产科目，一般依据资产流动性的强弱程度排列；右侧为负债及所有者权益科目，一般按照要求清偿时间的先后顺序排列。我国一般企业资产负债表格式如表 10-1 所示。

2. 利润表

利润表是动态报表，它反映企业在某一特定时期内（月份或年份）的经营成果。编制依据为

$$收入 - 费用 = 利润$$

利润表的列报应当充分、完整地反映一个企业经营业绩的主要来源。通过利润表不仅可以帮助报表使用者判断净利润的质量、衡量相关的风险，也有利于报表使用者预测净利润的连续性，从而作出正确的决策。通过分析利润表，报表使用者可以掌握企业在特定会计期间内的收入实现情况，如实现的营业收入有多少、获得的投资回报怎么样、取得的营业外收入有哪些等；可以掌握企业在一定会计期间的费用耗费情况，如耗费的营业成本有多少、缴纳的税金及附加有多少、支

表 10-1　资产负债表

编制单位：ZQL 控股股份有限公司　　2021 年 12 月 31 日　　　　　　　　　　　单位：元

资产	期末余额	期初余额	负债和所有者权益	期末余额	期初余额
流动资产：			流动负债：		
货币资金	509 426 848.93	522 871 878.48	短期借款	510 566 958.32	613 790 569.44
交易性金融资产			交易性金融负债		
应收票据	12 527 501.62	3 353 223.67	衍生金融负债		
应收账款	1 018 500.00	631 950.00	应付票据		
应收款项融资	53 529 305.85	66 969 914.25	应付账款	69 407 059.17	113 443 376.73
预付款项	445 701 154.84	489 992 098.52	预收款项	2 533 998.95	2 643 239.72
其他应收款	17 853 249.00	17 853 249.00	合同负债	86 484 889.81	98 770 642.65
其中：应收利息			应付职工薪酬	184 992 778.89	170 861 895.39
存货	821 806.79	555 866.24	应交税费	5 220 172.64	5 773 219.24
合同资产			其他应付款	460 684 886.52	462 057 108.37
持有待售资产			其中：应付利息		
一年内到期的非流动资产			应付股利		1 378 113.24
其他流动资产	81 084.34		持有待售负债		
流动资产合计	1 023 025 118.03	1 084 456 015.50	一年内到期的非流动负债	505 135 480.29	
			其他流动负债		
			流动负债合计		
非流动资产：			非流动负债：		
债权投资			长期借款	5 207 610.62	6 027 463.58
其他债权投资			应付债券	1 830 233 835.21	1 473 367 515.12
长期应收款			其中：优先股		
长期股权投资	3 576 621 599.37	3 282 027 826.11	永续股	195 798 388.13	358 163 875.01
其他权益工具投资					

续表

资产	期末余额	期初余额	负债和所有者权益	期末余额	期初余额
其他非流动金融资产	90 881 741.96	82 716 712.33	租赁负债	3 004 570.09	
投资性房地产	253 024 792.48	249 561 575.26	长期应付款		
固定资产	241 297 878.36	260 124 094.29	长期应付职工薪酬		
在建工程			预计负债		
生物性生物资产			递延收益		2 950 126.37
油气资产			递延所得税负债		
使用权资产	3 595 979.94		其他非流动负债		
无形资产	66 758 481.21	72 683 361.33	非流动负债合计	198 802 958.22	361 114 001.38
开发支出	10 550.95	10 550.95	负债合计	2 029 036 793.43	1 834 481 516.50
商誉			所有者权益：		
长期待摊费用	544 976.06	510 664.17	股本	723 840 000.00	723 840 000.00
递延所得税资产			其他权益工具		
其他非流动资产	349 260.36	349 260.35	其中：优先股		
非流动资产合计	4 233 085 260.69	3 947 984 044.79	永续债		
			资本公积	1 884 124 243.62	1 884 140 621.46
			减：库存股		
			其他综合收益	26 841.50	
			专项储备		
			盈余公积	202 307 920.07	199 397 472.29
			未分配利润	416 774 480.10	390 580 450.04
			所有者权益合计	3 227 073 585.29	3 197 958 543.79
资产总计	5 256 110 378.72	5 032 440 060.29	负债和所有者权益总计	5 256 110 378.72	5 032 440 060.29

资料来源：中青旅（CYTS）官网。

出的销售费用、管理费用、财务费用各有多少、营业外支出有多少等；同时也可以掌握企业生产经营活动的成果，即净利润的实现情况，据以判断资本保值增值等情况。结合利润表和资产负债表可以分析企业盈利目标是否完成，评价其经营活动的绩效。

利润表主要有单步式和多步式这两种基础形式，国内企业采用多步式利润表，即将不同性质的收入和费用进行对比，进而分步计算当期净损益，便于使用者理解企业经营成果的不同来源。我国一般企业利润表格式如表 10-2 所示。

表 10-2　利润表

编制单位：ZQL 控股股份有限公司　　　　　2021 年　　　　　　　　单位：元

项目	本期发生额	上期发生额
一、营业收入	234 132 963.07	307 522 845.088
减：营业成本	90 952 864.35	179 783 359.68
税金及附加	14 756 032.53	14 466 643.72
销售费用	75 459 526.84	111 884 691.97
管理费用	110 973 334.48	139 809 375.93
研发费用	967 924.53	1 058 586.38
财务费用	28 411 916.85	34 470 835.64
其中：利息费用	39 928 240.68	422 138 716.64
利息收入	11 831 278.08	5 915 955.61
加：其他收益	759 426.01	388 013.60
投资收益（损失以"—"号填列）	93 371 828.55	156 902 832.48
其中：对联营企业和合营企业的投资收益	57 203 373.80	−56 700 466.10
公允价值变动收益（损失以"—"号填列）	8 165 029.63	−932 110.53
信用减值损失（损失以"—"号填列）	735 415.67	−2 546 027.81
资产减值损失（损失以"—"号填列）	7 678 520.00	−19 101 693.92
资产处置收益（损失以"—"号填列）	1 459 248.79	
二、营业利润（亏损以"—"号填列）	24 780 832.14	−39 239 634.42
加：营业外收入	4 518 903.21	7 049 357.14
减：营业外支出	195 257.51	2 185 991.18
三、利润总额（亏损以"—"号填列）	29 104 477.84	−34 376 268.46
减：所得税费用		
四、净利润（亏损以"—"号填列）	29 104 477.84	−34 376 268.46
（一）持续经营净利润（亏损以"—"号填列）	29 104 477.84	−34 376 268.46
（二）终止经营净利润（亏损以"—"号填列）		

续表

项目	本期发生额	上期发生额
五、其他综合收益的税后净额	26 941.50	
六、综合收益总额		
七、每股收益	29 131 419.34	−34 376 268.46

资料来源：中青旅（CYTS）官网。

3. 现金流量表

现金流量表是以收付实现制为编制依据的动态报表，反映企业一定会计期间内的现金流入和现金流出以及现金增减变动情况。编制依据为

$$现金流入量 - 现金流出量 = 现金净流量$$

现金流量表能反映企业在一定时期内生成现金的能力和现金流量的方向，说明企业当前现金流量正变动或负变动的原因，提供详细信息来判断企业是否拥有合理、令人满意的现金流量状态。现金流量表一方面有助于评价企业的偿债能力，帮助报表使用者预测企业未来现金流量；另一方面也有助于分析企业盈利质量和影响现金净流量的因素，让信息使用者清楚地了解企业经营活动、投资活动和筹资活动的现金流动水平，为分析和评估企业财务前景提供信息。

报告式结构的现金流量表在我国使用范围较为广泛，是一种分类反映经营活动产生的现金流量、投资活动产生的现金流量和筹资活动产生的现金流量的报表结构。在报表的尾部，需要在综合考虑汇率变动等其他因素的基础上，汇总期末现金及现金等价物的总体变动水平。我国企业现金流量表格式如表 10-3 所示。

表 10-3　现金流量表

编制单位：ZQL 控股股份有限公司　　　　2021 年　　　　　　　　　单位：元

项目	本期发生额	上期发生额
一、经营活动产生的现金流量		
销售商品、提供劳务收到的现金	303 994 408.70	649 562 617.08
收到的税费返还		
收到的其他与经营活动有关的现金	79 028 242.08	182 253 768.36
经营活动现金流入小计	383 022 650.78	831 816 385.44
购买商品、接受劳务支付的现金	179 156 494.17	411 646 576.89

续表

项目	本期发生额	上期发生额
支付给职工以及为职工支付的现金	85 168 768.77	159 019 137.51
支付的各项税费	22 328 635.48	23 463 657.69
支付其他与经营活动有关的现金	69 978 833.47	233 596 861.16
经营活动现金流出小计	356 632 731.89	827 726 233.25
经营活动产生的现金流量净额	26 389 918.89	4 090 152.19
二、投资活动产生的现金流量		
收回投资收到的现金	720 000 000.00	640 000 000.00
取得投资收益收到的现金	38 057 223.09	200 101 655.60
处置固定资产、无形资产和其他长期资产收回的现金净额	1 097 809.60	3 302.22
处置子公司及其他营业单位收到的现金净额		
收到其他与投资活动有关的现金	854 229.30	235 811 961.55
投资活动现金流入小计	760 009 261.99	1 075 916 919.37
购买固定资产、无形资产和其他长期资产支付的现金	659 739.18	346 130.97
投资支付的现金	957 379 835.78	843 373 682.71
取得子公司及其他营业单位支付的现金净额		
支付其他与投资活动有关的现金	44 818 463.79	
投资活动现金流出小计	1 002 858 038.75	843 719 813.68
投资活动产生的现金流量净额	−242 848 776.76	232 197 105.69
三、筹资活动产生的现金流量		
吸收投资收到的现金		
取得借款收到的现金	1 223 000 000.00	1 356 000 000.00
收到其他与筹资活动有关的现金	7 301 142.96	
筹资活动现金流入小计	1 230 301 142.96	1 356 000 000.00
偿还债务支付的现金	984 500 000.00	1 191 000 000.00
分配股利、利润或偿付利息支付的现金	38 729 644.52	62 943 948.94
支付其他与筹资活动有关的现金	1 107 410.64	
筹资活动现金流出小计	1 024 337 055.16	1 253 943 948.94
筹资活动产生的现金流量净额	205 964 087.80	102 056 051.06
四、汇率变动对现金及现金等价物的影响	−133.11	665 771.36
五、现金及现金等价物净增加额	−10 494 903.18	339 009 080.30
加：期初现金及现金等价物余额	519 921 752.11	180 912 671.81
六、期末现金及现金等价物余额	509 426 848.93	519 921 752.11

资料来源：中青旅（CYTS）官网。

4. 所有者权益变动表

所有者权益变动表是反映会计主体本期（通常为年度或期中）内截至期末所有者权益各组成部分增减变动具体情况的报表。所有者权益变动表需要全面反映在一定时期内所有者权益的整体变动和各组成部分当期变化的情况。它不仅包括所有者权益总量的变动情况，还包括导致所有者权益增减变动的重要结构信息，尤其是要反映直接计入所有者权益的利得和损失，使报表使用者可以清晰准确地了解到所有者权益增减变动的根源。我国企业所有者权益变动表格式如表 10-4 所示。

5. 财务报表附注

财务报表附注，是对财务报表编制基础、编制依据、编制原则和编制方法及主要项目所做的解释，一般包括财务报表的编制基础、遵循企业会计准则的声明、会计政策和会计估计及其变更情况的说明、重大会计差错更正的说明、关键计量假设的说明、或有事项和承诺事项的说明、资产负债表日后事项的说明、关联方关系及其交易的说明等。

财务报表附注，可以是对资产负债表、利润表、现金流量表、所有者权益变动表所列示项目的补充说明，从而使财务分析者更准确地把握各报表中项目的详细解读；也可以是未列示项目的补充说明，如在附注中披露资产负债表中未说明的存货详细分类的增减变动情况。财务报表附注是深入了解一个企业财务状况、经营成果和现金流量的重要会计资料，应当予以重视，进行全面阅读。

10.1.4　财务分析方法

财务分析方法主要有比较分析法、比率分析法和因素分析法三种分析方法。

1. 比较分析法

比较分析法是指将两个或多个有相关关系的可比数据进行比较分析，以说明分析对象在此期间内所发生的绝对金额变动和变动百分比的分析方法。

1）水平分析法

水平分析法也称横向分析法，是指通过比较两期财务报表中同一财务数据的变化程度，从而发现企业财务状况和各项经营成果变动情况的分析方法。

【例 10-1】从表 10-5 中可以看出，2021 年总资产比 2020 年增加了 223 670 318.43 元，增长率为 4.44%，企业资产的增加主要由非流动资产增加引起的。

编制单位：ZQL控股股份有限公司

表 10—4　所有者权益变动表

2021 年 1—12 月

单位：元

项目	本期金额							
	实收资本	其他权益工具	资本公积	减：库存股	其他综合收益	盈余公积	未分配利润	所有者权益合计
一、上年期末余额	723 840 000.00		1 884 140 621.46			199 397 472.29	390 580 450.04	3 197 958 543.79
加：会计政策变更								
前期差错更正								
二、本年期初余额	723 840 000.00		1 884 140 621.46			199 397 472.29	390 580 450.04	3 197 958 543.79
三、本年增减变动金额（减少以"—"填列）			−16 377.84		26 941.50	2 910 447.78	26 194 030.06	29 115 041.50
（一）综合收益总额					26 941.50		29 104 477.84	29 131 419.34
（二）所有者投入和减少资本								
1. 所有者投入的普通股								
2. 其他权益工具持有者投入资本								
3. 股份支付计入所有者权益的金额								
（三）利润分配						2 910 447.78	−2 910 447.78	
1. 提取盈余公积						2 910 447.78	−2 910 447.78	
2. 对所有者的分配								
3. 其他								
（四）所有者权益内部结转								
1. 资本公积转增资本								
2. 盈余公积转增资本								
3. 盈余公积弥补亏损								
4. 其他			−16 377.84					−16 377.84
四、本年期末余额	723 840 000.00		1 884 124 243.62		26 941.50	202 307 920.07	416 774 480.10	3 227 073 585.29

资料来源：中青旅（CYTS）官网。

表 10-5　ZQL 控股股份有限公司 2021 年资产水平分析表　　单位：元

资产	期末余额	期初余额	变动额	变动率
流动资产合计	1 023 025 118.03	1 084 456 015.50	–61 430 897.47	–5.66%
非流动资产合计	4 233 085 260.69	3 947 984 044.79	285 101 216.1	7.22%
资产总计	5 256 110 378.72	5 032 440 060.29	223 670 318.43	4.44%

资料来源：中青旅（CYTS）官网。

2）垂直分析法

垂直分析法，也称结构分析法，是对财务报表中各项目占某项总体财务指标的百分比进行计算，并对其增减变动情况进行比较的分析方法。这种方法可以揭示各项目在企业中的重要程度和各组成部分与总体结构的关系，进而判断相关财务数据的变化趋势。

【例 10-2】从表 10-6 中可以看出，在 ZQL 控股股份有限公司 2021 年全部的现金流入中，经营活动产生的现金流量占 16.14%，投资活动产生的现金流量占 32.02%，筹资活动产生的现金流量占 51.84%，经营活动产生的现金流量占比较小。2020 年全部的现金流入中，经营活动产生的现金流量占 25.49%，投资活动产生的现金流量占 32.96%，筹资活动产生的现金流量占 41.55%。总体而言，当年较上年的各项现金流入相比，经营活动产生的现金流量变动率为 –9.35%，投资活动产生的现金流量变动率为 –0.94%，筹资活动产生的现金流量变动率为 10.29%。

表 10-6　ZQL 控股股份有限公司 2021 年现金流入垂直分析表　　单位：元

项目	期末余额	期初余额	期末比例	期初比例	变动率
一、经营活动现金流入小计	383 022 650.78	831 816 385.44	16.14%	25.49%	–9.35%
二、投资活动现金流入小计	760 009 261.99	1 075 916 919.37	32.02%	32.96%	–0.94%
三、筹资活动现金流入小计	1 230 301 142.96	1 356 000 000.00	51.84%	41.55%	10.29%
现金流入合计	2 373 333 055.73	3 263 733 304.81	100%	100%	

资料来源：中青旅（CYTS）官网。

3）趋势分析法

趋势分析法是收集企业连续若干年度的财务报表并将数据集中，选择其中的某一特定年份为基期，计算各个期间各项目对基期同一项目的百分比或指数。揭示各期间财务状况的发展趋势。

具体可以通过以下两种方式进行不同时期财务指标的趋势分析:

(1)定基动态比率。定基动态比率(也称固定比率)是以某一时期数值为固定基期数值而计算的动态比率。其计算公式为

$$定基动态比率 = \frac{分析期数额}{固定基期数额} \times 100\%$$

【例10-3】ZQL控股股份有限公司以2019年为固定基期,分析2020年、2021年利润增长比率。该公司2019年的净利润为87 877 377.53元,2020年的净利润为 –34 376 268.46元,2021年的净利润为29 104 477.84元。

则:2020年净利润的定基动态比率为

–34 376 268.46/87 877 377.53 × 100%= –39.12%

2021年净利润的定基动态比率为

29 104 477.84/87 877 377.53 × 100%= 33.12%

(2)环比动态比率。环比动态比率是以每一分析期的前期金额为基数计算的动态比率。其计算公式为

$$环比动态比率 = \frac{分析期数额}{前期数额} \times 100\%$$

【例10-4】ZQL控股股份有限公司2019年营业收入为2 339 418 747.29元,2020年营业收入为307 522 845.08元,2021年营业收入为234 132 963.07元,计算该企业2021年营业收入的环比动态比率。

2021年营业收入的环比动态比率为

234 132 963.07/307 522 845.08 × 100%=76.14%

2. 比率分析法

通过计算同一时期内财务报表中两个或多个项目之间的关系,并计算其比率的分析方法称为比率分析法,通过这一方法可以揭示同一张会计报表的不同项目之间,或不同会计报表中不同的项目之间存在的内在联系和经济活动的变化情况。

1)结构比率

某一财务指标的组成部分的数值占其总体数值的百分比称为结构比率,它揭示的是部分与整体的关系。其计算公式为

$$结构比率 = \frac{某组成部分数值}{总体数值} \times 100\%$$

利用这一比率，可以考察总体中某个部分的比重是否合理，从而协调各项财务活动。例如在实际应用中，企业负债中流动负债、非流动负债占总负债的百分比。

2）效率比率

效率比率，即某项经济活动中所费与所得的比率，它揭示的是投入与产出的关系。这一比率可以用来检验企业经营成果、评价企业经济效益。例如，通过将净利润与销售收入、权益资本加以对比，可计算出销售净利率、权益净利率等用来判断企业盈利能力的指标。

3）相关比率

相关比率是将两个性质不同但在财务活动中有相互关联的指标加以对比所得的比率。例如，流动比率是将流动资产和流动负债这两个性质不同但有联系的指标相比得到的。利用相关比率可以考察有联系的相关业务安排得是否合理。

4）趋势比率

趋势比率是对某项财务指标在不同时期的数值进行对比，可以揭示财务指标的变化及其发展趋势，使用趋势比率注意用于比较不同时期的经济指标在计算口径上应保持一致，以确保分析质量，并要特别注意一些重大经济事项对不同时期财务指标造成的影响。

3. 因素分析法

在一个企业的经营活动中，各类财务指标具有高度的关联性和综合性，一项财务指标的变化往往是多种因素共同作用、综合影响的结果。这些因素无论是同方向还是反方向变动，对财务指标都起着重要作用。因素分析法是一种根据分析指标与其驱动因素之间的关系，定量确定各因素对指标的影响方向及程度的分析方法。

1）连环代替法

因素分析法的基本形式就是连环替代法。它是一种将分析指标分解为多个既可定量又可衡量的因素，根据这些因素之间相互依存的关系，按顺序连环地将各个因素用分析值替代，计算出各因素变化对整体财务指标影响程度的方法。在使用该方法时，首先，需要找到与财务指标有因果联系的内在构成因素。其次，要将各因素按顺序排列，需要注意的是，排列顺序将会影响计算结果，原则上，应遵循先数量指标后质量指标的排序原则，在性质相同的情况下要遵循先主要因素后次要因素。最后，要在基期水平上进行连续置换，在这一过程中，应当严格按照确定后的顺序进行替换，替换过程中有一个重要假定：在整个替换过程中，当替换某个因素时，排在它前面的因素要保持实际期的水平，排在它后面的因素要保持基期水平。比如，某财务指标是由 A、B、C 三个因素相乘所得，其标准指标与实际指标的关系如下。

标准指标：$R_0 = A_0 \times B_0 \times C_0$

实际指标：$R_1 = A_1 \times B_1 \times C_1$

实际与标准的总差异为 $R_1 - R_0$，总差异同时受 A、B、C 三个因素影响，分析方式如下：

$R_0 = A_0 \times B_0 \times C_0$ ....①

第一次替换：$A_1 \times B_0 \times C_0$ ....②

第二次替换：$A_1 \times B_1 \times C_0$ ....③

第三次替换：$A_1 \times B_1 \times C_1$ ....④

A 因素变动对总差异的影响 ＝ ② － ①

B 因素变动对总差异的影响 ＝ ③ － ②

C 因素变动对总差异的影响 ＝ ④ － ③

最后，三个因素影响的总和应等于总差异 $R_1 - R_0$。

【例 10-5】某旅游公司生产文创周边产品，2020 年 6 月生产该产品耗用 A 材料费用总额的资料如表 10-7 所示，要求对 A 材料费用总额进行因素分析。

表 10-7 文创周边产品耗用 A 材料费用总额分析表

项目	计量单位	计划数	实际数	差异
耗用材料费用总额	万元	19 200	19 505.2	+305.2
产量	万件	5 000	5 200	+200
单位产品耗用材料量	千克 / 件	320	310	−10
材料单价	元 / 千克	0.012	0.012 1	+0.000 1

耗用材料费用总额 ＝ 产量 × 单位产品耗用材料量 × 材料单价

计划耗用材料费用总量 ＝5 000 × 320 × 0.012＝19 200（万元）   ①

替代产量 ＝5 200 × 320 × 0.012＝19 968（万元）   ②

替代单位产品耗用材料量 ＝5 200 × 310 × 0.012＝19 344（万元）   ③

替代材料单价 =5 200×310×0.012.1=　　　19 505.2（万元）　　　④

产量变动对材料费用总额的影响计划如下：

②式 – ①式 =19 968–19 200=768（万元）

单位产品耗用材料量变动对材料费用总额的影响计算如下：

③式 – ②式 =19 344–19 968=–624（万元）

材料单价变动对材料费用总额的影响计算如下：

④式 – ③式 =19 505.2–19 344=161.2（万元）

全部因素影响耗用材料费用总额：

768+（–624）+161.2=305.2（万元）

从以上计算可知，产量增加使耗用材料费用总额增加 768 万元。

2）差额分析法

连环代替法的简化形式是差额分析法，它计算各因素对分析指标的影响，通过利用各因素的相对值与基准值的差额来实现。

比如，某财务指标是由 A、B、C 三个因素相乘所得，其标准指标与实际指标的关系如下。

标准指标：$R_0=A_0×B_0×C_0$

实际指标：$R_1=A_1×B_1×C_1$

A 因素变动对总差异的影响 =$(A_1-A_0)×B_0×C_0$

B 因素变动对总差异的影响 =$A_1×(B_1-B_0)×C_0$

C 因素变动对总差异的影响 =$A_1×B_1(C_1-C_0)$

【例 10-6】甲旅游企业旗下某旅游衍生品 A 产品实际销售收入与计划销售收入对比表如 10-8 所示，采用差额分析法确定各因素变动对销售收入的影响。

表 10-8　A 产品实际销售收入与计划销售收入对比表

项目	计量单位	计划数	实际数
销售量	件	90 000	80 000
销售单价	元 / 件	4.8	5
销售收入	元	432 000	400 000

A 产品实际销售收入 =80 000×5=400 000（元）

A 产品计划销售收入 =90 000×4.8=432 000（元）

实际销售收入与计划销售收入差额 =400 000–432 000=–32 000（元）

由于销售量的减少对销售收入的影响为

（80 000–90 000）×4.8= –48 000（元）

由于销售单价的增加对销售收入额影响为

80 000×（5–4.8）=16 000（元）

各因素影响之和 = –48 000+16 000= –32 000（元）

产品销售收入实际数比计划数减少了 32 000 元，这是产品销售量减少 10 000 件和产品销售单价提高 0.2 元两个因素综合影响的结果。计算结果表明，产品销售量的减少使产品销售收入减少了 48 000 元；产品销售单价的提高使产品销售收入增加了 16 000 元。这两个因素综合影响的结果是产品销售收入实际比计划减少了 32 000 元。

使用因素分析法时应该注意以下几点。

（1）因素分解的相关性。通常来说，分析指标的内在构成原因应体现在所分解出的每一个因素上，同时，在客观上应存在因果关系。

（2）因素替代的规律性。需要对每一个因素进行科学的分析，从而确定替代顺序，并且在对某个因素进行分析时必须假设其他因素保持不变。

（3）顺序替代的连续性。在确定置换顺序后，应严格依序置换，将某个因素的替代结果与该因素替代之前的结果进行比较，保证各因素对分析指标影响程度的可分离性，同时也可以检验分析结果的准确性。

（4）计算结果的假定性。要注意，在这种方法下，得到的计算结果依托于特定的假设，因此需要注意这种假定需要符合逻辑并具有实际经济意义。

10.2　旅游企业偿债能力分析

企业的偿债能力是指企业用其资产偿还长期债务与短期债务的能力。企业的偿债能力主要体现在企业负债比例的高低及其构成情况、资产的流动性等方面。债务到期必须以资产变现来偿付，企业必须持有一定的资产作为保证。因此，分析企业的偿债能力，需要将资产负债表中的相关资产与负债进行对比，计算出相关的财务比率，并作出评价。根据债务偿还期限的长短，偿债能力分析可以分为短期偿债能力分析和长期偿债能力分析。

10.2.1　短期偿债能力分析

短期偿债能力是指企业偿还短期债务的能力，主要通过对企业短期资产流动性水平的分析来判断其短期偿债能力。

1. 流动比率

流动比率的指标含义和计算公式如表 10-9 所示。

表 10-9　流动比率的指标含义和计算公式

指标含义	指标计算公式
流动比率是流动资产除以流动负债的比值，它表明企业用以偿付每 1 元流动负债所具有的流动资产金额	$流动比率 = \dfrac{流动资产}{流动负债}$

从偿债能力的角度来看，该财务指标的比率越高，短期偿债能力越强，债权人的利益越大。因此，一般认为，流动比率越高越好。

但是，该比率并不是单纯的越高越好，过高的流动比率也可能说明企业在其他方面存在问题，而且每个企业的资产变现能力不同，在分析流动比率时，需要注意以下几点。

（1）企业的流动比率过高，可能是流动性较强的流动资产增加，但也可能是短期内不能变现的流动资产所占比重较大。流动资产不仅包括流动性强的资产，如库存现金等，还包括变现能力较差的资产，如存货积压、收账期长的应收账款等。因此，在判断企业偿债能力时，应进一步结合其他评价偿债能力的比率进行分析，如速动比率等。

（2）企业在提高偿债能力的同时，应将流动比率控制在合理范围内，简单来说就是保持现金持有量在最佳水平。因为从企业的长远发展来看，过高的流动比率可能意味着企业闲置资金过多，当企业大部分资金不能正常投入生产经营中去，反而形成了大量闲置资金，不仅会导致企业获利能力下降，还会由于资金闲置而产生较大的机会成本，进一步影响企业获利。

（3）从公式中可以看出，当企业流动资产保持相对稳定时，若流动比率过高，则是由于流动负债过低造成的。流动负债较少意味着非流动负债或所有者权益较多，而非流动负债和所有者权益的筹资成本远高于流动负债的筹资成本。因此，流动负债过少导致的流动比率升高，通常表明企业的综合资本成本较高。

（4）根据经验标准，一般认为，企业较合理的最低流动比率是 2。但最优选择并不一定是经验标准，计算出的该比率应与同行业或本企业历史水平相比较。

【例 10-7】根据表 10-1 财务报表数据，计算其流动比率。

年初流动比率 =1 084 456 015.50/1 473 367 515.12=0.74

年末流动比率 =1 023 025 118.03/1 830 233 835.21=0.56

计算结果表明，流动比率年末比年初降低了 0.18，且年初和年末流率均较低。这说明该企业短期偿债能力下降，不具有较强的短期偿债能力。

2. 速动比率

速动比率的指标含义和计算公式如表 10-10 所示。

表 10-10　速动比率的指标含义和计算公式

指 标 含 义	指标计算公式
速动比率指速动资产除以流动负债的比值，即企业用以偿付每 1 元流动负债所具有的速动资产金额	$速动比率 = \dfrac{速动资产}{流动负债}$
速动资产，是指流动资产总额减去变现能力较差或不能变现的存货、预付款项、待处理流动资产损失等后的余额	速动资产 = 货币资金 + 交易性金融产 + 应收账款 + 应收票据 = 流动资产 – 存货 – 预付账款 – 一年内到期的非流动资产 – 其他流动资产

相比于流动比率，速动比率的计算中所使用的速动资产剔除了存货等资产，主要考虑到存货，相比于其他流动性较强的资产变现速度较慢，估值方面也存在较大的不确定性，有些存货甚至可能已经出现减值的现象，但却未计提跌价准备，从而可能存在价值被高估的情况。一般认为，速动比率越高，说明企业短期偿债能力越强。

在运用速动比率指标进行分析时，需注意以下两个问题。

（1）从会计信息质量要求中的谨慎性原则来看，速动比率中的速动资产更加切合企业对资产流动性的要求，更能保证短期债务的偿还安全与稳定，保护债权人权益。但与流动比率一样，单纯分析速动比率也存在缺陷，速动比率较低的企业并不一定意味着偿债能力弱，因为并不是所有的存货都变现能力弱，有些企业的存货周转速度快，流动性强，变现能力也很强；或者近期内有准备变现的长期资产；或者企业筹资能力强（可举借新债还旧债），即使速动比率较低，这样的企业仍然有较好的能力偿还到期的债务。

（2）在实际分析中，应根据行业的具体情况来评价。根据经验标准，一般认为存货占了流动资产的一半左右，所以速动比率至少为 1 是比较安全的，速动资产刚好可以抵付短期债务。但最优选择并不一定是经验标准，计算出该比率应与同行业或本企业历史水平相比较。

【例 10-8】根据表 10-1 财务报表数据，计算其速动比率。

年初速动资产 =522 871 878.48+3 353 223.67+489 992 098.52=1 016 217 200.67

年初速动比率 =1 016 217 200.67/1 473 367 515.12=0.69

年末速动资产 =509 426 848.93+12 527 501.62+445 701 154.84=967 655 505.39

年末速动比率 =967 655 505.39/1 830 233 835.21=0.53

计算结果表明，年末速动比率比年初降低了 0.16，而且年初与年末的速动比率均小于 1。因此，无论是从流动比率还是从速动比率来看，该企业的短期偿债能力都较弱。

3. 现金比率

现金比率的指标含义和计算公式如表 10-11 所示。

表 10-11　现金比率的指标含义和计算公式

指标含义	指标计算公式
现金比率是现金及现金等价物除以流动负债的比值。现金及现金等价物包括货币资金和现金等价物，是指企业所拥有的广义上的现金数额，它可以从现金流量表中"期末现金及现金等价物余额"项目获得	$现金比率 = \dfrac{现金及现金等价物}{流动负债}$

现金比率越高，反映企业直接偿付短期债务的能力越强。但需注意的是，从经营角度来看，现金是流动性最强且盈利性最差的资产，企业不应当保留过多的现金类资产。企业的现金资产应尽量投放到日常的生产经营中，维持企业的正常运作，这也意味着大部分现金流将被生产经营所占用，因此正常企业的现金比率一般不会过高。如果企业大量现金类资产处于闲置状态而导致现金比率过高，这意味着企业的获利能力会受到较大影响，反而不利于企业发展。因此，对现金比率的评价很难说有绝对合理的标准。根据经验标准，一般认为，该比率应在 20%~30% 的水平。但最优选择并不一定是经验标准，计算出的该比率需要与同行业或本企业历史水平相比较。

【例 10-9】根据表 10-1 财务报表数据，计算其现金比率。

年初现金比率 =522 871 878.48/1 473 367 515.12=0.35

年末现金比率 =509 426 848.93/1 830 233 835.21=0.28

计算结果表明，现金比率年末比年初降低了 0.07，短期偿债能力有所下降。

4. 现金流量比率

现金流量比率的指标含义和计算公式如表 10-12 所示。

表 10-12　现金流量比率的指标含义和计算公式

指 标 含 义	指 标 计 算 公 式
现金流量比率是从现金流入和流出的动态角度对企业短期偿债能力进行的再次修正	现金流量比率 = $\dfrac{\text{年经营现金净流量}}{\text{流动负债总额}}$

该比率越大，意味着企业生产经营活动产生的现金流量越充足，债权人权益越有保障。由于"年经营现金净流量"是从动态的角度衡量全年的现金流水平，因此用该指标评价企业短期偿债能力更为谨慎。但是，该指标的使用是在年现金流量不变的假设基础上进行的。现金流量表中的"年经营现金净流量"是本年产生的营业现金净流量，而"流动负债总额"是未来一年即将要偿还的负债，两者是存在时间差的，因此要假设本年的"年经营现金净流量"与未来一年是相同的，此时这个指标才具有实用意义。究竟企业现金流量比率应是多少才合理，应根据企业的往年经验并结合行业特点来判断。

10.2.2　长期偿债能力分析

长期偿债能力是指企业偿付非流动负债本金和利息等长期债务的能力，实际上是指企业偿还全部债务的能力。虽然企业可以在短期内举借新债还旧债，但若获利能力持续较低，那么迟早会因资金周转不灵而无法偿还债务。因此，衡量企业长期偿债能力高低主要是看企业资本结构是否合理，获利能力是否可靠。从评价指标来看，反映企业长期偿债能力的主要财务比率有资产负债率、产权比率、权益乘数和利息保障倍数等。

1. 资产负债率

资产负债率的指标含义和计算公式如表 10-13 所示。

表 10-13　资产负债率的指标含义和计算公式

指标含义	指标计算公式
资产负债率又称负债比率，是负债总额除以资产总额的百分比，即每百元资产所承担的负债数额	$资产负债率 = \dfrac{负债总额}{资产总额} \times 100\%$

一般认为，资产负债率越低，表明企业的长期偿债能力越强。但企业的债权人、投资者和经营者对该指标的分析各有侧重。根据经验标准，资产负债率不宜高于 50%。但究竟企业资产负债率是多少才合理，应根据企业的往年经验并结合行业特点来判断。

（1）从债权人的角度看，资产负债率越低越好。该比率越低，说明企业的偿债能力越强，当前债务有更多的资产做保证，债权人权益越有保障。较高的资产负债率意味着企业具有较大的财务风险，债权人出借资金的风险也会增大。因此，债权人总希望放贷对象保持较低的资产负债率水平。

（2）从股东的角度看，在财务风险可控的前提下，资产负债率越高越好。股东可以利用较少的权益资本投资形成较多的生产经营性资产，扩大生产经营规模。在企业盈利水平能力较强的情况下，较高的资产负债率可为股东带来更高的收益率，获得更多的额外利润，这便是财务杠杆效应。

（3）从经营者的角度看，资产负债率不能过高，也不能过低。对于企业生产经营而言，适当的资本借入是必不可少的，不仅可以缓解企业的资金压力，还能够提高企业的生产经营水平。资产负债率作为一个比较具有综合性的财务比率，能够在一定程度上反映企业的资本结构，既能体现出负债给企业带来的经济价值，也能反映出其所带来的财务风险。负债占总资产的比率过高，意味着企业的生产经营带来的收益可能无法维持债务本息的偿付，企业债务过多，负担过重，会导致企业产生一系列问题，甚至面临困境。而面对存在重大风险的企业，大部分债权人会拒绝贷款，甚至要求企业提前偿债，进一步加剧企业困境。相反，过低的资产负债率反映出企业获取资本的能力较差，这也很可能是由于企业的生产经营能力不足，无法获得债权人的青睐，导致企业无法实现进一步发展。因此，经营者在进行财务决策时，会把资产负债率控制在适度的水平。经营者认为应充分考虑收益与风险之间的关系，使资产负债率维持在理想的水平上，一般以 50% 左右为宜。

【例 10-10】根据表 10-1 财务报表数据，计算其资产负债率。

年初资产负债率 =1 834 481 516.50/5 032 440 060.29=0.36

年末资产负债率 =2 029 036 793.43/5 256 110 378.72=0.39

计算结果表明，资产负债率年末比年初高了0.03，企业的长期偿债能力有所下降。

2. 产权比率

产权比率的指标含义和计算公式如表 10–14 所示。

表 10–14　产权比率的指标含义和计算公式

指标含义	指标计算公式
产权比率又称资本负债率，是指企业负债总额除以所有者权益的比值，即每 1 元所有者权益所承担的负债数额	产权比率 $=\dfrac{\text{负债总额}}{\text{所有者权益}}$

产权比率反映了企业债权人权益和所有者权益的比例关系，是衡量企业长期偿债能力的重要指标之一。企业在优化产权比率时，应根据企业的往年经验并结合行业特点，在保障债务偿还安全的前提下，尽可能地提高产权比率。但还需注意以下几个问题。

（1）从债权人的角度来看，产权比率更直接地反映出债权人提供的资金受股东提供资本的保护程度。该指标越低，表明企业负债占股东权益份额越小，债权人面临的风险越小，企业偿还资金的安全性和稳定性越高。

（2）从经营者的角度，也就是从企业经营发展的角度来看，企业的获利离不开财务杠杆的作用，而产权比率能在很大程度上反映其使用状态。财务杠杆带来的效果有利也有弊，因为财务杠杆带来高额收益的同时也会带来较大风险。当产权比率过低，表明企业未能充分运用财务杠杆，浪费收益；反之，则表明企业过度运用财务杠杆，风险巨大。

（3）从股东的角度来看，企业效益较好时，多借债股东可以获得额外的利润；但企业效益差时，则会增加利息负担和财务风险。因此，产权比率较高时，往往表明企业采纳了高风险、高报酬的资本结构。

【例 10–11】根据表 10–1 财务报表数据，计算其资产负债率。

年初产权比率 =1 834 481 516.50/3 197 958 543.79 × 100%=57.36%

年末产权比率 =2 029 036 793.43/3 227 073 585.29 × 100%=62.88%

计算结果表明，产权比率在年末较年初有所提高，说明企业负债保护程度降低，企业的长期偿债能力有所减弱。

3. 权益乘数

权益乘数的指标含义和计算公式如表 10–15 所示。

表 10–15　权益乘数的指标含义和计算公式

指标含义	指标计算公式
权益乘数是总资产与股东权益的比值，表明股东每投入 1 元钱可以实际拥有和控制的资产金额	$权益乘数 = \dfrac{资产总额}{所有者权益}$ $= \dfrac{1}{1 - 资产负债率}$ $= 1 + 产权比率$

在企业存在负债的情况下，权益乘数大于 1。企业负债比例越高，权益乘数越大，企业的偿债能力越差；相反，权益乘数越小，企业的偿债能力越强。权益乘数并不是越小越好，过低的权益乘数会造成企业资本成本过高，无法有效利用财务杠杆，所以确定一个合适的股权与债务的比例，也就是资本结构，对企业显得异常重要。计算出的该比率应与同行业或本企业历史水平相比较。

4. 利息保障倍数

利息保障倍数的指标含义和计算公式如表 10–16 所示。

表 10–16　利息保障倍数的指标含义和计算公式

指标含义	指标计算公式
利息保障倍数又称已获利息倍数，是企业息税前利润除以利息费用的比值。它反映企业获利能力对偿还债务利息的保证程度。该指标是衡量企业长期偿债能力的重要标志。 息税前利润是指未扣除利息费用和所得税之前的利润，它等于利润总额加上利息费用（指的是计入利润表财务费用中的利息费用），或等于净利润加上利息费用（指的是计入利润表财务费用中的利息费用）加上所得税。 分母中的"利息费用"是指支付的全部利息，包括财务费用中的利息费用和已资本化的利息费用两部分	$利息保障倍数 = \dfrac{息税前利润}{利息费用}$ 息税前利润 = 利润总额 + 利息费用 = 净利润 + 所得税 + 利息费用

利息保障倍数越高，企业的经营效果越好，获利能力越强，偿债的资金保障越充足；企业的债务利息偿还可能存在问题，大大增加偿债的风险性和不确定性。从企业的长期发展角度来看，利息保障倍数至少应大于 1，这时说明企业具有一定的偿债能力。该指标只有与行业年平均水平或企业历史最低水平进行比较，才能更好地评价该指标的合理性。

【例 10-12】根据表 10-2 财务报表数据，计算其利息保障倍数。

年初息税前利润总额 =-34 376 268.46+42 138 716.64=7 762 448.18

年初利息保障倍数 =7 762 448.18/42 138 716.64=0.18

年末息税前利润总额 =29 104 477.84+39 928 240.68=69 032 718.52

年末利息保障倍数 =69 032 718.52/39 928 240.68=1.73

计算结果表明，利息保障倍数在年末较年初有所提高。表明企业的长期偿债能力增强，但还需要结合往年的情况和行业的特点进一步进行分析。

10.2.3　影响企业偿债能力的其他因素

除财务报表数据影响外，还有一些其他因素也会影响企业的偿债能力，如表 10-17 所示。

表 10-17　影响因素分析表

影响因素（其他因素）	影响方式
担保责任	担保项目的时间长短不一，对企业偿债能力的影响程度也不同。有的影响公司的长期偿债能力，有的影响公司的短期偿债能力。一旦履行担保责任，将会大幅度减少流动资金，降低企业偿还自有债务的能力，因此在分析公司偿债能力时，应根据有关资料判断担保责任可能带来的影响
或有负债	或有负债作为表外事项无法体现在企业的资产负债表中。若企业存在或有负债且涉及的金额较大，则应在评价偿债能力时予以关注，并考虑其潜在影响。例如，企业存在未决诉讼，一旦败诉很可能影响公司的偿债能力
可动用的银行授信额度	可动用的银行授信额度是指企业尚未动用的银行授信额度，可以随时借款，增加企业现金，提高支付能力。这一数据不在财务报表中反映，但有的公司在董事会决议公告中进行披露。该项属于增强企业偿债能力的表外因素
租赁活动	企业如果存在长期的金额较高的租赁活动，会对日常现金流有较大的需求，会影响到债务的偿还，降低企业的偿债能力

西安曲江文化旅游（集团）有限公司作为旅游行业头部企业，我们可以根据财务报表数据进一步分析曲江文旅的偿债能力如何。

10.3　旅游企业盈利能力分析

利润是企业相关方都十分关心的内容，追求盈利和增值是企业价值的重要体现，是实现股东、债权人、经营者以及企业各相关方利润最大化的根本来源和动力。盈利能力是指企业在生产经营过程中获取利润的能力，包括各种收入与利得。盈利能力分析主要是通过对关键财务指标进行分析，在分析中反映出收入、成本、利润以及资产等各要素之间的关系，再结合企业的历史经验以及行业水平，判断企业的盈利能力。

10.3.1　商品盈利能力分析

1. 销售毛利率

销售毛利率的指标含义和计算公式如表 10-18 所示。

表 10-18　销售毛利率的指标含义和计算公式

指标含义	指标计算公式
销售毛利率是毛利额占销售收入的百分比。销售毛利率反映企业每百元销售收入所实现的毛利额为多少，即销售收入扣除销售成本后，还有多少剩余可用于抵减各期费用和形成利润	$销售毛利率 = \dfrac{毛利额}{销售收入} \times 100\%$ 毛利额 = 销售收入 – 销售成本

销售毛利率越高，表明产品的盈利能力越强。同一行业销售毛利率通常相差不大，将销售毛利率与行业水平进行比较，可以反映企业产品的市场竞争地位。资源技术是企业生产经营的核心，在技术、管理或劳动生产等方面具有竞争优势的企业，其销售毛利率一般高于行业水平，因为这些企业生产水平高、经营能力强、资金技术人才等资源充足，掌握了生产经营的核心，可以占用少量成本实现较高的收入。而那些销售毛利率低于行业水平的企业，则意味着在行业中处于竞争劣势，没有足够高的销售毛利率，生产经营一旦出现问题，企业将面临破产。

【例 10-13】A 旅游企业 2021 年本年度销售收入 1 500 万元，2020 年销售收入为 1 300 万元，2020 年、2021 年的销售成本分别为 750 万元和 900 万元，计算该旅游企业销售毛利率：

上年销售毛利率 =（1 300–750）/1 300×100%=42.31%

本年销售毛利率 =（1 500–900）/1 500×100%=40%

计算结果表明，由于 2021 年本年销售成本上升的幅度小于销售收入上升的幅度，2021 年本年销售毛利率较上年 2020 年有所下降。

2. 销售净利率

销售净利率的指标含义和计算公式如表 10-19 所示。

表 10-19　销售净利率的指标含义和计算公式

指标含义	指标计算公式
销售净利率是指净利润与销售收入的百分比。反映了每百元销售收入最终赚取了多少净利润，表示企业销售收入的盈利水平	$销售净利率 = \dfrac{净利润}{销售收入} \times 100\%$

该比率越大，企业的盈利能力越强。从公式中可以看出，与销售毛利率相比，销售净利率中使用了净利润，这意味着销售收入不单单扣除了销售成本，还扣除了期间费用、税金等一系列项目。相较而言，净利润比毛利额更能反映企业的获利情况。从企业长远发展的角度来看，增加销售净利率的有效途径一般有两种，一种是通过扩大销售规模，增加销售收入来实现；另一种是通过控制成本费用，降低成本，提高收益。当然，在增加销售收入的同时降低成本费用，二者结合是最有助于企业生产发展的途径。

【例 10-14】假定 A 旅游企业 2020 年销售收入为 1 300 万元，2021 年本年度销售收入 1 500 万元，假定该旅游企业 2020 年实现净利润 78.54 万元，2021 年实现净利润为 103.33 万元，则

2020 年销售净利润率 =78.54/1 300×100%=6.04%

2021 年销售净利润率 =103.33/1 500×100%=6.89%

计算结果表明，该旅游企业 2021 年本年盈利能力较上年 2020 年有所提高。

3. 成本费用利润率

成本费用利润率的指标含义和计算公式如表 10-20 所示。

表 10-20　成本费用利润率的指标含义和计算公式

指标含义	指标计算公式
成本费用利润率是指企业利润总额与成本费用总额之间的百分比，反映企业在生产经营过程中所费与所得之间的关系	$成本费用利润率 = \dfrac{利润总额}{成本费用总额} \times 100\%$ 成本费用总额 = 营业成本 + 销售费用 + 税金及附加 + 管理费用 + 财务费用

成本费用利润率越高，表明利润占成本费用的份额越大，这意味着企业在获取相同的利润时，所耗费的成本越低，获利能力增强。计算出的该比率应与同行业或本企业历史水平相比较进行评价。良好的成本管理是企业成本费用控制的关

键，也是提高企业利润，增加销售净利率的有效途径。

【例 10-15】根据表 10-2 财务报表数据，计算成本费用利润率。

年初成本费用总额 =179 783 359.68+14 466 643.72+111 884 691.97

　　　　　　　　　　+139 809 375.93+34 470 835.64

　　　　　　　　　　=480 414 906.94

年初成本费用利润率 =-34 376 268.46/480 414 906.94 × 100%=7.16%

年末成本费用总额 =90 952 864.35+14 756 032.53+75 459 526.84

　　　　　　　　　　+110 973 334.48+28 411 916.85

　　　　　　　　　　=320 553 675.05

年末成本费用利润率 =29 104 477.84/320 553 675.05 × 100%=9.08%

计算结果表明，旅游企业成本费用利润率年末比年初有所上升，效益指标上升，企业的获利能力有所提升。

10.3.2　资产盈利能力分析

1. 总资产报酬率

总资产报酬率的指标含义和计算公式如表 10-21 所示。

表 10-21　总资产报酬率的指标含义和计算公式

指标含义	指标计算公式
总资产报酬率，是企业一定时期内获得的报酬总额与平均资产总额的比率。由于资产等于负债加所有者权益，所以该比率既可以衡量企业资产综合利用的效果，也可以衡量企业利用债权人和股东权益的获利情况	总资产报酬率 = $\dfrac{\text{息税前利润}}{\text{平均资产总额}}$ × 100% 息税前利润 = 利润总额 + 利息费用 　　　　　 = 净利润 + 所得税 + 利息费用 平均资产总额 = $\dfrac{\text{期初资产总额 + 期末资产总额}}{2}$

总资产报酬率越高，每获得一元息税前利润所占用的资产就越少，意味着企业的资产配置合理，资源利用效果较好，盈利能力增强；该指标越低，说明企业资产利用效率低，需提高经营管理水平。计算出的该比率应与同行业或本企业历史水平相比较。

【例 10-16】根据表 10-1 和表 10-2 财务报表数据，以及该企业 2020 年初资产总额为 5 086 886 836.62 元，计算其总资产报酬率。

上年息税前利润总额 =–34 376 268.46+42 138 716.64=7 762 448.18

上年平均资产总额 =（5 032 440 060.29+5 086 886 836.62）/2

$\qquad$ =5 059 663 448.45

上年总资产报酬率 =7 762 448.18/5 059 663 448.45 × 100%=0.15%

本年息税前利润总额 =29 104 477.84+39 928 240.68=69 032 718.52

本年平均资产总额 =（5 032 440 060.29+5 256 110 378.72）/2

$\qquad$ =5 144 275 219.5

本年总资产报酬率 =69 032 718.52/5 144 275 219.5 × 100%=1.34%

计算结果表明，旅游企业 2021 年的资产利用效率较 2020 年有所提高，但还需进一步增强，继续分析考察增产节约等情况，以便改进管理，提高效益。

2. 总资产净利率

总资产净利率的指标含义和计算公式如表 10–22 所示。

表 10–22　总资产净利率的指标含义和计算公式

指标含义	指标计算公式
资产净利率又称投资报酬率，是指企业的净利润与平均资产总额的百分比，它反映企业运用全部资产的获利能力。总资产净利率是衡量企业盈利能力的关键	总资产净利率 $= \dfrac{\text{净利润}}{\text{平均资产总额}} \times 100\%$ 平均资产总额 $= \dfrac{\text{期初资产总额}+\text{期末资产总额}}{2}$

总资产净利率越高，平均每获得一份净利润所占用的资产越少，与总资产报酬率的效果类似，也意味着企业的资产配置合理，资源利用效果较好，能够进一步提高企业的生产经营水平，增强盈利能力。但最优选择并不一定是经验标准，计算出的该比率应与同行业或本企业历史水平相比较。总资产净利率可运用综合分析方法具体分析、评价，分析该指标的影响因素与企业的生产经营密不可分，生产环节中的产品产量、成本耗用量、资金占用量、产品单位成本等，销售环节的产品的售价、销售量等，均影响总资产净利率。

【例 10–17】根据表 10–1 和表 10–2 财务报表数据，以及该企业 2020 年初资产总额为 5 086 886 836.62 元，计算其总资产净利率。

上年平均资产总额 =（5 032 440 060.29+5 086 886 836.62）/2

$\qquad$ =5 059 663 448.45

上年总资产净利率 =−34 376 268.46/5 059 663 448.45 × 100%=−0.68%

本年平均资产总额 =（5 032 440 060.29+5 256 110 378.72）/2

　　　　　　　　 =5 144 275 219.5

本年总资产净利率 =29 104 477.84/5 144 275 219.5 × 100%=0.57%

　　计算结果表明，该企业总资产净利率 2021 年较 2020 年有所上升，表明该旅游企业资产利用效率有所提高。

10.3.3　资本盈利能力分析

1. 净资产收益率

净资产收益率的指标含义和计算公式如表 10-23 所示。

表 10-23　净资产收益率的指标含义和计算公式

指标含义	指标计算公式
净资产收益率又称"权益净利率"或"股东权益报酬率"，是净利润与平均所有者权益的比值，反映每百元股东权益赚取的净利润，可以衡量企业为股东创造利润的盈利能力。该指标也是杜邦财务体系的核心。 平均所有者权益是股东的投入，净利润是股东的所得，该指标表明所有者权益所获取的报酬	$净资产收益率 = \dfrac{净利润}{平均所有者权益} \times 100\%$ $= \dfrac{净利润}{平均总资产} \times \dfrac{平均总资产}{平均所有者权益}$ $= 总资产净利率 \times 平均权益乘数$ $平均所有者权益 = \dfrac{期初所有者权益 + 期末所有者权益}{2}$

　　净资产收益率越高，说明投资者投入企业净资产的获利能力越强，股东的获益水平越高。计算出的该比率应与同行业或本企业历史水平相比较。

　　依据公式，净资产收益率可分解为总资产净利率与平均权益乘数的乘积，当总资产净利率不变时，只要提高权益乘数，就可以轻松地提高净资产收益率。这意味着企业经营者不需要改变自身的盈利能力或者运营资产的能力，只要增加负债、加大杠杆运作，就可以对原本的资产回报率进行改善。适当的负债经营、加入杠杆，对企业主来说是非常有利的。借债其实是对他人资金的一种占用，当能用合理的利率借入资金为自己所用，对企业净资产收益率的提升会起到事半功倍的效果。但是要注意的一点是，权益乘数也不是越高越好，因为过高的权益乘数会造成企业偿债能力的下降，抵御风险的能力也将随之下降，所以需要确定一个合适的股权与债务的比例。

　　【例 10-18】根据表 10-1 和表 10-2 财务报表数据，以及该企业 2020 年初所有者权益总额为 3 261 288 412.25 元，计算其净资产收益率。

上年所有者权益平均总额 =（3 261 288 412.25+3 197 958 543.79）/2

$$=6 459 246 956.04$$

上年权益净利率 =–34 376 268.46/6 459 246 956.04 × 100%=–0.53%

本年所有者权益平均总额 =（3 197 958 543.79+3 227 073 585.29）/2

$$=6 425 032 129.08$$

本年权益净利率 =29 104 477.84/6 425 032 129.08 × 100%=0.45%

计算结果表明，该企业 2021 年的净资产收益率比 2020 年有所上升，表明企业自有资本获取收益的能力有所提高，但还需进一步改善企业的运营效益。

2. 资本保值增值率

资本保值增值率的指标含义和计算公式如表 10–24 所示。

表 10–24　资本保值增值率的指标含义和计算公式

指标含义	指标计算公式
资本保值增值率是指所有者权益的期末总额与期初总额之比。该指标反映所有者权益增减变化，是衡量企业盈利能力的一个重要指标	$资产保值增值率 = \dfrac{期末所有者权益}{期初所有者权益} \times 100\%$

该指标大于 1 时，企业期末所有者权益高于期初所有者权益，所有者权益增加，意味着企业经营水平有所提高，利润增加，获利能力增强。企业利润分配政策与经营状况均影响该指标的变化。

10.3.4　上市公司盈利能力分析

1. 每股收益

每股收益的指标含义和计算公式如表 10–25 所示。

表 10–25　每股收益的指标含义和计算公式

指标含义	指标计算公式
每股收益又称每股盈余，是指普通股股东所获净利润与发行在外的普通股股数的比值，它反映每一普通股的获利水平	$每股收益 = \dfrac{净利润 - 优先股股利}{平均发行在外的普通股股数}$ 平均发行在外的普通股股数 $= \dfrac{\sum（发行在外普通股股数 \times 发行在外月份数）}{12}$

每股收益越高，每一普通股可得的利润越多，表明股东投资效益越好，公司的获利能力越强；反之，则越弱。计算出的该比率应与同行业或本企业历史水平相比较。

【例 10-19】D 公司是一家旅游企业，为上市公司。该公司 2021 年当年净利润为 3 600 万元，发行在外的普通股为 6 000 万股。计算其每股收益。

D 公司每股收益 =3 600/6 000=0.60（元 / 股）

2. 市盈率

市盈率的指标含义和计算公式如表 10-26 所示。

表 10-26　市盈率的指标含义和计算公式

指标含义	指标计算公式
市盈率是普通股股东十分关注的重要指标，它是指普通股每股市价与每股收益的倍数，反映投资者对每 1 元净利润所愿意支付的价格。该指标是反映投资者对上市公司未来预期的一个重要财务比率	$市盈率 = \dfrac{每股市价}{每股收益}$

一般认为，市盈率越高，意味着投资人对于该股票带来的净利润愿意支付更高的价格，简单来说就是愿意支付较高的价格购买该股票。通常而言，一些成长性较好的企业，未来发展前景更好，投资人对于这样的企业比较青睐，因此这样的公司股票的市盈率通常要高一些。但同样，成长性较好也可能意味着企业发展不成熟，机遇伴随着风险，该类企业有良好发展的同时也会有较高的投资风险，因此股票的市盈率过高，也意味着投资风险较高。根据经验标准，通常市盈率为 5~20 倍是比较正常的，但计算出的该比率应与同行业或本企业历史水平相比较。

【例 10-20】根据例 10-19，假定该公司每股市价为 7.20 元，计算其市盈率。

D 旅游公司市盈率 =7.20/0.60=12

3. 市净率

市净率的指标含义和计算公式如表 10-27 所示。

表 10-27　市净率的指标含义和计算公式

指标含义	指标计算公式
市净率，也称为市账率，是指普通股每股市价与每股净资产的比值，反映市场对公司资产质量的评价	$市净率 = \dfrac{每股市价}{每股净资产}$ $每股净资产 = \dfrac{普通股股东权益}{流通在外普通股股数}$

市净率反映了公司股票的市场价值是账面价值的多少倍。一般来讲，该指标越大，说明投资者对公司发展前景越有信心，市场对其有好评，但也隐含着较大的潜在投资风险。

4. 每股股利

每股股利的指标含义和计算公式如表 10-28 所示。

表 10-28　每股股利的指标含义和计算公式

指标含义	指标计算公式
每股股利是股利总额与普通股股数的比值，它取决于股份公司的盈利能力和股利发放水平	$每股股利 = \dfrac{股利总额}{普通股股数}$

其中，股利总额指用于分配给普通股股东的现金股利的总额。通常公司获利能力越强，每股股利越高。

【例 10-21】根据例 10-19，假定该公司已分配普通股股利为 2 400 万元，计算其每股股利。

D 旅游公司每股股利 =2 400/6 000=0.40（元 / 股）

5. 股利支付率

股利支付率的指标含义和计算公式如表 10-29 所示。

表 10-29　股利支付率的指标含义和计算公式

指标含义	指标计算公式
股利支付率，又称股利发放率，为每股股利与每股盈余的百分比，它反映公司净收益中股利所占的比重	$股利支付率 = \dfrac{每股股利}{每股盈余} \times 100\%$

股利支付率越高，说明公司获利能力和支付股利的能力越强。同时，该指标说明提高股利支付率，则会降低公司留存盈利比率，对公司的筹资有一定的影响。

【例 10-22】依据例 10-20 和例 10-21，计算其股利支付率。

D 旅游公司股利支付率 =0.40/0.60 × 100%=66.67%

6. 每股净资产

每股净资产的指标含义和计算公式如表 10-30 所示。

表 10-30　每股净资产的指标含义和计算公式

指标含义	指标计算公式
每股净资产也称为每股账面价值，是指期末净资产（股东权益）与普通股股数的比值。它反映每股普通股享有的净资产，代表理论上的每股最低价值	$每股净资产 = \dfrac{年末股东权益}{普通股股数}$

每股净资产是用于衡量上市公司获利能力的指标之一。每股净资产越多，表明股东投资效益越好，企业的获利能力越强；反之，则越弱。计算出的该比率应与同行业或本企业历史水平相比较。

【例 10-23】依据例 10-19，发行在外的普通股为 6 000 万股，以及 2021 年企业股东权益合计为 17 700 万元，计算其每股净资产。

D 公司的每股净资产 =17 700/6 000=2.95（元 / 股）

10.4　旅游企业营运能力分析

营运能力是指企业配置和利用有限资源的能力，是对企业资产使用效率和效果的分析。营运能力分析是通过运用与企业各类资产周转相关的财务指标反映资产利用率的高低，企业的各项资产周转率越高、周转速度越快，说明资产的利用程度越高、营运能力越强；反之，其营运能力则越差。

10.4.1　流动资产营运能力分析

流动资产营运能力分析主要包括流动资产周转率、存货周转率、应收账款周转率等。

1. 流动资产周转率

流动资产周转率的指标含义和计算公式如表 10-31 所示。

在一定时期内，随着流动资产周转率（次数）的提升，相应地，周转天数就会减少，那么同等数量下流动资产完成的周转额也会有所增加，证明流动资产的利用得到了优化。如果一次周转所需时间越短，那么流动资产占用生产、销售等各个环节的时间也就越短，企业管理水平越高。生产经营中每一个流程的进步和完善最终都会在周转天数中有所体现。

表 10-31   流动资产周转率的指标含义和计算公式

指标含义	指标计算公式
流动资产周转率是年销售收入与全部流动资产的平均余额的比率，反映的是在一定时期内流动资产的周转速度。 流动资产周转期（天数）是指流动资产周转一次所需要的时间	流动资产周转率（次数）$= \dfrac{销售收入}{平均流动资产}$ 流动资产周转期（天数）$= \dfrac{平均流动资产 \times 360}{销售收入}$ $= \dfrac{360}{流动资产周转率}$ 其中， 平均流动资产 $= \dfrac{期初流动资产余额 + 期末流动资产余额}{2}$

【例 10-24】根据表 10-1 和表 10-2 财务报表数据，该企业流动资产周转率的计算如下：

本期流动资产周转率（次数）

=234 132 963.07/[（1 023 025 118.03+1 084 456 015.50）/2]=0.22（次）

本期流动资产周转期（天数）=360/0.22=1 636.36（天）

2. 存货周转率

在分析流动资产周转率之后，对一个企业的流动资产周转率大概有了初步了解，进一步分析流动资产中某个组成部分的周转速度，可以提升对企业营运能力的分析程度。存货在流动资产中所占有较高的比重，因此其周转状况对流动资产的整体周转具有重要影响。

存货周转率的指标含义和计算公式如表 10-32 所示。

表 10-32   存货周转率的指标含义和计算公式

指标含义	指标计算公式
存货周转率是指企业一定时期内的销售成本与同期平均存货余额的比率。 存货周转期是指存货周转一次需要的时间，即存货转换成现金所需要的平均时间	存货周转率（次数）$= \dfrac{销售成本}{平均存货余额}$ 存货周转期（天数）$= \dfrac{平均存货余额 \times 360}{销售成本}$ $= \dfrac{360}{存货周转率}$ 其中， 平均存货余额 $= \dfrac{期初存货余额 + 期末存货余额}{2}$

在一定时期内，如果存货周转率（次数）提高，相应地，存货周转期（天数）

减少，那么存货的变现速度和流动性都会有所提升，说明存货管理水平得到优化；相反，存货周转率越低，对应地，周转天数越多，反映企业存货变现速度越慢、流动性越弱、企业销售能力越弱。但需要注意的是，存货周转率并不是越高越好，如果过量储备存货可能会导致积压和资金浪费，但也不能存货过少，否则可能无法满足流转需要，造成停产或销售紧张，不利于竞争。合理的存货储备量可以减少企业的资金占用，提高其流动性。以销定产，快进快出，维持正常的存货水平，是降低资金占用水平的最佳途径。存货周转率由于行业不同会存在较大差异，在分析旅游企业这一指标时，计算后应与同行业平均水平或本企业历史水平进行对比，以衡量其存货管理效率。同时，存货周转率也可能受经济大环境影响，例如通货膨胀率也可以影响存货周转率，利用该指标进行财务分析时应进行综合考量。

【例 10-25】根据表 10-1 和表 10-2 财务报表数据，该企业存货周转率的计算为

$$本期存货周转率（次数）=90\ 952\ 864.35/[（821\ 806.79+555\ 866.24）/2]$$
$$=132.04（次）$$

$$本期存货周转期（天数）=360/132.04=2.73（天）$$

3. 应收账款周转率

应收账款也是企业流动资产的重要组成部分。

应收账款周转率的指标含义和计算公式如表 10-33 所示。

表 10-33　应收账款周转率的指标含义和计算公式

指标含义	指标计算公式
应收账款周转率是指一定时期内企业销售收入或赊销收入与应收账款平均余额的比率。 应收账款周转期是从销售开始到收回现金所需要的平均天数	$应收账款周转率（次数）=\dfrac{销售收入（赊销收入）}{应收账款平均余额}$ $应收账款周转期（天数）=\dfrac{应收账款平均余额×360}{销售收入（赊销收入）}$ $=\dfrac{360}{应收账款周转率}$ 其中， $应收账款平均余额=\dfrac{期初应收账款余额+期末应收账款余额}{2}$

应收账款周转率是衡量企业应收账款流动性和管理效率的指标。说明企业应收账款的收回速度会随着应收账款周转率的提高而加速，这一指标的提高也可以

降低企业坏账损失的风险,优化企业流动资产的流动性;相反,应收账款周转率越低,相应地,周转天数越多,说明企业造成坏账损失的风险越大。通常而言,应收账款周转率根据行业特点不同,在行业之间存在较大的差异,因此实际使用时应注意与同行业或本企业历史水平相比较。

在计算和使用应收账款周转率时需要注意的是,理论上,应收账款是由于企业进行赊销所产生的,其对应的应为赊销收入,而不是全部销售收入。因此,计算时应使用赊销收入净额取代销售收入,但往往企业外部财务分析者无法取得具体的赊销数据,因此直接使用销售收入进行计算,企业内部人员在使用该指标时,赊销收入净额计算公式为

赊销收入净额 = 销售收入 - 现销收入 - 销售折让 - 销售退回 - 销售折扣

【例 10-26】根据表 10-1 和表 10-2 财务报表数据,该企业应收账款周转率的计算为

本期应收账款周转率(次数)=234 132 963.07/[(12 527 501.62+3 353 223.67)/2]

=29.49(次)

本期应收账款周转期(天数)=360/29.49=12.21(天)

10.4.2　非流动资产营运能力分析

固定资产是企业开展生产经营活动必不可少的物质基础,固定资产的使用效率将直接影响企业的营运能力。对固定资产周转的分析应着重分析它的使用情况、周转速度等,其分析指标主要有固定资产周转率和固定资产周转期。

固定资产周转率的指标含义和计算公式如表 10-34 所示。

表 10-34　固定资产周转率的指标含义和计算公式

指标含义	指标计算公式
固定资产周转率是指企业一定时期内销售收入与平均固定资产净值的比率,反映的是企业固定资产使用效率。 固定资产周转期是固定资产周转一次所需时间,即企业固定资产转化为现金所需平均时间	固定资产周转率(次数)=$\dfrac{销售收入}{平均固定资产净值}$ 固定资产周转期(天数)=$\dfrac{平均固定资产净值 \times 360}{销售收入}$ 其中, 平均固定资产净值 = $\dfrac{期初固定资产净值 + 期末固定资产净值}{2}$ 固定资产净值 = 固定资产原值 - 累计折旧

企业利用固定资产创收的能力和固定资产的利用程度都会随着固定资产周转率的提高而得到优化，该指标越高，周转的天数随之缩短，证明企业的营运能力越强；相反，如果固定资产周转率较低，相应地，固定资产周转天数越长，则企业可以考虑及时清理闲置的固定资产。另外，在利用这一指标进行企业自身纵向比较或与其他单位进行横向比较时，应注意折旧方法是否一致，否则指标间就可能不具有可比性。

【例 10-27】根据表 10-1 和表 10-2 财务报表数据，该企业固定资产周转率的计算为

本期固定资产周转率（次数）

=234 132 963.07/[（241 297 878.36+260 124 094.29）/2]=0.93（次）

本期固定资产周转期（天数）=360/0.93=387.10（天）

10.4.3　总资产营运能力分析

总资产周转率的指标含义和计算公式如表 10-35 所示。

表 10-35　总资产周转率的指标含义和计算公式

指标含义	指标计算公式
总资产周转率是反映总资产营运能力的主要指标，它是在一定时期内销售收入与平均资产总额的比值，反映的是企业全部资产的利用效率。 总资产周转期表明总资产周转一次需要的时间，即总资产转换成现金所需的平均时间	$总资产周转率（次数）=\dfrac{销售收入}{平均资产总额}$ $总资产周转期（天数）=\dfrac{平均资产总额 \times 360}{销售收入}$ $=\dfrac{360}{总资产周转率}$ 其中， $平均资产总额=\dfrac{期初资产总额 + 期末资产总额}{2}$

随着总资产周转率的提升，周转天数会缩短，证明企业总资产的利用效率也得到了优化提升；反之，则意味着企业总资产营运效率有待提升，最终企业的盈利能力也会受到影响。各项细分资产共同构成了总资产，假设销售收入一定，由于各项细分资产驱动总资产的周转，可以通过分析各项资产的周转率来了解哪些资产引起了总资产周转率的波动以及起主要作用的项目有哪些，深入分析企业的营运能力。

【例 10-28】某旅游企业连续三年财务报表部分数据如表 10-36 所示。

表 10-36　某旅游企业连续三年销售收入及总资产　　　单位：万元

项目	2020 年	2021 年	2022 年
销售收入	25 287	28 314	31 450
总资产	34 231	36 597	37 591

2021 年总资产周转率（次数）=28 314/[（34 231+36 597）/2]=0.80（次）

2022 年总资产周转率（次数）=31 450/[（36 597+37 591）/2]=0.85（次）

2021 年总资产周转期（天数）=360/0.80=450（天）

2022 年总资产周转期（天数）=360/0.85=423.53（天）

该企业 2022 年较上年总资产使用效率有所提高。

10.5　旅游企业发展能力分析

发展能力是指企业在经营活动中表现出的潜在能力。分析企业的发展能力可以更全面系统地反映企业的成长潜力和发展前景。

10.5.1　盈利发展能力分析

企业盈利发展能力主要包括营业收入增长率和营业利润增长率两个指标。

1. 营业收入增长率

营业收入增长率是指企业本期营业收入增长额与上期营业收入总额的比率，在实际应用中需要注意的是，营业收入包含主营业务收入和其他业务收入，在计算时可以视情况选择适合的数据进行分析。其计算公式为

$$营业收入增长率 = \frac{本期营业收入增长额}{上期营业收入总额} \times 100\%$$

其中，

$$本期营业收入增长额 = 本期营业收入总额 - 上期营业收入总额$$

营业收入增长率为正数，则说明企业当期营业收入有所增长，该指标越高，说明其营业收入增长速度越快，发展前景越好；相反，营业收入增长率为负数，则证明企业销售萎缩，市场份额削弱，应引起管理者重视，找出原因，诸如产品

不适销对路、售后服务不佳、已被竞争产品替代等，需要通过进一步调查予以确定，找出对策。

2. 营业利润增长率

营业利润增长率是指企业本期营业利润增长额与上期营业利润总额的比率，揭示的是企业营业利润的变化幅度。其计算公式为

$$营业利润增长率 = \frac{本期营业利润增长额}{上期营业利润总额} \times 100\%$$

其中，

$$本期营业利润增长额 = 本期营业利润总额 - 上期营业利润总额$$

该指标的提高意味着企业具有较强的成长能力，同时，发展能力也会有所提高，利用该指标进行分析时需要同时结合宏观经济环境进行客观、公正的评价。

10.5.2　资产发展能力分析

总资产增长率反映的是企业当期全部资产规模的增长幅度。其计算公式为

$$总资产增长率 = \frac{本期总资产增长额}{上期资产总额} \times 100\%$$

其中，

$$本期总资产增长额 = 本期资产总额 - 上期资产总额$$

总资产增长率是从企业整体资产的扩张角度评价企业的发展能力，体现企业资产增长水平。通常而言，这一数值越大，则越看好企业在评价期内的资产扩张规模和速度；反之，则说明其规模扩张速度较缓。利用该指标进行分析时应注意的是，要注意不仅要看资产规模扩张的"量"，也要重视扩张的"质"，同时要结合企业的后续发展能力，避免资产盲目扩张。

【例 10-29】表 10-37 为甲旅游公司（简称甲公司）2020 年资产负债表简表。

表 10-37　甲旅游公司 2020 年资产负债表简表

编制单位：甲旅游公司　　　　　　　　2020 年 12 月 31 日　　　　　　　　单位：万元

资产	期末余额	期初余额	负债和所有者权益	期末余额	期初余额
流动资产合计	610	700	流动负债合计	220	300
非流动资产合计	1 070	1 300	非流动负债合计	580	740
			负债合计	800	1 040
			所有者权益合计	880	960
资产总计	1 680	2 000	负债和所有者权益总计	1 680	2 000

根据表 10-37，计算甲公司 2020 年的总资产增长率为

$$（2\,000-1\,680）/1\,680 \times 100\%=19.05\%$$

10.5.3　资本发展能力分析

1. 净资产增长率

净资产增长率，也称为股东权益增长率或资本积累率，可以用来描述企业资本规模的扩张速度。其计算公式为

$$净资产增长率 = \frac{本期净资产增长额}{上期净资产总额} \times 100\%$$

其中，

本期净资产增长额 = 期末净资产总额 − 期初净资产总额

随着企业净资产增长率的增高，说明其股权资产增值能力也会增强，意味着企业散发蓬勃的生命力，能够为股东提供稳定的投资增值；反之，则表明企业发展后劲不足。

旅游板块的上市公司在旅游行业的发展中起着尤为重要的激励与示范作用。凯撒旅游是目前 A 股仅有的两家以旅行社为核心业务的民营公司之一，对旅游企业的发展有借鉴意义。凯撒旅游在 2014—2017 年度过了旅游业的"黄金阶段"，净利润持续增长，但 2018 年之后，凯撒旅游的增速逐步放缓，当年其营业收入增长率仅有 1.67%，达 81.8 亿元。我们可以通过其近几年的总资产增长率和净资产增长率指标分析凯撒旅游的发展能力。

2. 三年平均资本增长率

三年平均资本增长率是指一个企业连续三年资本的积累情况，能够用来描述一个企业的发展水平和发展趋势，计算公式为

三年平均资本增长率

$$=（\sqrt[3]{期末所有者权益总额 / 三年前期末所有者权益总额} -1）\times 100\%$$

通过计算分析企业三年平均资本增长率，可以连续性地了解企业往期资本增值状况，判断其发展趋势是否稳定。随着三年平均资本增长率的增高，企业所有者权益的保障程度也会有所提升，这意味着可以供企业长期使用的资金就会更加雄厚，需要承担的风险系数会有所降低，有利于企业进行长期、稳定的可持续发

展；相反，如果该指标并不乐观，则说明该企业保持稳定发展的能力有待提升，企业所有者权益有可能无法得到保障，对此应引起充分重视。

本章小结

本章介绍了旅游企业财务报表分析的基本理论和应用方法。

旅游企业财务报表分析方法十分丰富，在实际工作中需要根据分析对象的实际情况和财务分析者的具体目的进行恰当的选择。通常来说，最主要的分析方法包括比较分析法、比率分析法和因素分析法。在进行财务报表分析时主要可以从偿债能力、盈利能力、营运能力、发展能力这四个整体指标入手。偿债能力分析主要包括短期偿债能力、长期偿债能力，还有诸如担保责任、或有负债、可动用的银行授信情况和租赁活动等其他影响企业偿债能力的因素。企业盈利能力分析指标主要包括销售毛利率、销售净利率、总资产报酬率、每股收益、市盈率等，这些指标越高，则证明企业盈利能力越强。企业营运能力分析主要是评价企业的资产周转率和资产周转天数，资产周转率越高、资产周转天数越少，表示企业资产管理能力越强、使用效率越高。企业发展能力分析一般通过分析营业收入增长率、总资产增长率、资本积累率、三年平均资本增长率等实现分析目的，这些比率越高，说明企业发展能力越强。

即测即练

思考题

1. 通过资产负债表能够了解到哪些基本财务信息？

2. 财务报表分析主要有哪几种基本方法？

3. 企业偿债能力分析可以分为几类？主要有哪些常用指标？如何运用这些指标评价企业偿债能力？

4. 企业营运能力分析常用的指标有哪些？如何运用这些指标评价企业偿债能力？

5. 怎样运用每股收益和市盈率评价一家企业的盈利能力？

参 考 文 献

[1] 李元华 . 温州民间融资及开放性资本市场研究 [M]. 北京：中国经济出版社，2002：33-36.

[2] 姜旭朝 . 中国民间金融研究 [M]. 济南：山东人民出版社，1996：117-119.

[3] 郑红，张踏青 . 财务部操作实务 [M]. 北京：旅游教育出版社，2006：131-136.

[4] 全国注册会计师统一考试教辅编写组 . 财务成本管理 [M]. 北京：现代教育出版社，2017：168-169.

[5] 陆雄文 . 管理学大辞典 [M]. 上海：上海辞书出版社，2013：43-48，225-226.

[6] 姚树根，常立春 . 财务管理 [M]. 北京：科学出版社，2010：65-69.

[7] 侯丽艳 . 经济法概论 [M]. 北京：中国政法大学出版社，2012：102-105.

[8] 财政部会计资格评价中心 . 初级会计实务 [M]. 北京：经济科学出版社，2017：235-238.

[9] 刘玉平 . 资产评估原理 [M]. 北京：高等教育出版社，2015：67-71.

[10] 吴晓求 . 证券投资学 [M]. 北京：中国人民大学出版社，2000：23-27.

[11] 荆新，王化成，刘俊彦 . 财务管理学 [M]. 6 版 . 北京：中国人民大学出版社，2012：32-35.

[12] 法尔博 . 债券市场入门 [M]. 丁宁，译 . 北京：机械工业出版社，2012：56-59.

[13] 常树春 . 财务管理 [M]. 北京：科学出版社，2010：72-74.

[14] 漆凡 . 财务管理 [M]. 上海：立信会计出版社，2020：151-154.

[15] 陈玉菁，宋良荣 . 财务管理 [M]. 北京：清华大学出版社，2016：25-34.

[16] 崔杰 . 财务管理 [M]. 北京：清华大学出版社，2019：103-143.

[17] 王斌 . 财务管理 [M]. 北京：清华大学出版社，2019：175-196.

[18] 姚海鑫 . 财务管理 [M]. 北京：清华大学出版社，2019：68-88.

[19] 夏天 . 资本结构理论发展历程述评 [J]. 商业时代，2014（9）：62-63.

[20] 陈佳琦 . GL 旅游公司资本结构优化研究 [D]. 沈阳：沈阳大学，2018.

[21] 王艳玲，王蕾 . 旅游企业财务管理 [M]. 北京：中国人民大学出版社，2022：176-177.

[22] 张玉英 . 财务管理 [M]. 北京：高等教育出版社，2019：121-123.